ニッポンの個人情報

「個人を特定する情報が個人情報である」と信じているすべての方へ

鈴木正朝
高木浩光
山本一郎

本書は、鈴木正朝、高木浩光、山本一郎からなる「プライバシーフリークの会」によって行われた鼎談、「プライバシーフリーク・カフェ」を元に構成しています。

まえがき

今日、2015年1月11日。保守分裂、中央VS地方などと騒がれた佐賀県知事選の投開票が行なわれ、いわゆる「改革派」と目された前武雄市長の樋渡啓祐さんが落選しました。樋渡さんといえば、とても前衛的な改革派市長として武雄市を活性化させるべくあれこれの事業を遂行し、非常にリーダーシップのある地方政治家と見られ、一部の関係者から嘱望されていました。彼に「推薦」を出す決断をした自民党本部の幹部の間でも、彼の市長としての高い知名度や、様々な改革を断行している実行力を高く評価していたと言います。

一方で、彼の行なった改革については、かねてから武雄市民やネット住民から重大な懸念が呈されてきました。武雄市改革のひとつの柱であった、樋渡さん肝入りの武雄市図書館の改革は、その批判の対象のひとつでありました。公共施設であるはずの武雄市図書館にスターバックスを入れ、図書館の運営に関してはレンタルビデオショップ「TSUTAYA」を展開するCCC（カルチュア・コンビニエンス・クラブ）に委託。確かに、公共事業を民間のノウハウで適切に運営することでコストを安くできる可能性があると当初は説明されていたという点では、決して悪い話ではありませんでした。しかしながら、これらの「改革」を実現していく手段においては市内外から多くの批判が寄せられ、また武雄市での改革の成果だと宣伝された内容も粉飾や虚偽が数多く含まれていたのです。これらの話題は武雄市民の間でも問題視された結果、ネット上で落選運動が展開されて、自民党関係者をして「カカシでも勝てる選挙を落とした」と評される樋渡落選の引き金になってしまいました。

ネットでの批判の内容は、事実に基づいており、一つひとつはとてもシンプルなものです。樋渡さんの武雄市改革に対して好意的でないサイトが幾つも立ち上がる中で、その不透明な経費の使い方や、公共事業を民間に運営委託するに当たっての手続きの不備といった懸念が指摘されました。さらには、情報公開請求に対して回答を遅らせたり不開示の内容があるなど、樋渡さんの政治家としての資質に疑問が呈された形です。

その批判や指摘の中に、きわめて重大なプライバシーの問題が指摘され、樋渡問題の柱となっているのが「図書館の利用者情報がCCCに渡ってしまったことに対する懸念」であります。

2012年5月4日、当時武雄市市長であった樋渡さんは、武雄市が「武雄市図書館では、CCCのポイントカード〝Tカード〟を図書館利用カードに導入する」ことを発表し、物議を醸します。

会見の中で、質問に対して武雄市長はこう答えています。

「基本的には来年の4月1日までに、作業の遅れとかない限り、Tポイントカードに僕は完全に移行したい、というふうに思っています。…（略）今まで、これ（らの）個人情報だって名の下に、全部廃棄してたんですよ。なんで本をね、借りるのが個人情報なのか、って僕なんか思いますので」

〝誰がどんな本をいつ借りたのか〟という情報は、まさに個人情報なのではないのでしょうか。

私が、武雄市のこの市長は問題だ、と認識するようになったのは、まさにこの本の共著者にして日本屈指の有識者である高木浩光さん（通称「ひろみちゅ先生」）のサイトからでした。

『武雄市長、会見で怒り露に「なんでこれが個人情報なんだ！」と吐き捨て』
http://takagi-hiromitsu.jp/diary/20120504.html

その後、日経新聞の経営陣との会食の席で、この著名な「フェイスブック市長」に私が面談をすることになったわけですが、樋渡さん、物凄い好感度高かったです。素晴らしい人でした。お話が面白く、先が見えているように感じられ、そして何より自分がなさっていることに強い自負と確固とした自信をお持ちであった。また、私の古い知己である津田大介さんが彼を自身のラジオに呼んで改革派市長としての宣伝の片棒を担いだのをはじめ、日本で傑出した思想家である東浩紀さん、いろいろな先進的な事例にいっちょ噛みしてこられた中村伊知哉先生に、松原聡先生、果ては、アナーキスト的で情報感度の高い脳科学者の茂木健一郎先生といった、ネットでもリアルでも影響力のある綺羅星のような人物が樋渡さんに知恵を出したり、ネットで好意的に喧伝しているのを見ました。しかも、彼らは（先方がどう思っているかどうかはともかく）私の知り合いですし、ネット社会ではご近所も同然です。日経からは、この樋渡さんの〝成功例〟を通じて地方がネット活用に取り組んでいる事例を、〝仕事として〟広く日本社会に知らしめるお手伝いをして欲しい、と私も頼まれたわけです。

しかしながら、上記のようにモノの道理を考えると、安易にその武雄市の改革とやらに乗っかっていいものかどうか、躊躇するのであります。衰退著しい地方都市の首長として積極的な改革を行なわなければ埋没してしまいかねないという危機感があるとはいえ、手続きに問題があり、市民の個人情報を市の保有する公共施設が民間企業に対して同意なく市場に誘導したも同然のスキームで展開をするというのは好ましいはずはありません。これが地方再生のモデルケースだとなってしまったら、日本の地方はどうなってしまうのかと強い懸念を持ちました。

私の著名な知り合いたちが、どのくらい〝仕事として〟樋渡さんの名声拡大に寄与したのか、あるいは純粋に樋渡さんのやろうとしたことに共感して無料で彼を宣伝してあげたのかは知りません。さらに、誰に唆《そそのか》されたのかはわかりませんけれども、樋渡さんは地方の物品をオンラインで売っていくビジネスをやろうとしたり、九州のほかの自治体と組んで代官山で物産のアンテナショップを開店しようとするなど、気になる動きを試みていました。しかし、これらの活動では、フェイスブック内での高評価を意味する「いいね！」を偽装した業者を指定したり、アンテナショップを発注したデザイナーとの問題が発生して立ち往生しています。樋渡さんの発想はともかく業者として組んだ相手が問題で、どれもトラブルを起こして具体的な成果が出るどころか、樋渡さんの提案に乗った自治体を巻き込んだ問題を起こしてしまっています。強引な手続きの先には、常識では絶対に発注しないような問題業者との結託による虚飾があったと言えます。「地方の活性化のために、積極的に民間の力を借りて改革を進めていきたい」と考えた樋渡さんの動機は善だったと思います。しかし、好漢惜しむらくは、地方も人の集まりであり、暮らしがあり、彼らに権利があることに思いが至らなかった。市民のための改革も、市民の権利をより高らしめるために、然るべき議論をし、同意を得て、きちんとした手続きを行って初めて進められるべきものなのだ、と改めて感じるわけです。それは、個人に関する情報も、利活用する民間業者を選定するための手続きも、すべては政府や自治体の横暴から市民の権利が知らないうちに蔑《ないがし》ろにされないようにするための工夫なのです。

そして自ら武雄市長の座を降り、立候補した佐賀県知事選において、武雄市では当選した山口祥義さんに勝る票を獲得しています。武雄市では、市長時代の樋渡さんの手腕に対する信頼はあったのでしょう。武雄市の有権者は、確かに樋渡さんを支持していました。しかし、その上を狙っていく知事選においては有権者の個人に関する情報への無配慮も含めた強権的なアプローチが嫌悪され、本来ならば改革派として熱い支持を得られるはずの無党派層からの票で山口さんに競り負け、落選を余儀なくされたのです。

「プライバシーフリーク」の爆誕は、樋渡さんの武雄市図書館のCCC運営委託問題で蹂躙《じゅうりん》される個人に関する情報にまつわる議論がネット界隈で沸騰していた2014年1月、そのCCCと後日会員のポイントサービスを統合することになるヤフー株式会社・執行役員の別所直哉さんが行なった「ビッグデータの利活用と利用者保護に関する説明会」がその起源になります。

曰く、「日本ではプライバシーフリークが台頭」「EU型の厳格規制（完敗への道）を志向」「ゆえにプライバシーフリークに対抗する動きが必要」などなど。もちろん、ビジネスにおいて、柔軟な個人に関する情報の利活用を進めていくことが重要であることは言うまでもありません。しかし、「産業の考え方だけでなくプライバシーにも然るべき配慮をするべきだ」という意見の持ち主に対し、言うに事欠いて「プライバシーフリーク」とは何事か？

これから皆様にお目通しいただく私達プライバシーフリークの考え方というのは「個人に関する情報を、一切、流通させるべきではない」という内容ではありません。

むしろ、必要な情報の流通は積極的に行なっていくべきであり、個人に関する情報に基づいた然るべきデータを利活用して、製薬や保険、教育、交通、マーケティングなどあらゆる分野でイノベーションを喚起し、日本の経済効率を引き上げてより良い社会にしていって欲しいと願うものであります。

ただし、そこで必要なものは個人に関する情報を利活用するといっても、一定のルールを策定し、それが充分に関係官庁や業者の間で遵守され、問題となった部分についてはきちんと第三者委員会などが公的権力を行使して立ち入り検査もできるようにしなければならない、という話です。交通ルールや標識のない自動車運転が危険であるのは言うまでもないのと同様、個人に関する情報の定義や利用方法についての統一的な枠組みがしっかりと機能しなければ日本人のプライバシーは守られ得ないというのがプライバシーフリークの根本の考え方です。

そのルールの策定にあたっては、国内の様々なマターも考慮しながら、国際的にしっかりとした協調関係が築けていることが前提条件となります。すなわち、日本社会が日本人のためだけに日本独自で他とは連携できないような条件で制度を作ってしまっては、日本だけが各国の情報流通の環境から孤立することを意味するからです。

同様に、自分の情報が業者の間でどのように流通しているのかをコントロールする権利を考えるならば、これだけ進んだ情報技術に彩られた我が国の個人情報というのは、悪意ある業者や組織や国家に対して、あまりにも脆弱です。誰が誰のどういう情報を持っているのかわからないことが、個人情報保護法の改正を議論してきた内閣官房の「パーソナルデータに関する検討会」でも議論となり、これらの議論をリードした本書共著の鈴木正朝先生の某不規則発言により２０１４年６月２４日の「パーソナルデータの利活用に関する制度改正大綱」へと大きなうねりを起こします。

そして、いまなお個人情報保護法の改正と、パーソナルデータの利活用のあり方については慎重な議論が続いています。正直申しまして、文字通り「プライバシーフリーク」の烏帽子親《えぼしおや》となった別所さんには深く感謝すると共に、我が国の個人情報のあり方についてかくも深い、そして趣のある議論があったのかという新鮮な気持ちを私自身が抱くことになりました。理由は簡単です。いまでこそこのような「プライバシーフリーク」の一員として末席を占めている私ですが、それまでは、利用規約のおかしいところや、ハッキングされて外に出て行ってしまった個人情報がどのように〝活用〟されているのか興味本位で追いかけてきただけだったからです。この一連の「プライバシーフリーク」で、私自身も勉強になりましたし、活動を通じていろんな方のご意見を伺う機会が得られ、政府、官憲、業者、利用者、（そして犯罪者）によって成り立つこの界隈が立体的に理解できるようになったわけです。

その過程で、本書でもあるとおりＳｕｉｃａ問題、ベネッセ・ジャストシステム問題といった、社会的に見ても大騒動な事件を取り上げています。単純に事件がどうだったかというだけでなく、法的な枠組みのその成り立ちやそこにいたる議論、そしてその根底に流れる日本人の情報に対する意識や、自分自身とは何者であるのかという認識のありようが、どんどん詳《つまび》らかになっていきました。

法には法の趣旨があり、その当時の担当官が現状を認識し、考え、悩んだ結果、その時点では最適であろうという条文になっていたんです。先を見据えて、法律をお考えになった先人の判断や議論を知るにつれ、かくも深く問題を捉え、法律に落としこんできていたのかと感心すると共に、頭が下がります。それを私たちが襟を正し、国民にとってより良い制度となるよう、さらに次の時代にきちんと引き継いでいけるよう考え、努力しなければなりません。

突き詰めれば、個人に関する情報の流通に関するポイントは主に3つありまして、まず自分にとって自分は何者であると思っているのか、次に、自分について知られる情報のうち何を知られたくないのかです。

そして、語られない第3の点は、データを突き合わせられた結果、誰かに類推され、そして正しいであろう自分の知らない自分に関する情報です。極端な例を敢えて言えば、どこかの個人情報の厳格な管理に無頓着な大手ポータルサイトの情報担当者が、グループ企業やクライアントに対してユーザーの遺伝子データに紐付けられる情報を売ったとき、その情報の持ち主は誰であるのか、その何%かは突き止めることができるようになるでしょう。別のクレジットカード機能つきのポイントカードを運営している会社は、その人の家族構成や、電子カルテの情報と突き合わせて、同じ遺伝子パターンを持っている可能性のあるユーザーを抽出して、広告会社に売ることができるようになるでしょう。やがて、あるユーザーがスマートフォンを開いてみると、本人に身体の異変などの認識がないのに「高血圧でお悩みではありませんか？」という広告が掲載されるようになるかもしれません。あるいはがん保険を薦められる、結婚何年目の記念に海外旅行はどうですかとクーポンが送られてくる、そろそろ親の介護は、別の業界に転職をお考えですね、もう少し広い部屋に引っ越しをされたいのでしたらどうぞ弊社へ―本人さえも知らない本人のステータスが割り出され、そこから本人が必要となるであろう需要を先回りして提示される仕組みを放任することが、果たして私たちの求める情報化社会だったのでしょうか。

個人に関する情報を考えるにつけ、私たちがおのおの別個で暮らしている自立した人間だという、当たり前の事実さえも揺らいでくる感じがします。自分の意志で行っているはずの情報の入手、摂取でさえ、それが自分の意志なのかもわからない。何の情報を知ったユーザーID何番は、何%の確率でこの消費行動をとるだろうという、情報の洪水の中の予測にあるたった一個の配信先に過ぎないのが一人ひとりの国民です。自分の趣味趣向や属性が、どう流出し、名寄せされ、分析されたのかわからない。ただ、見えているのはやってくるお薦め広告や、レジで打ち出されるクーポンだけだとしたら、どのようにして自分の情報を守るのでしょうか。

いままで、前向きで、明るい「情報化社会とは何か」というテーマは物凄く議論されてきました。それを支える画期的な技術、社会に与える影響、その結果として私たちが得られる利便性や利益。ただ、情報化社会を構成しているのは人間です。そして、社会は人間と人間の絆で構成され、絆の要素は行動です。すなわち、「ある特定の人間Xはこの情報がインプットされるとこの行動を取る可能性がn%である」と、情報化社会の中で〝本人に無断で〟誰かに予測されない権利を守るのがプライバシーフリークの活動であり、そうであるためのルールを策定し、遵守される環境を作る必要があるのだと考えます。

それは、「図書館であの種類の本を借りた市民が、23時台に多くコンビニを利用しレトルト食品を買う場合、有意に性犯罪者になる可能性が高い」といった情報が出せるようになって、それを見た監視者が冷静でいられるだろうか、という話でもあります。あるいは、遺伝子検査を行ない「20万人以上のサンプルを検討した結果、あなたの大腸がんにかかる確率は平均よりも高リスク群であり、15年以内に44％です」と保険会社が知ったとき、そのユーザーに対して彼らはそっと広告を外すでしょう。これは社会として「特定の属性（この場合は行動パターンや遺伝子情報）を持つ人たちに対する差別」と考えるべきでしょうか、あるいは、あくまで「便利なインターネットを安価で楽しく利用できる環境の提供」であるとして法人対個人の商行為であり契約の範疇だと猶予すべきでしょうか。

私は、この広大な情報ネットワークの中で、自分についての情報がどのように流通しているのかを自身で確認でき、望まない情報の流布は一定の条件下で制限できる仕組みを構築するほうが、最終的に情報化社会は利用者個人に対してもっと優しくなれると考えるようになりました。新たに策定されるだろう個人情報保護法は、先代から受け継いだこの日本社会を、どのように子供たちに引き継いでいくのかを念頭において、一番良いと思われる方法を熟慮することが必要なのではないでしょうか。産業にも技術にも制度にも安全にもしっかりと目配せをして、ＯＥＣＤ含め各国とも協調できる保護法制を確立できることが何よりも重要なことだと思います。

本書の執筆にあたっては、私たちプライバシーフリークとして前面に立っている三人だけでなく、多くの関係者によって支えられ、刊行に至りました。いきなり私のオフィスにやってきてイベントをウェブ記事にしたいんだ、本にするんだと直談判してきて、様々な艱難苦労というか原稿の仕上げの遅い私たちに付き合ってくれた翔泳社の小泉真由子女史はもちろん、今回プライバシーフリークというテーマを盛大に投げかけてくださったヤフーの別所直哉さん、またプライバシーフリークの会の動画配信で協力していただいた山本将之さん、加藤尚徳さん、渡辺信之さん、渡部智和記さんほか新潟大学法学部情報法ゼミのＯＢと学生のみなさん、「情報セキュリティ ワークショップ ｉｎ 越後湯沢」の昼の部、夜の部の鼎談の機会をくださった落合博幸さん、直井信次郎さんほか大会委員会（二戸信哉委員長）のみなさま、当日の会場運営のお手伝いをいただきました崎山伸夫さん、香月啓佑さん、高橋隆也さん、鈴木淳代さん、それから会場の提供と設営のご協力をいただいた冨山房様ほか、イベントにご出席くださった皆様、あの超長文のイベント記事起こしを読んでいただいたウェブ読者の皆様、書籍化にあたって、素敵な装幀と、怒濤の赤字に対応してくださったアジールアートディレクターの佐藤直樹さん、デザイナーの菊地昌隆さん、そして本書を手にとってとりあえずまえがきまでは黙読賜った貴殿に、深い感謝を申し上げたいと思います。

原稿締め切りを余裕で二週間ほど過ぎた２０１５年1月13日夜
関係各位に土下座状態の申し訳なさを感じつつ
山本一郎

目次

まえがき 003

第1章 「個人を特定する情報が個人情報である」と信じているすべての方へ

「個人に関する情報」と「特定個人の識別情報」の違い 018／実例に見る「個人情報を特定する情報が個人情報である」の誤解 024／「何のために保護するんだっけ?」という実質論 032／「共通ポイントカード」と「一般ポイントカード」036／「第三者への提供」、そして「第三者以外への提供」038／ブラックリストの共同利用 045／それは「共同利用」ではない! 048／立法されると何が困るのか 050

第2章 Ｓｕｉｃａ履歴は個人データでした

行動ターゲティング広告、日本のやり方アメリカのやり方 058／Ｓｕｉｃａ問題―それは個人データの第三者提供ではないのか? 064／対応表がなくても照合により識別できるもの 073／パナソニック・ヘルスケア問題―医療データを他国に渡してしまってよいのか? 081／Ｓｕｉｃａ問題が教えてくれたこと、そしてゲノム法のこと 092／まずは「個人データである」「個人情報である」と認めるところから 097

第3章 そんな大綱で大丈夫か?

ゲストはどうなった? 105／規制改革会議をはねのけ法改正へ 117／大綱に入った「機微情報」120／ジュンコどこいってもうたんや 125／すでに串刺しにされている? 130／ＥＵリスクをどう見積もるか 136／第三者機関どうなっちゃうの? 141

第4章　だまし討ち、ダメ。ゼッタイ。

低減データにすれば同意なく提供できる？　152／だまし討ちは許さんぜよ　160／なにゆえ潜脱のために心を砕くのか　172／産業界の妥協ポイントはどのあたりか　181／産業界もっとがんばれ、その他もがんばれ　200／改正のポイントは？　211／プライバシーフリークとして今後もがんばります　219

第5章　漏洩が問題なのではない、名寄せが問題なのである

ベネッセ事件の功ー名簿屋問題を考える　224／「適正な取得」（法17条）の問題　236／第三者提供（法23条2項）の問題　238／「トレーサビリティの確保」はこんなに難しい　247／日米欧のルールの調和　254／そもそも名簿を売ることが侵害　259／裏逐に書かれていた理念はどこへ消えた　265／3年以内に見直すつもりが　280

第6章　見えないと、不安

見えないと人は余計なリスクを感じる　286／遺伝子データは何に使われるのか　292／「社会的身分」は会社の役職も入りますか？　303／書かれざる属性情報　307／ビックリドッキリメカの登場が待たれる?!　310／バケツで扱ってきた利用目的　313／「利用目的の通知」が意味するところ　323／濫訴の濫用、みな半笑い　327／行動ターゲティング広告をどう規律していくのか　330／大綱に寄せられたみなさんのパブコメ　334

それからどうなった？　346

あとがき　353

第1章

「個人を特定する情報が個人情報である」と信じているすべての方へ

この本のはじまりとして、世に言う「個人情報」とは何だっけ、という根本のところを解き明かす旅から始めよう。

「個人情報」の流出が問題だ、とさかんに騒がれる。確かに、同意なく、あるいは事件や事故でむやみに「個人情報」が出回ってしまうのは、サービスの利用者や消費者として心配だ。

でも、そもそも現在の法律で、私たちの個人に関する情報の何が保護されており、何が保護されていないのだろうか。

それは、氏名や住所、生年月日が「個人情報」だと誤解してしまった人々が、間違った解釈でプライバシー問題を考えてしまうことにもつながる。その誤解は、一般のサービス利用者だけが起こすものではない。大手ポータルサイトで。地方都市の図書館で。出会い系もどきのスマホアプリで。いたるところで「個人情報」の意味が普通に間違って使われているのが実際だ。

本章では、個人情報とプライバシーの問題に関する基本中の基本、保護されるべき「個人に関する情報」とは何か、そして公共機関や法人が取得した利用者の個人に関する情報を利活用するときに現行法下で何が適法なんだっけ、あるはどうすれば適法になるのか？さらに、技術革新が進んでデータを巡る法人と利用者の関係が変わっていく中で、あるべき個人情報保護法がどのように改正されるべきなのか、その在り方を考えてみたい。

「個人に関する情報」と「特定個人の識別情報」の違い

山本　今回の「プライバシーフリーク・カフェ」の冒頭として、高木さんから「個人情報ってそもそも何でしたっけ？」という基本のところからみなさんに聞いていただきたいと思います。

高木　はい。では早速、「個人情報って何？」というとき、本当によくある誤解についてです。みなさんも「氏名、生年月日、連絡先が個人情報である」と理解されているのではないでしょうか。これは間違いです。この「氏名、生年月日、連絡先」というものは強いて言えば「特定の個人を識別するために用いられる情報」と言うことはできます。この「特定の個人を識別する」というフレーズは個人情報保護法の条文にありますが、これが個人情報というわけではありません。個人情報保護法の定義は、「生存する個人に関する情報であって、当該情報に含まれる氏名、生年月日その他の記述等により特定の個人を識別することができるものをいう。」となっています。

個人情報の保護に関する法律（平成十五年五月三十日法律第五十七号）

第一章　総則

（定義）
第二条　この法律において「個人情報」とは、生存する個人に関する情報であって、当該情報に含まれる氏名、生年月日その他の記述等により特定の個人を識別することができるもの（他の情報と容易に照合することができ、それにより特定の個人を識別することができることとなるものを含む。）をいう。

山本　誤解する人は、この個人情報の定義をよく理解しておらず、個人情報の概念を勝手に捉えてしまっているのですね。

高木　先ほどの住所、氏名、連絡先が個人情報であると思っている人は、要するに、「個人に関する情報であって、当該情報に含まれる……」という部分を飛ばしている。そのため『氏名、生年月日その他の記述等』の『特定の個人を識別することができるもの』が個人情報であると読んでしまっていると思うのです。この飛ばしてしまった部分が大事でして、「個人に関する情報であって、当該情報に含まれる氏名、生年月日……」となっているのですね。図にしてみましたが、このように「個人に関する情報」のところ、文章みたいなものがいろいろ書かれている。たとえば、「この人はどの大学を出て、どの会社で何年働いた。こんなレンタルビデオを借りている。図書館でこんな本を借りている」という事実が書いてある。これ全体を「個人に関する情報」と法律では呼んでいるのですね【図1-1】。「当該情報」とはこれ全体のことであり、全体のところに含まれる氏名その他の記述、それでもって「特定の個人を識別できる」場合に個人情報に該当するわけですが、ここの「もの」とは、「氏名」と「連絡先」だけを指しているのではなく、これ全体を指していて、それが個人情報だというわけです。

山本　非常に重要なところですよね。実際、「氏名、連絡先さえ抜いておけば個人情報ではないのである」という誤解が非常に広がっているという状態だと思います。プライバシーポリシーの在り方を考える上でこのあたりの話をきちんと普及・啓蒙するための活動にはどのようなものがあるのか？という議論があると思うのですね。

高木　もし、単に氏名、連絡先を分離しただけで個人情報でなくなるのであれば、法律の条文は最初から「特定

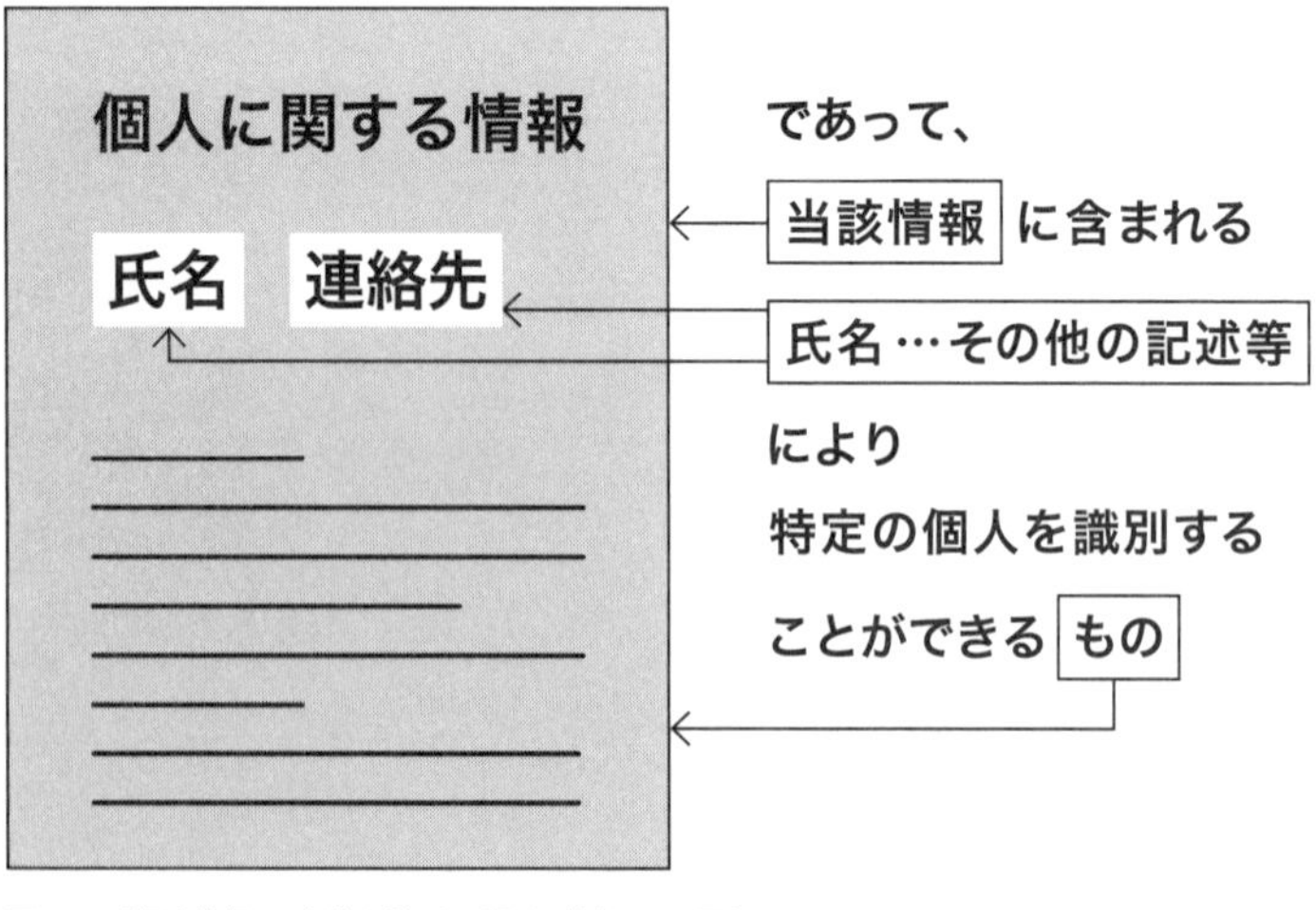

図1-1　「個人情報」の定義と「個人に関する情報」との関係

の個人を識別する情報」とだけ定義すればよかったはずです。しかし、そうはしないで、このような持って回った定義の仕方をしているのは、「特定の個人を識別する情報」という意味ではないと[1]いう意図が感じられますよね。

山本　おそらく、「匿名化措置」の問題もこの誤読の中で起きていると思うのですね。「個人の氏名や連絡先などを除外すれば匿名化である」という、かなり間違った見解を出している人もいる[2]のですが、グレーゾーンですらないのにもかかわらず、彼らにはグレーゾーンであるとみえている。

高木　ただ、医療の分野では匿名化という措置は昔からあって、氏名、顔写真などを外して…というのはありましたから、それがすべての場合に同じように適用できるかというのは議論があると思います。実際、立法当時の内閣官房の逐条解説[3]を手に入れたのですが、このように書かれています。「個人に関する情報というのは、個人を識別する情報に限らず属性に関して全て」。よく、「何を守らなくてはいけないのですか？ センシティブな情報だけじゃないのですか？」と言いますが、人によって何を隠したいかは違いますから、そこは分けられないので、立法の趣旨としては全部が個人情報です。

山本　個人を特定、識別する情報以外の属性情報も個人情報の中に含まれているということですね。

（1）
「個人情報」は、「特定の個人を識別可能とする情報と当該個人の属性情報からなる『ひとまとまり』の情報の集合物である」（『行政機関等個人情報保護法の解説』（総務省行管理局監修、ぎょうせい、２００５）16頁）。「特定の個人を識別可能とする情報」だけを言うわけではない。もし、個人情報（及び保有個人データ）の定義に履歴等の属性情報が含まれないと解するならば、開示等の求めは、氏名、連絡先等だけが対象になり、属性情報は開示等の対象にはならず、自分の住所、氏名を確認するだけというナンセンスな制度となってしまう。

（2）
「匿名化委員会」が高木浩光先生にロックオンされたようです
http://togetter.com/li/424639

高木　いま政府が検討している「パーソナルデータ」[4]という言い方はまさに「個人に関する情報」を言い換えているものですね。ちなみに、ここで、Ｙａｈｏｏ！ ＪＡＰＡＮ、日本を代表するネットサービスの、プライバシーポリシー[5]を見てみましょう。

山本　素敵なお話、ありがとうございます。

高木　ここを見ていただきたいのですが、「プライバシー情報のうち『個人情報』とは」とか、「プライバシー情報のうち『履歴情報及び特性情報』とは」とか書かれています。ヤフーさんの場合は「個人情報」と「履歴情報および特性情報」を分けている。それぞれに利用目的や取得する情報が書かれているのです。

Yahooo! JAPAN

第2章　プライバシーポリシー

プライバシー情報のうち「個人情報」とは、個人情報保護法にいう「個人情報」を指すものとし、生存する個人に関する情報であって、当該情報に含まれる氏名、生年月日、住所、電話番号、連絡先その他の記述等により特定の個人を識別できる情報を指します。

（3）現行の（２０１４年12月時点）「個人情報の保護に関する法律」が国会に法案として提出された２００３年に法案作成を担当していた内閣官房の個人情報保護担当室が部内用として作成していた法案の逐条解説「個人情報の保護に関する法律案《逐条解説》」が、情報公開制度により、２００７年8月に開示されていた。開示請求した骨董通り法律事務所の二関辰郎弁護士の賛同を得て、開示されたものを高木が以下のウェブサイトで公開している。
https://staff.aist.go.jp/takagi.hiromitsu/misc/jappi/

プライバシー情報のうち「履歴情報及び特性情報」とは、上記に定める「個人情報」以外のものをいい、ご利用いただいたサービスやご購入いただいた商品、ご覧になったページや広告の履歴、お客様が検索された検索キーワード、ご利用日時、ご利用の方法、ご利用環境、郵便番号や性別、職業、年齢、お客様のIPアドレス、クッキー情報、位置情報、端末の個体識別情報などを指します。

高木　これはある意味よくやっていらっしゃる[6]と言えるのですが、しかしこの分け方は現行法の個人情報の定義とは違うのです。

山本　違いますね。

高木　購入履歴や利用日時の情報も、氏名等により特定の個人が識別されるデータとして存在すれば、法律上の個人情報なんですけどね。ここを読んでいただくと、「『個人情報』とは、個人情報保護法にいう『個人情報』を指すものとし…」と条文をそのまま引いてあるのに、この食い違い[7]はおかしいですね。

山本　なぜそれを冒頭で掲げているのだ、ということですよね。

高木　そうです。「履歴および特性情報」は、それ以外の「購入された商品」「ご覧になったページ」、それから「検索キーワード」などとなっています。こ

(4) 「パーソナルデータに関する検討会」とは、平成25年6月に高度情報通信ネットワーク社会推進戦略本部令に基づき、パーソナルデータに関する利活用ルールの明確化等に関する調査及び検討を行うために設置された。
首相官邸ホームページ「パーソナルデータに関する検討会決定等」
http://www.kantei.go.jp/jp/singi/it2/pd/

(5) **利用規約 第1編 基本ガイドライン 第2章 プライバシーポリシー，ヤフー株式会社**
http://docs.yahoo.co.jp/docs/info/terms/chapter1.html#cf2nd

れらは個人情報ではないと言いたいようです。

山本　類例として最近よく話題になります武雄市の図書館でも(8)、よく指摘される内容ではありますが、個人情報とは実は貸し出し履歴も含まれるというところ、これを踏まえても、「そもそも何を見たのか？」という情報を含めて本当は個人情報ですよね。個人に関する情報なので。ところが、それを「個人情報」と「履歴情報と特性情報」というかたちで分離するので、妙なプライバシーポリシーになりますよね。要は、「その人が何の本を読んだのか？」ということに対して、彼らは、「氏名、生年月日、連絡先」と分離して「『その人が何の本を読んだか』は個人情報とは違うものだ」と定義してしまっているので、法律上齟齬が出ているのだと僕は思います。

高木　なぜそう間違えたかは、先ほどの定義の読み方を間違っているからだという分析なのです。

実例に見る「個人を特定する情報が個人情報である」の誤解

高木　本当に誤解されているのだという様子をもう少し見ていくと、このように分けた2つについて、それぞれに取得情報と利用目的が書かれています。2

(6)　日本の事業者の多くで、氏名や連絡先の情報だけを対象としたプライバシーポリシーが散見されるのに比べれば、ヤフーのプライバシーポリシーが「履歴情報」を対象情報に入れていることは「よくやっている」とも言える。

(7)　ここで言う「個人情報」というのがヤフーのプライバシーポリシー独自の用語ならわかるが、「個人情報保護法にいう個人情報を指す」とあるので、法の個人情報の解釈を間違えていることになる。

(8)　**「個人情報」定義の弊害、とうとう地方公共団体にまで（高木浩光@自宅の日記2012年5月8日）**
http://takagi-hiromitsu.jp/diary/20120508.html

つに分けたうちの「個人情報」のほうについて、利用目的が何と書かれているかというと、「お知らせや連絡をするため」とか、「本人確認を行うため」とか、「代金を請求するため」というように、やはり住所氏名の利用目的が書いてあるのですよ。

2. 個人情報の利用 当社は当社が取得した個人情報を大きく分けて以下の目的で利用します。
(1) お客様にご自分の登録情報の閲覧や修正、ご利用状況の閲覧を行っていただくために、氏名、住所、連絡先、支払方法などの登録情報、利用されたサービスや購入された商品、およびそれらの代金などに関する情報を表示する場合
(2) お客様にお知らせや連絡をするためにメールアドレスを利用する場合やお客様に賞品や商品を送付したり必要に応じて連絡したりするため、氏名や住所などの連絡先情報を利用する場合
(3) お客様の本人確認を行うために、氏名、生年月日、住所、電話番号、銀行口座番号、クレジットカード番号、運転免許証番号、配達証明付き郵便の到達結果などの情報を利用する場合

（4）お客様に代金を請求するために、購入された商品名や数量、利用されたサービスの種類や期間、回数、請求金額、氏名、住所、銀行口座番号やクレジットカード番号などの支払に関する情報などを利用する場合

山本　つまりは本人への連絡先であり、トレースするための情報ですね。

高木　そうですね。先ほどの間違ったほうの解釈をされている。「個人を特定する情報が個人情報である」を前提にプライバシーポリシーが書かれていることがわかると思います。

山本　そうですね。

高木　こちらは、内閣府の個人情報保護専門調査会の議事録からです[9]が、ヤフーの社長室長の別所さんがヒアリングを受けたときで…。

山本　おおっと、ここで個人名まで出てきてしまいましたが。

高木　これはちゃんとした政府の議事録ですけれども、よいことが書いてあるのです。委員から「プライバシーポリシーの中に履歴情報の項目がありますね。個人情報と履歴情報と分けられています。」と問いかけがあります。そして、履歴情報も保護するということでこれはよい取り組みだという観点で議論されているのです。

(9)
内閣府ホームページ。第4回 個人情報保護専門調査会 議事録
http://www.cao.go.jp/consumer/history/01/kabusoshiki/kojin/004/gijiroku/

山本　ええ。

高木　だけども、現行法の定義からすると解釈を間違えていますよね。これ、なぜ個人情報保護専門委員会で誰も突っ込まないのですか？

山本　突っ込まれなかったですよね。

高木　そうです。これほどまでに誰も是正できていないということです。あちこちでこの誤解に基づいたプライバシーポリシーが書かれているのに誰も直せないのです。政府も直せない。これはいったい、どういうことですか。

山本　ヤフーさんはこの手の利用者の情報管理について非常に真面目に取り組んでいると感じますが、個人情報の定義で誤解している面が残ったまま、ほかのサービス業者さんがヤフーさんを参考にして個人情報を規定している可能性はあると思いますね。

高木　あるかもしれませんね。それで、これをちょっと言っておきたいのですが、ヤフーさん、去年流出事件を公表されました(10)。その中で特徴的だったのは、「秘密の質問」の流出です。パスワードリマインダーの秘密の質問というものが流出したと発表されていますが、あれは個人情報ではないのですか？　個人データ(11)ではないのですか？　個人データの漏洩ではなかったのですか？　と別所さんに伺いたいところです。

(10)
【不正アクセスに関して】Yahoo! JAPAN ID状況確認のお願い（2013年5月24日発表）
http://blogs.yahoo.co.jp/yj_pr_blog/2441813.html

「今回流出した「不可逆暗号化されたパスワード」、「パスワードを忘れてしまった場合の再設定に必要な情報の一部」につきましては、個人情報に当たりません。」と書かれている。

(11)
法律では「個人情報」とは別に「個人データ」という用語が定義されている。「個人データ」は「個人情報データベース等」として管理されているデータのことで、民間事業者で漏洩対策（20条の安全管理措置）の義務が課されているのは「個人データ」だけとなっている。

山本　これは、彼からすると「個人情報ではない」と言いたいわけですよね。

高木　そうですね。きっと、さっきの定義だからでしょう。Ｙａｈｏｏ！Ｊａｐａｎのアカウントには、氏名を登録している利用者と氏名を入れていない利用者が混在しているのですね。たとえば、Ｙａｈｏｏ！ＢＢを使っている私なんかは、氏名その他の情報を全部登録しています。氏名を登録している利用者の場合は個人情報で、していない利用者の場合は非個人情報なのですよ。現行法の定義上はこうなのですが、非常に違和感があるなあ、と。

山本　違和感が残っている状況ではありますが、それは別にヤフーさんが良い悪いの話ではなく、せめて「どこで何の情報が漏れて、どのようなリカバリープランがあったか」というところまで想定しておかないと、本来はいけないのでしょう。

高木　漏洩事件自体は、いろいろなところで起きており、最近は防ぎきれなくなってきていて大変困難な問題だと思います。でも、「秘密の質問」の流出が個人情報保護法の個人データ漏洩に当たると認めることは重要なことだと思うのです。

　ところで、個人情報の定義を誤解しているのは事業者だけではありません。プライバシーマーク制度を取り仕切っているＰマーク事務局の解説コンテンツ

「よくわかるプライバシーマーク制度」[12]というところの『個人情報』と『プライバシー』の違い」、ここも間違っているんですね。

山本　一緒に学ぶはずが、根本から間違っているという。

高木　封書があるときに、封筒の宛名が個人情報で中身はプライバシーであると。つまり中身は個人情報ではないと解説している。

> 「個人情報」と「プライバシー」の違い
>
> 　私たちの暮らしでは、「個人情報」と「プライバシー」という言葉はあまり区別することなく使われています。この2つの言葉は深く関係していますが、厳密に言えば、意味が異なります。
>
> これまで学んできた通り、「個人情報」とは、個人の氏名、生年月日、住所などの個人を特定する情報のことです。
>
> 　一方、「プライバシー」には「個人や家庭内の私事・私生活。個人の秘密。また、それが他人から干渉・侵害を受けない権利。」（小学館「大辞泉」より）という意味があるほか、最近では、「自己の情報をコントロールできる権利」という意味も加えられるようになってきました。
>
> 　それでは、保護するという観点では、この2つの言葉はどのように違う

[12] **プライバシーマーク制度講座 1時間目「個人情報」の基礎知識「個人情報」と「プライバシー」の違い**
http://privacymark.jp/wakaru/kouza/theme1_03.html

のでしょうか？

「個人情報」と「プライバシー」の関係に関する見解は、日本国内においても様々な議論がなされており、必ずしも統一的な見解が示されてはおりませんが、あえて、違いを分かりやすく例えるならば、配達者が配達先を特定するために、個人を特定できる情報として、封筒の宛名が必要となり、送られてきた封筒を受け取った本人は、封筒の中身に記載されている内容は他人に知られたくない個人的な事柄なので、その内容は本人の「プライバシー」ということができます。(13)

山本　これは、どうしたらよいのですかね。

高木　私はだいぶ前に電話をして指摘しました。「間違っていますよ」と。この後半の部分は修正されてしどろもどろの言い訳が書かれているのですが、肝心のところは修正していないのです。先日も「ちゃんと直してくださいよ」と伝えたら「どう直せばよいのですか?」と聞かれて、「え?」と。「いや、あなた方、自分で直せないんだったら、もうＰマーク制度やってちゃダメでしょう」と言いましたよ。

山本　税金泥棒だと。

(13) この部分は、高木が２０１１年１月にＰマーク事務局に電話して「間違ってますよ」と指摘した後に書き直されたもので、それ以前は次のように書かれていた。「例えるならば、封筒の宛名が「個人情報」で、封筒の中身が「プライバシー」です。配達する人は個人を特定するための宛名が必要です。しかし、封筒の中身を知る必要はありません。」

高木　自主事業収益でやっているようですけどね。それはともかく、いまの法改正の論点は、氏名を登録していると個人情報として法律が守ってくれるのに、登録していないと守ってくれない。これは両方とも守るべきなのではないのかという点です。ところが、これを保護対象にしようと言ったときに、反対派の言い分として「なぜ個人情報じゃないのに保護するのだ？」とおっしゃる方がいらっしゃるのです。これは平成23年6月の総務省のパーソナルデータ研究会のパブリックコメント募集に対する意見にありました。でも、それ、現行法でも一部はすでに保護対象ですよと言いたいですね。単に個人情報の定義を間違えているだけではありませんか？という。

山本　はい。ちなみにそれは誰が言ったのですか？反対派としておっしゃった方は。

高木　えーっと、三木谷さん…。

山本　あ、楽天の三木谷浩史さん。まさかの登場ですね。

高木　新経済連盟の提出意見にそういうことが書かれていました。「個人識別性がなくても（中略）とあるが（中略）何が問題になるのか判然としません。」という意見書が出ているのです。

「何のために保護するんだっけ？」という実質論

山本　そうなのですか。さあ、困りましたねえ。どうですか？　鈴木さん。

鈴木　そもそも日本では、なぜこのような特定個人の識別情報という個人情報の定義を採用したのか？　プライバシー権に係る情報ではなく。それは、やはり個人情報保護法が役所の行政規制だからでしょうね。対象情報の範囲が客観的にわからないと役所が動けないですよね。裁判だとお互いに原告と被告がやりあえばよいのですが、一方的に行政庁の方が取り締まりに行かないとならないので、特定個人の識別情報という外形的な基準で客観的にわかるところで設計しましょうということになったわけです。

　ちなみに、個人情報の定義については、いま、データ保護規制提案で[14]ＥＵでもロケーションデータ[15]を明記しようとしていますよね。「ｉｄｅｎｔｉｆｉａｂｌｅ」と「識別することができる」という同じような用語を使いながら必ずしもぴたりと同じ概念ではないんですね。

山本　そうですね。

鈴木　そして、最近、何のために保護するんだっけ？　という実質論が問題になってきまして、個人情報とプライバシー権に係る情報とは異なるけども、そ

(14) ＥＵ一般データ保護規則提案は、１９９５年の個人データ保護指令に基づく加盟各国の個人データ保護法制のばらつきを解消するため、各国の立法措置を経ることなく直接適用される「規則」として提案されている。また、プロファイリング、忘れられる権利（削除権）等の今日的課題に対応すべく規制強化等を図っている。越境適用もあることから日本にも影響がある。最終段階までいったが未だ成立していない。（石井夏生利『個人情報保護の現在と未来』（勁草書房）43頁以下参照。）

(15) ＧＰＳ等で得られる位置情報のデータのこと。

もそも立法段階でプライバシーという言葉は使っていたよね(16)、と。プライバシーの保護のために事前の行政規制でできるあたりで特定個人の識別情報という客観的基準を使って、とりあえず行政の取締規定をつくりましょうという話でしたよねと。

だから、特定個人の識別情報がすべて保護すべきものを十分にカバーしているかというとそうでもない。非常に客観的な基準を使ったので、名刺まで個人情報に該当してしまう。場合によっては名刺なんてどうでもよいではないかと。名刺を名刺のまま、紙のまま取り扱うだけなら、中央官庁が行政規制に出てくる話でもない。法律問題というよりビジネスマナーの問題だよねと。一方で医療カルテが名刺と同じ義務に服するというのはどうなんだと。医療カルテ情報にしては規制が緩すぎないかと、こうした違和感が出てきた。これが客観的な基準を採用した結果の問題として起きてきました。特定個人の識別情報で過剰反応問題(17)も出てきた。それから、最近起きてきたのが、特定個人が識別されなければ何をやってもいいじゃないか、という話です。

山本　逆の論というか、本来なすべき議論からまた逆行したような流れになっていますね。

鈴木　ここでまた「利活用の時代だ」という言い方をしてしまったものですか

(16) 現行個人情報保護法は「プライバシーの権利」という言葉を大綱にも本法中にも用いることはせずに意識的に回避していたが（園部逸夫得編集『個人情報保護の解説 改訂版』（ぎょうせい、2005）園部解説44頁）、その目的（1条）において「個人の権利利益」の保護をうたい、基本理念（3条）において「個人の尊重の理念」を定めるなど、直接的には個人情報を保護しつつも、その結果として本人のプライバシー保護に一定程度資することを期待していたと言える。なお、現行法起草時の「大綱」（平成12年10月）では、「個人情報は、いわゆるプライバシー又は個人の諸自由に密接に関わる情報」であるといっている。また、今回の大綱においても制度改正の趣旨において「個人の権利利益の侵害を未然に防止し個人情報及びプライバシーの保護を図る旨が明記されている。

ら、利活用促進のためにそのあたりは自由にしてしまえという乱暴な意見が力を増してくるところもあった。加えて、氏名や住所がわからなければいいじゃないか、個人情報に該当しないということにしてしまっても本人被害はないだろう、という話に寄ってきて、本来のプライバシーの保護に関わる部分の「個人情報」まで抜け落ちた。でもこれは、意図的というよりも、法解釈に馴染みがないがゆえに誤読してきたということだろうなと思います。

山本　そうだと思います。もともとこのような議論になる前からなのですが、統計的なデータを扱うために個人のトランザクションログ、決算情報をカード会社が集めます、と。それによって不定期で発生した、たとえば盗難されたカードをまったく違う場所で使われたときに、本人を検出するサービスをつくらないといけませんといった際に、個人情報というものはどこまで守られるのか、という議論は昔はよくありました。ようやくここにきて、ＥＵでデータ保護規制提案が出てきて、まさにおっしゃったようにプライバシーポリシーに関して「非常に厳格なところまで定義しますよ」という議論ができるようになったのだと思うのですね。

鈴木　そうですね。なんというのでしょうか、事業者もどっちつかずというか、ケースバイケースで揺れ動いているのではないでしょうか。名刺と医療カル

(17) 消費者委員会「個人情報保護専門調査会報告書～個人情報保護法及びその運用に関する主な検討課題～」（平成23年7月）などにも個人情報保護法に対する誤解等に起因して、必要とされる個人情報の提供までもが行なわれなかったり、各種名簿の作成が中止されるなどのいわゆる「過剰反応」についての現状分析が示されている。
http://www.cao.go.jp/consumer/iinkai/2011/067/doc/067_110826_shiryou3.pdf

テは保護すべきレベルが違うじゃないか、名刺まで保護する必要はないはずだ、という直感的な違和感を唱える意見もある。要するに、保護すべき実益がないものまで形式的に特定個人の識別情報に該当するとしてしまっているところが問題だと。だから過剰反応が起きるのではないかと。真に保護すべきもの、プライバシー権に係る情報に限定してほしいというときは、実質論を言っているわけですよね。

山本 そうですね。

鈴木 しかし、何がプライバシー権に該当する情報かという実質論に入ってくると、非常に判断がむずかしくなるものですから、いいじゃん、特定個人の識別情報で、形式論でいいのだと。ＰＤＣＡサイクルを回していろいろ実務が定着しているのに、わかりづらい実質論が入ってくるとややこしいからやめてくれ、ということを言ったりもするわけです。同じ事業者内でももめますし、同じ人でもケースごとに言うことが変わることもある。スタンスが毎度ずれてしまうんですね。

「共通ポイントカード」と「一般ポイントカード」

山本　そのような間隙を突くかたちのサービスは類例がたくさん出ています。たとえば国内では、一連の定義の無理解をうまく活用するかたちで、ＣＣＣ（カルチュア・コンビニエンス・クラブ株式会社）がＴポイントカードで利用情報を参加・加盟各社で共同利用を謳う仕組みが(18)できています。では、共同利用というのは何を将来的にやろうとして、そこまでの統合をできるような環境に置いたのですか？という話は今後の焦点になると思うんですよね。

鈴木　はい。まずこれは、「共通ポイントカード」と呼ばれているものです。一番目立つので「Ｔポイントカード」を代表させて名前を出していますが。これに対して、普通のポイントカードというのは、たとえばビックカメラもそうですかね、1社に閉じています。昔のポイントカードは、お店に行ってハンコをもらうわけですよね。そして10個貯まると５００円の商品券として使えるという感じでスタートした。ポイントをもらう、値引いてもらうサービスということに消費者は慣れているわけですね。こういう「一般ポイントカード」と、あの「共通ポイントカード」は違うのだという認識が、はたしてみなさんにあるでしょうか。昔からあるじゃないか、それを単に電子化しただけじゃないか

(18) ＣＣＣは、獲得していたＴ会員の個人情報をＣＣＣおよびグループ会社だけでなく、ポイントプログラム参加企業との間で「共同利用」する仕組みを採用していた。共同利用とは、個人データを、「保有者と一体と見なされる者」の間で共通で利用する考え方だが、資本関係のあるなしに関わらず契約しているだけのポイントプログラム参加企業も共同利用の対象としていたため、かねてから問題点が指摘されていた。

という感じだと思うのですね。実際、ビックカメラのポイントカードのような「一般ポイントカード」の場合は、自分が買ったお店に購買履歴が蓄積されるだけです。これに関しては、そこで流出が起きない限り、利用目的を守る限り、消費者のプライバシーインパクトは非常に小さいわけですよ。ビックカメラで家電製品を買った、その履歴が残る。そしてポイントがつく。値引いてくれる。この関係についてあまり目くじらを立てることは、本来ないのですね。

山本　そうですね。

鈴木　一方、「共通ポイントカード」というものがそういった「一般ポイントカード」とどこが違うかというと、「共通ポイントカード」というのは、A社、B社、C社、D社…と、はじめは10社くらいだったものが、やがて400社になって、そして1万社になって、それぞれの事業者がそれぞれ専門のいろいろな商品を売っているわけですが、それらの履歴が横にすべて横断的につながってしまうということになるわけです。その消費者のライフスタイルがわかってしまう。分野横断によってプライバシー侵害が起きてくる面がある。しかし、それは約款[19]に示されている。タダでポイントがつくわけがないだろうと。消費者に対して「ITリテラシーがない」「情弱が悪い」というような感じで責めるところもあるのだろうけど、それでよいのか？　ということです。そのよう

(19)
インターネット上の各種サービスやパッケージソフトの契約書、宅配便や保険、銀行取引など多数の顧客ないし取引先と同一内容の契約を締結するに際し用いられる定型化された契約書またはその条項を普通契約約款や約款という。

なビジネスモデルや情報システムの仕組みを誰もが理解できるのだろうかと。それをして「非対称性」とよく言いますが、日々拡大の一途です。消費者の同意があるといっても、その前提が崩れてきています。それに日本は高齢者社会ですからね。これをそのまま放置してよいのか？ということが問題意識としてあります。ネットを見てると「事実関係がしっかりわからないくせに違法だとか言うな！」と怒る人がいますが、事実関係は詳細にわからない。全部わからなければ問題提起できないというのはおかしいでしょう。本当は主務大臣が迅速に動いて調査結果を公表してくれるといいのですが。ということで、立法論的には第三者機関をつくり、調査権限を付与し、まず事実関係がしっかりわかるようにしようと。事実に基づき物事の良し悪しを、新たな法律をつくってそれを基準にやっていこうよと主張しています。いま現在は外から見える範囲で報道されたところを頼りにやらざるを得ない。

山本　はい。外から見える内容でしか進めようがないですからね。

「第三者への提供」、そして「第三者以外への提供」

鈴木　論点は「第三者への提供」というところなのですが、条文を整理しますと、原則は23条の1項です。たとえば、ある百貨店に自分の個人情報を渡した。何か物を買ったという履歴が相手方に伝わった。相手が有名な百貨店だから安心して購買履歴が記録されることを本人は納得した。つまり容認した。ところが、その百貨店からどこかわからない会社に自分の個人データが第三者提供されるという場合には、当然ながら、有名な百貨店だからという信頼を前提にやっていたわけですから、「見知らぬ誰かに行くのであれば一応自分に聞いてくださいよ」ということになる。そういうことで「本人同意」が23条の1項に定められています。

> 第23条　個人情報取扱事業者は、次に掲げる場合を除くほか、あらかじめ本人の同意を得ないで、個人データを第三者に提供してはならない。

鈴木　事業者は、こうした本人同意が原則では、「同意にかかるコストが高すぎてビジネスができない」とよく言うのですが、実は、「例外」というのも不正確なのですが、23条2項には「オプトアウト手続き」[20]というものが定められていまして、必ずしも本人から同意を取らなくてもよくなっています。事業者側が「オプトアウト手続き」を選択すれば、現行法でも本人同意なく第三者提

(20) 個人データの第三者提供に関し、本人の求めに応じて第三者への提供を停止する手続きをいう。あらかじめ23条2項1号〜4号に定める4項目を本人に通知するか、又は本人が容易に知りえる状態に置いておくことを要する。一般には自社のホームページに掲載することで行なわれている。

供できるのですね。消費者から見ればザル法[21]に設計されているわけですよ。事業者にとっては選択肢が広い。産業界の一部では本人同意原則という言い方をよくしていますが、実はそんな原則にはなっていない。本人同意・オプトアウト手続き選択型なのですね。事業社は任意にどちらかを選択できるという設計になっています。

2　個人情報取扱事業者は、第三者に提供される個人データについて、本人の求めに応じて当該本人が識別される個人データの第三者への提供を停止することとしている場合であって、次に掲げる事項について、あらかじめ、本人に通知し、又は本人が容易に知り得る状態に置いているときは、前項の規定にかかわらず、当該個人データを第三者に提供することができる。

一　第三者への提供を利用目的とすること。

二　第三者に提供される個人データの項目

三　第三者への提供の手段又は方法

四　本人の求めに応じて当該本人が識別される個人データの第三者への提供を停止すること。

(21) 個人の尊重の理念に基づき個人の権利利益の保護を図るのであれば、本来的には個人情報取扱事業者の義務は本人の同意の原則で貫かれるべきところ、同意は16条1項と23条1項にあるのみで、他の義務は、通知または公表、明示などむしろ表示義務を中心として構成されている。その他、事業者はオプトアウト手続きなども選択できるほか、例外条項や適用除外条項もあり、全般にかなり緩い法規制になっている。これを消費者保護的見地からザル法と揶揄することもある。

高木　名簿屋はいまだに売っていますよね。アダルトグッズを購入した人のリストといったものを堂々と販売していて、「オプトアウトの手続きはこちら」とウェブサイトに書いてあって、個人情報保護法の条文を貼って「適法にやっております」と主張している。まったくザル法ですよね。

鈴木　名簿屋は個人情報の取得段階にかなり問題がありますね。それは別途議論が必要です。(22)しかし、法をよくわかっていれば、いかようにも適法にビジネスモデルをつくることができます。それが良いかというと、悪いところもあるのですけど。個人情報保護法ごときは少し知恵があれば適法にすり抜けられるようにできている。それはなぜかと言うと、住基ネットをつくるときに「個人情報保護法を半年でつくれ」(23)と言われたものですから、立法事実をしっかりと把握してつくったわけではない。社会的弊害があってそれを手当てするためにつくったわけではない。およそ全事業者について、網羅的に包括的に取り締まるという方針の下で起草されたものですから、個別の業界の特性や事業規模、その他の事情をすべて汲み取るには無理がありますし、しかも短期間で事業に無用な副作用が出ないようにするとなると、どこかあそびをつくっておくほかなかったというところはあったように思います。

(22)
本鼎談が行なわれたのは2014年2月24日。この時点ではまだ、ベネッセ事件は発覚していない。

(23)
住基ネットを導入するための住民基本台帳法平成11年改正法案提出にあたって、当時の連立与党であった小渕首相・自民党総裁と小沢自由党党首と神崎公明党党首が三党協議において国民総背番号制批判などもあることから個人情報保護法をつくることで合意したことから急遽起草作業が始まった。当時、通産省など各省庁は包括的な個人情報保護法の制定には極めて後ろ向きであった。

山本　なるほど。

鈴木　そして、取りこぼした部分は、民法の不法行為法など他の法制度でカバーすればよいだろうと当初は思っていたということです。この第三者提供の制限条項である23条には、実はほかにも例外的なものが用意されています。第三者以外への提供です。第三者提供の例外ではなく、第三者以外のものとは、そもそも第三者に該当しないという類型です。３つあります。

第一は「委託」です。アウトソーシングする場合には、それは第三者ではないのですよ。自分から伸びた手という捉え方なのですね。第三者提供のように「あげる」のではなく「預ける」という感じです。その代わり22条で監督義務が課されています。これは、本人に対して当事者である自分の延長みたいな感覚なので、第三者ではないという整理です。

第二に「事業承継」があります。この問題はあらためて後半で取り上げる予定ですけれども、要するにM＆Aのことです。合併するときに「第三者提供だ」と言われたらかなわないので、そもそも合併で一体化するだろうと。それは自分なので、これも第三者ではないというルールなわけです。

第三は「共同利用」です。「委託」と「事業承継」は、起草の段階で十分に社会の実体はわかっていたわけです。ところがこの「共同利用」については、よくわかっていなかったと思うのです。社会的な典型例がなかった。「この業種を救うために」というような具体的なビジネスがあって「共同利用」を設計したというよりも、むしろ、念のためこういう枠もつくっておかないとまずいのではないか？という非常に仮想的な状況でつくったような感じがしました。

4　次に掲げる場合において、当該個人データの提供を受ける者は、前三項の規定の適用については、第三者に該当しないものとする。

一　個人情報取扱事業者が利用目的の達成に必要な範囲内において個人データの取扱いの全部又は一部を委託する場合

二　合併その他の事由による事業の承継に伴って個人データが提供される場合

三　個人データを特定の者との間で共同して利用する場合であって、その旨並びに共同して利用される個人データの項目、共同して利用する者の範囲、利用する者の利用目的及び当該個人データの管理について責任を有する者の氏名又は名称について、あらかじめ、本人に通知し、又は本人が容易に知り得る状態に置いているとき。

山本　とりあえず決めなければならないが、あとからいろんなパッチワークができるよう、拡張性のあるザル法にしておこうという意図がはっきり見えますね。

鈴木　ええ、しょうがなかったと思いますね。全業種をひとつの法律で面倒をみようというわけですから。そして、「共同利用」が「ちょっとこれまずいよね」となっているところはどこか。事業者としてはテクニカルな対応に頭を悩ませずに、A社からB社に自由に個人データを引き渡したいのでしょう。共同利用というのは真ん中の共同データベースの生データを400社なら400社、1万社なら1万社で全員がアクセス権を持ってみんなで閲覧できるような状態が典型例ですから。でもそれをやってしまったら、CCCにとっては、虎の子を全部明け渡してしまうことになります。本来は誰にどのようなデータを引き渡すかをしっかりコントロールしたいはずですし、実際そうした取り決めになっているはずです。

山本　そのとおりですね。個人情報が大事なことは理解するけれども、CCCとしては個人情報を取り扱う業者間の胴元であるポジションだからこそ旨みがある、ということを理解している。

鈴木　こういう加盟事業者が、共同データベースを自由に閲覧するようなビジネスモデルは多分やってないはずなのです。もちろん、それゆえに約款でそれをやらないと書いてありますよね。でも、「約款に書いてあるから適法に処置している」と主張する人がいるのですが、消費者と事業者の当事者間の民事的合意、約款で行政規制の取締規定の違反を常に潜脱したり、免れたりできるのでしょうか？ そんなことはありませんよね。

山本　はい。実務としても、まったく逆です。(24)

鈴木　取締規定を潜脱するような約款をつくるんじゃないよ、ということですよね。(25)

ブラックリストの共同利用

山本　少し黒い話なのですが、僕らからするとブラックリストなのですね。先ほど名簿屋の話がチラリと出ましたが、これはもちろん善意で考えれば、ありだと思います。要は、クレジットカード会社とかサラ金屋さんが業界団体をつくりブラックリストの共有やりとりに使う手法なのです。少し言い方が悪いですが、業界全体での共同利用でございますよ、と。お互いに問題があると思っているお客様を業界からパージしてお互いのメリットのために共同管理できる

(24)　むしろその約款を不当条項として無効とすべき。

(25)　交通取締法規などその典型例である。取締規定の中には、それに違反する行為について、単にその行為を処罰するだけの狭義の取締規定と、それに加えて、その行為の私法上の効力、たとえば約款の全部または一部の効力を否定する効力規定がある。個人情報保護法上の義務規定は狭義の取締規定である。なお、約款の書きぶりで取締規定の違反を免れるようなことはできない。また、実質的に違反しながらそれを回避する浅はかで腹黒な小細工を潜脱行為という。

仕組みをつくりましょう、というようなやり方を考えて出てきたものが共同利用だったわけですね。少しニュアンスは違いますが。

鈴木　そうですね。先ほど、「共同利用」は具体的なモデルがなく、仮想的な状況でつくったと言いましたが、CRIN（クリーン）のような信用情報機関(26)は共同利用という枠組みを使えるのではないか？という想定はあったのかもしれません。しかし、CRIN（クリーン）は本人同意モデルでつくり上げてしまっているのですね(27)。そりゃ金を借りに来る人は同意しますからね。同意モデルが使える。いろいろと面倒くさい、こなれていない共同利用モデルを使うまでもないでしょう。

山本　ええ。ただ、それはやはり、その後、裁判がいくつかあった中で、借りるときの個人情報の抹消、これは先日ソフトバンクモバイルさんが無実の利用者に支払い遅延の属性付与をしてしまって問題を起こしましたので(28)多少は周知されましたが、いわゆるブラックリスト、あるいは遅延されたお客様のデータ、これらは一定期間したら削除しなくてはいけないのですが、現行だといろんな手段で「思い出せて」しまいます。その意味では、削除されるべきはずが削除されないデータというものが溜まり続けているのですね。そして、これは適法なのでしたっけ？というのが、いま問題になっているのですね。ですから、

(26) CRIN（Credit Information Network）とは、CIC（株式会社シー・アイ・シー）、JICC（日本信用情報機構）、KSC（全銀協の全国銀行個人信用情報センター）の3機関において運営している、各機関の延滞、代位弁済等の情報および本人申告情報（身分証の盗難情報など）の一部を相互に利用する信用情報交流ネットワークのことをいう。各信用情報機関の会員会社は、加盟する信用情報機関を通じて、このCRINを利用することにより、消費者への過剰貸付の防止、多重債務者の発生防止に一定の効果をあげている。なお、CRINを運営するのはCRIN協議会である。

(27) 金融機関からお金を借りなければならない場合には、誰もが一定の範囲で自己の信用情報がCRINへの登録照会に利用されることについて同意するので、個人情報保護法23条4項3号に定める「共同利用」方式を採用するまでもなく、単純に同法23条1項の「第三者提供の同意」をもって運用することができる。

「共同利用」において削除は誰がするのだという話になるわけですよ。データの調査、A信販が一定の期間経ったあとで「削除しました」と言って、ある人をA信販のリストから削除したとしても、その「共同利用」先であるB信販、C信販、D信販の持っているデータは残ってしまう場合がある。そうなると時限的にB信販、C信販、D信販が必ず削除してくれるという合意がない限り削除されないということになるので、どこが責任母体を持つのだ？ということが起きるわけですよ。やっかいだなと思います。

鈴木　現行の個人情報保護法を擁護するとですね、これをつくったときには、個別法ができることを想定[29]していました。

山本　そうですよね。ただ、まったくそういう議論はなかったですね。

鈴木　一般法[30]一本ですべての業種を見るのは無理がありますよと。個別の業種ごとに「個人の権利利益」と対立する利益が異なったりする。医療では生命という保護利益との対立になる場面が多い。それを包括的に規律するのはきついでしょう。それを主務大臣のガイドラインなどの告示レベル[31]での調整に委ねるのはやはり限界があります。だから医療個人情報保護法案にしろゲノム法案にしろ、立法の時代[32]ですから、どんどん立法的解決にチャレンジしましょうと。共同利用も個人の権利利益を保護しながら使い勝手よく直せばいい。

(28) **「割賦代を支払った」のに未入金扱い、ソフトバンクが誤処理、INTERNET Watch、2013年10月1日**
http://k-tai.impress.co.jp/docs/news/20131001_617589.html

(29) 当初制定することが期待されていた個別法として、医療分野、電気通信事業分野、個人信用情報分野の法律があった。

(30) 「個人情報の保護に関する法律」は、構学上、個人情報保護法制全体を規律する「基本法」部分（主に第1章～第3章）と全産業を網羅する個人情報取扱事業者を対象とした民間部門の「一般法」部分（主に第4章～第6章）に区分されている。一般法とはその分野に対して一般的に適用される法であり、特別法があれば特別法が優先して適用される。個人情報保護法制では特別法といわずに個別法というのであろう。個別法は基本法に対応した言い方であろう。

それは「共同利用」ではない！

鈴木　Tポイントカードの場合は、実は共同で利用していないのですよ。共同で利用しうるところを留保しつつ約款で調整しているのです。

山本　ええ、すごくテクニカルですね。

鈴木　テクニカルですね。テクニカルですけど、それはグレーではなく私から言わせれば違法なのですね(33)。それは条文の趣旨からきっちり考えてほしいわけです。1条の目的規定と3条の個人の尊重の理念規定に従って個人の利益を保護するという観点から個別義務規定の解釈をしていくべきだと思うのです。23条の構造も考えていくべきだと思います。そもそもあの約款では共同利用といえないだろうと思うのですね。

山本　約款だけ見ると、個人の利益を保護する内容には合致していないですね。

鈴木　単にA社からB社に引き渡すための方便としてしか使っていない。これをシロと言ってしまうと、すべてこの共同利用方式で個人データを渡すことができてしまいます。共同利用者の範囲に渡したい事業者の名称を入れてホームページで公表するだけでいい。同意もオプトアウト手続きも不要、23条の規制はすべて潜脱できて誰にでも渡せてしまうのです。だから、クロだと言ってい

(31)
告示とは、国や地方公共団体などの公の機関が、必要な事項を公示する行為又はその行為の形式をいう。国民への情報提供という意味もある。

(32)
近代法を導入した明治維新期を第一の立法の時代、第二次世界大戦後の新憲法下での法律制定のラッシュが第二の立法の時代とするなら、現在は約50年ぶりの商法（会社法）改正、約100年ぶりの債権法改正に代表される第三の立法の時代ということができる。特に、情報法分野はインターネット時代の到来によって新たな法律が次々と立法されている。

(33)
Tカードは個人情報保護法違反に該当するのか？（津田大介の『メディアの現場』vol.44）
http://ch.nicovideo.jp/tsuda/blomaga/ar6354

るのです。こんなことを認めたら23条の規制は空文化してしまいます。

山本　ええ。いまのところ、そうなりかねない状態になっていますけどね。ポイント加盟業者同士がどのように個人情報を流通させているかわかりませんが、ある案件では登録時に提出させた免許証の顔写真から確認できる個人の属性情報を流通させていたという話が一部にあったようです。

鈴木　法律家がいるならよくアドバイスしているなという感じです。出てきていただいて、ご意見お伺いしたいです。ゲストにぜひ呼びましょう！(34)

山本　…なぜ、私に託されるのですか（笑）。

鈴木　出てきていただきたい！　私は「事業撤退しろ」というような極端なことは言っていなくて、「約款上のここの部分を直すだけではないか」ということを言っているんです。約款を改正して疑義を解消すればいいじゃないかと。(35)

高木　いま彼らがやっていることは、約款を変えれば適法化できるはずなんですが、当事者の説明を聞くと「A社から受け取った履歴を分析し、統計的な結果をA社に返しています」と言うのですね。それは委託モデルでやってよい。複数の会社の履歴の分析を請け負う場合も、A社、B社、C社、D社、E社の履歴データが完全に分離されていて、バラバラに扱っていれば適法です。ところがTポイントの場合はそれだけでなく、別の会社の履歴を串刺しに分析して

(34) 顧問弁護士の先生や法務部門の方など。

(35) その後、2014年11月1日の「T会員規約」改定で、ポイントプログラム参加企業への個人データの提供を「共同利用」と位置付けていた規約が撤廃され、この違法状態は解消された。同時に、新たにポイントプログラム参加企業への提供が「第三者提供」と位置付けられ、オプトアウト手続きが用意された。ただし、実際にポイントプログラム参加企業に個人データが提供されているのか、どんなデータが提供されているのかがはっきりしていない。

T会員規約の解説（2014年11月1日、CCC カルチュア・コンビニエンス・クラブ株式会社
http://www.ccc.co.jp/customer/kaisetsu.html

クーポンを出しているそうです。クーポンというのは、本人がカードを提示すると店頭でペロペロっと出てくるものなのですが、それが、個人データをその店に第三者提供していることにならないか？という論点があります。

山本 彼らは、「属性のカテゴライズをして、カテゴライズに合致した人に対してクーポンを出しています」という言い方をして逃げていますが、その属性をなぜ、どのようにして捻り出したのかという話になります。

高木 本人を特定してクーポンを与えているので。

山本 そうです。目の前で提示したカードに付与された情報を端末で見た結果、合致した属性と判断されているから、識別された対象である利用者に対してピンポイントにクーポンがレジから打ち出されてている可能性があるのです。

立法されると何が困るのか

高木 そこが今度の改正の大事なところで、そこをどうするか？だと思います。私は本人が望んでいればいいと思います。そもそも強制ではないですし。

山本 アメリカ政府のように規制を監視する当局が強力にモノを言えれば、もちろん日本の業者でも日本政府の言うことを聞くのかもしれませんが、やはり

「業界団体」と言われたときになかなか貫徹できない部分がありまして。参加していない業者のほうが有利になってしまうのですね。逸脱者が一番利益が出るような状況になってしまっているので、それはまずいでしょう。

高木　正直者が馬鹿を見るというような面も確かに。

山本　やった者勝ちみたいになってしまうことに関しては、やはり第三者機関が立入検査も含めて状況把握できるようにしたほうがいいんですかね。

高木　「立法されると困る」とおっしゃる方がいらっしゃいますよね。しかし、2010年の総務省の「ライフログ活用サービスWG」(36)が出した提言は、アメリカと同様のレベルに揃っていて、透明性を高めようということですよね。

山本　まさにそのとおりです。

高木　それがたとえ法定されて義務になったとして、何が困るのですかね。

山本　いままでのやり方ができなくなる。ただそれだけだと思います。

高木　サボりたいということですか。説明を。

山本　サボるというか、移行コストを考えると、という話になりやすいですね。いままでこの方法でやってきて、他の業者とは隔絶した競争力を持っているところに関しては、やはりいままでの状態を続けたいというモチベーションはものすごく強いと思いますよ。

(36) **「利用者視点を踏まえたICTサービスに係る諸問題に関する研究会」第二次提言の公表**
http://www.soumu.go.jp/menu_news/s-news/02kiban08_02000041.html

高木　説明なんてタダで書けるよ、みたいな。そのコストは、高いんですかね。日本では。

山本　高いと思っているんじゃないですか。僕らが「あなた方は規約を少し変えればいいだけじゃないですか」と言っても、実際に変えるとなるとどれだけの事務手数料になるのかよくわからないところがあります。

鈴木　あと、僕は「ドラッグストアで薬の履歴を勝手に出すなよ」と怒っている(37)のですが、よくネット上での対応に金がかかると発言する人がいる。段ボールに書いて出しておけばいいというだけじゃないですか。金もかからないし、すぐ対応できる。

山本　事業者側が反対したい気持ちはわかります。制度変更によって全顧客に告知せよとなると、すごくお金がかかると思っていたので。でも出会い系サイト規制法でも実際に施行されたら、みんな大した金額をかけずに対応していたので、大したことはないのだろうなと思うのですが。

鈴木　とりあえず言ってみるだけということでしょうかね。みながオールジャパン(38)で考えているときに、内向きな自社の直近のビジネスだけを見て立法政策に向けた提案をしていいのだろうかと。政府が、経済成長を図って財源を確保して、社会保障制度を維持していくという大きな絵を描いているときに、ちま

(37) **「Tポイントサービスに関する要望書」を提出／回答書受領、薬害オンブスパースン会議、2012年11月20日**
http://www.yakugai.gr.jp/topics/topic.php?id=822

(38) 日本全体、または日本の全産業という視点。

ちましたところ、と言うと怒られますが、その小さなところで主張しても社会に響かない。打ち返すならきちんと理論構成して、仮にポジショントークであっても、しっかりした法律論になるくらいには練るべきですよ。どうも聞いていると「規制緩和」程度のことしか言わないわけです。説得力がないなあと。

山本 それはそうです。ひとつに彼らは、お上が何かを言うのが嫌だと。そうした非常に貫徹した理屈で来るわけですよ。

鈴木 ただ、ＣＣＣさんなど、最初にレンタル事業など一生懸命立ち上げられてがんばっていた。ところが社会が変化してきて、現状のままだと非常に苦しくなっていく。その中で業態をシフトさせながら、あれだけの雇用を維持されている。これはすばらしいですよ。あの事業変更の必要性の経験があるからなのか、将来のビジネスモデルの自由度を上げたいというニーズが非常に強いというところは感じますね。しかし、彼らにはインハウスロイヤー(39)や顧問の弁護士さんがいたりしますよね。自由度を上げたいところがあるにしても、個人情報の取扱いについてはちょっと問題があると思いますよ。法的アドバイスとして間違っているところもあるのではないかとも思います。それから、現行法でどうにも使い勝手が悪いという点があるのであれば、いままさに立法論をやっているのだから、意見を言うべきですよね。こういうアイデアでこうやれば取

(39) 企業の法務部等に勤務する弁護士。

引の安全も図られるし、消費者も保護できる、ちょうど折り合いがつくじゃないかということを、顧問の弁護士さんらにアイデアをつけてもらって主張してほしいと思いますね。

山本　そうなるとセンシティブデータの話に触れないわけにはいかないんですが、いま、ドラッグストアの医薬品購買履歴問題というものがありましたね。あと、厚労省の医療ICT化の取り組みも継続的に議論されています。

高木　それ、私はずっと知らなかったのですが、去年気がついて過去の資料を調べたところ、レセプト情報が全部国のデータベースに集約されていて、研究目的ですでに利用されている(40)というのですが、みなさん、ご存じでしたか？　何の断りもなく行なわれているのですが。これ、議事録を読んだところ、3、4年前から検討されていたようで、初期の段階では、厚生労働省の資料で匿名化したから個人情報ではないという記述があったのですね。その後、委員会で、いやいや法律上は個人情報にあたりますよという指摘があって修正されてきた経緯があるようでして、結局、匿名化しているけれども個人情報に準ずるかたちで取り扱うとされています。

山本　確かにそんなことが書いてありました。

高木　法に基づいて実施するのであれば、個人情報と認めた上で扱えばよいの

(40) **レセプト情報・特定健診等情報提供に関するホームページ　厚生労働省**
http://www.mhlw.go.jp/seisakunitsuite/bunya/kenkou_iryou/iryouhoken/reseputo/

に、「個人情報に準ずる」とかいってモワッと正当化しているところが心配です。

山本　そうです。この問題で申しますと、日本人のヘルスケア情報が海外に出ていくとしますよ。そのとき、アベノミクス成長戦略の第三の矢における重要な成長産業の位置づけとして、これらのビジネスが当てはまります。たとえば、個人情報を扱いながら、それらを治験情報であるとか、パーソナルヘルスレコードを分析して、たとえば創薬に活かしていきます、知的財産的に躍進できる環境をつくっていきます、その中心的な研究、開発、技術は日本で行ないますと。そこで日本の会社が然るべき日本人の情報を使い、もしくは彼らが情報を導入してひとつの大きな創薬メーカーをつくりますよ、と。そういうようなことであれば本来よりよいことであったはずです。にも関わらず、逆の展開になってしまって、日本人の治験データを含むヘルスケア情報が他の国の研究機関に治験データとして流れていってしまい、他の国のデータとマージして海外で研究や開発が行なわれてしまうという可能性が出てきてしまった。このイベントの後半は、そういう具体的なところも踏まえて議論を深めてまいりたいと思います。

第2章

Suica履歴は個人データでした

「個人に関する情報」を巡っては、結構いろんな事件が起きている。

プライバシーの保護と、技術革新で進んだパーソナルデータの利活用の拡大とは矛盾しない。決め事が合理的で、守る意味があり、使う公的機関や法人にも使われる個人にも公平ならいいのだ。

「個人に関する情報」は、それが氏名住所などを伴っていなくても、保護の対象になる。逆に言えば、明示されて契約された利用目的を超えて勝手に「個人に関する情報」を利活用してはいけない。重要なのは透明性だ。

JR東日本がやらかした「Suica問題」は、日本のプライバシー問題について歴史的な事件となった。

なぜか。それは、似たような話がいっぱいあるからである。

それだけ、日本においては「個人に関する情報」の取り扱いの基本があまり浸透しておらず、法人からすればこの辺は地雷だらけの面倒なものにしか見えないのかもしれない。

しかし、明示された手続きと流通させるための方法が一般化できれば、利用者のプライバシーはしっかりと守りながら、産業界が望むパーソナルデータの流通は可能になるはずだ。

そして、パーソナルデータは海外にも簡単に流出してしまう。「日本社会の財産」であるはずの日本人のパーソナルデータがうまく利活用されるにはどうすればいいのだろうか。

行動ターゲティング広告、日本のやり方アメリカのやり方

山本　いま、個人の閲覧情報をトレースするために使われているクッキー問題(1)というのは非常に熱いところでありまして、まずはこの議論からしていきたいと思っております。

クッキーを使うことで個人的な履歴も含めてさまざまな情報が取れるようになってきました。そうなってくると先ほどありました「個人情報とはなんぞ?」と言ったときに、定番であり当たり前のように使われているクッキーについて論じないわけにいかなくなってくるわけです。

たとえば、クッキーを使えば、ある特定のニュースサイトに一定期間、定期的に訪問された読み手がどのようなＵＲＬをたどると結果的にどういうＥＣサイトに飛んでいき、それが購買につながるかということがなんとなくわかってくるようになります。そこに、属性データが組み合わさると、「この読み方のパターンを持っている読み手の属性は何歳に山のある男性・女性で、スマホで朝読んでお気に入りフラグを付けた人が、夜に自宅に帰って22時台に買い物する傾向があります」みたいなトレースができます。

分析の精度は業者によってさまざまですが、「ターゲティング広告」と簡単

(1)
「クッキー（Cookie）」は、ウェブブラウザを使ってウェブサイトを閲覧しにきたユーザーのコンピュータに一時的にデータを書き込んで保存させる仕組み。典型的な使い方は、初めてサイトを訪れた人に乱数で番号を振ってクッキーとしてブラウザに覚えさせ、その人が再び同じサイトを訪れたときに、「同じ人が来た」とサイト側で検知できるようになるというもの。これを、広告サーバーなど、閲覧しているサイトとは別のサービス業者を介して、ユーザーの希望しない情報と照合・紐付けられ、無断で〝行動ターゲティング〟の対象とされたりする。

に言いますけども、そもそもターゲティング広告とは何ぞや？　というところまでその話が広がっていっており、可逆的にその人の行動や思考を分析して欲しい物を出していくということができるという話をしようとしています。(2)

これはこれで技術的にすばらしいことであり、いまなおどんどん予測の精度が上がっていっている分野であるだけに、どこまで業者間で情報を融通して活用していいんだっけ、というそもそものところに立ち返ってくるわけです。

これは昔のミクシーさんもそうでしたし、フェイスブックもそうですし、グーグルもそうですし、アマゾンもそうですし、さまざまなところで「その規約で本当にいまやっているサービスは法的に担保されているのですか？」という問題が出てきます。そこまでちゃんと網羅して考えてウェブ広告のプライバシーを考えている会社というのはあまりないのではないかと思います。いままでの考え方の延長線上でやってしまい、もしかしたら海外勢が非常に踏み込んだサービスをやっていることに対する対抗上やらざるを得なくなっているようなところがあると思います。(3)最近は広告業者さん自体が、踏み込みすぎたサービスをやっているのではないか？　というようなことが問題になっているように思うんですよ。

高木　ええ。クッキーとおっしゃいましたが、まさに昔はウェブのアクセス履

(2)
サイト閲覧者の属性と訪問履歴を集積することで、特定のカテゴリーに属するユーザーがどのようなサイト閲覧を行なう可能性があるかや、いま何に関心を持っているかを明確にターゲティングすることができる。家電の評判をいくつも調べているユーザーは近い将来家電を買う可能性が高いので、家電量販店のバナーを貼れば一般的なバナー広告の数倍の広告効果が見込める。しかし、そのユーザーのデータは、ユーザーが広告会社に「自分の情報を使って分析してよい」と許可を出したわけではない。

歴をクッキーで振った番号で集約していただけだったのが、最近はECサイトでその販売履歴をクッキーの番号に紐付けて売ってしまうと。

山本　はい。

高木　…ということが始まっている。それがアメリカでも行なわれているから、ということなのですが、先ほどあったように、ECサイト側は氏名をもっているので、現行法上は違法になってしまう。オプトアウトを用意しておけば合法なのですが、見たことがないですね。「オプトアウトはこちら」と表示してやらなくてはいけないのに、見当たらない。どこがやっているのかすらわからないくらいですから、みなさん黙ってやっているのではないでしょうかね。

山本　問題が広がっている理由のひとつにスマホがありましてですね。というのも、スマホではURLがよくわからないのです。専用のアプリを使って動かしている場合に、どこのサイトからどのような経路で情報が提供されたのかは、ユーザーにとってもわかりづらいところがありまして、どこまでがどこの業者のURLで、誰の管理下なのかすらわからないということになってくると、「どこの契約母体がやっているのか?」「どこが個人情報としての提供先なのか?」ということがよくわからないという状態になりますよと。

ですので、適法にやっているつもりのEC業者さんでさえ、意図せずに踏み

(3)
アド（広告）テクノロジーはユーザーデータさえきちんと蓄積できれば分析自体はどこの国でも可能であるため、個人情報に関する保護法制が脆いところにユーザーデータが蓄積される傾向がある。アドテクノロジーが発展する前はグーグルやイーベイ、アマゾンなどのアメリカ系企業がターゲティング技術の独壇場だった。これらの企業は、多国籍にまたがるなどして絶対的な利用者層が多く、アウトプットのターゲティング広告の内容だけではどのような利用者データをもとにその広告が配信されているのか外部からはわからないため、日本の法制がなかなか及ばなかった。

込んでしまっているというケースがあるように思います。「それは、適法でないのではないですか？」と最近は少しずつ指摘するケースは出てきているので、違法にやっているつもりではないにも関わらず結果的に違法かもしれない、というのをどう見つけていくか。

鈴木　なるほど。

山本　ですので、こういった「ターゲティング広告」の問題はぜひ次回、細かくかつ詳しく、何が適法で何が適法ではないのか？　というガイドライン的なものを踏まえてやってみたいなと思うのですが、どうですか？

高木　やはり当事者の方に聞きたいですね。ターゲティング広告の在り方については、事実関係をもう少し正確に捉えないといけないですしね。実際にはやってないのにも関わらず「やっているみたいですよ」と言うのは、既成事実化してしまう点でよくないので、そこは確認しないといけないと思います。

山本　そうですね。これはむしろ、広告の出稿社からの相談や、最近とても増えたDMP、データマネジメントプラットフォーム向けのアドテクノロジーを提供している会社間でのトラブルを聞いていくと見えてくる部分でもあります。

もちろん、契約書で、ここに提供していますよ、もしくは、共同先からいろいろな情報が配信される可能性がありますよ、ということは書いてあるの

(4)　その後ベネッセが利用者の個人情報を長年にわたり名簿屋方面に流出させてきたことが明らかになったが、それまでも、ベネッセ以外のオンラインショップが見込み客データを名簿屋から買う話は横行していた。

で、それはもちろんよいのですが、場合によってはちょっとあやしいのではないか、おかしいのではないか、というところから来ることが稀にあるわけですね。たとえば、サイバーZというサイバーエージェント子会社のスマホ向け広告をやっている会社などにBOTを使ってダミー情報を食わせたりしてみると、そういったところでデータがまずどこへ流れていったのか？という把握ができる可能性が高くなります。ランダムとまでは言いませんが、検証するためにいろいろな属性で登録をするので、この属性だけ配信されるものっていうのが、やはり見えてくるのですよ。

高木 グーグルをはじめアメリカのターゲティング広告は、最近は印がついていて、それをクリックすると設定画面に飛べるようになっています。(5)たとえばグーグルの場合だと、自分がどのように分析されているか、「男性、40代、推定年収」とか、どのようなページを見たかというのが、確認できるようになっている。(6)そして、該当するものがなければ自分で入れられるようになっているのですね。あれ？それだったら最初から自分で設定すればいいじゃないと思うわけです。なのに、なぜ本人に入れさせることよりも勝手に分析することを優先するのかな？という。でも、それ自体はよい取り組みで、「あなたはどう分析されているか」ということを本人に見せればいいのですよね。そうしたも

(5)

右上角の印から、左の設定画面へ飛べるようになっている。

(6)
左の画面のように、自分がどう分析されているかが確認できる。

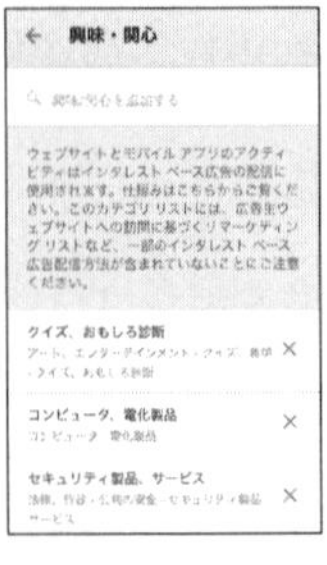

のは日本ではまだ行なわれていません。なぜそれをやらないのかなと思います。

山本　正直、グーグルとCCCやヤフーを比べてはいけないのかもしれませんが、CCCがなぜそういうことをしないのかというと、CCCには情報の利用を許可していないはずなのに、なぜCCCはその情報を知っているのだ？　ということになったとき、答えられないからじゃないかという気が、若干するのです。

高木　それはつまり、正直に言ってないということですね。グーグルはもう、「こういうことをやっていますよ」と言って、見てくださいと、すべて明らかにして、自分で判断して嫌だったらやめてください、と言っているわけです。一方の日本の状況というのは、正直にこういうことをやっていると言わずに、黙ってどうにかしようとしている。なぜ言えないのか？　みんなが嫌がるとおそれているのか？

山本　そうなんじゃないですか。

高木　悪質ですね。

山本　まぁ、それはね…。

高木　みなさんも望むはずですとか、自分に合った広告が出たらみんな喜ぶとか、自分に合ったクーポンが出たら嬉しいじゃないかとおっしゃるのであれば、もっとそれをアピールすればよいと思うのですが。

山本　それは、少し違う側面があるのかもしれないです。第三者提供の先ほどのお話にも絡んでくるのですが、その情報はどこから出たのでしょうか？　ということについてなかなか回答しづらい可能性はあると思います。

高木　たぶん、無茶なことをしているところはそんなにないと私は思います。いや、思いたいです。

山本　思いたいですね。お話はズレますが、別途、喫緊の課題として「闇名簿屋」問題というものも存在しており、そのあたりの内容はぜひ次回お話していければと思っています。

Ｓｕｉｃａ問題──それは個人データの第三者提供ではないのか？

山本　で、少しＳｕｉｃａ問題ぜひお話させていただきたいと思っています。ビッグデータとプライバシーポリシーという点では一番最初にこれをやらかして問題になったと言われているわけですが、本質的で重要なところを突いているなと思っています。そのあたりの話、引き続き進めてまいりたいと思いますが、よろしいですか。

高木　はい。あとで鈴木先生に話していただきたいのですが、これはちょうどパーソナルデータの検討会が始まるときに勃発したので、大変参考になったという事案ですね。

山本　あのときの議論は、大体の問題点が総なめに出ていましたね。

高木　そうですね。当時、やはり事例が出ないと考えが進まないところがあり、そこまで考えていなかったところが、ああ、そうかとクリアになった事件なのです。

ＪＲ東日本は、ここでこのようにオプトアウトの受付[7]をしているのですが、どこからオプトアウトできるのか？　ということが非常にわかりにくいですね。「各種手続き」のところから、ここに行って、ここに行って、ここに行って…、という。一応オプトアウトする場所は用意されているのですよ。どこまでやっていれば適法なオプトアウトと言えるのか。誰も知らなかったらどうなのか？　ウェブサイトに表示してあったところで、一般の

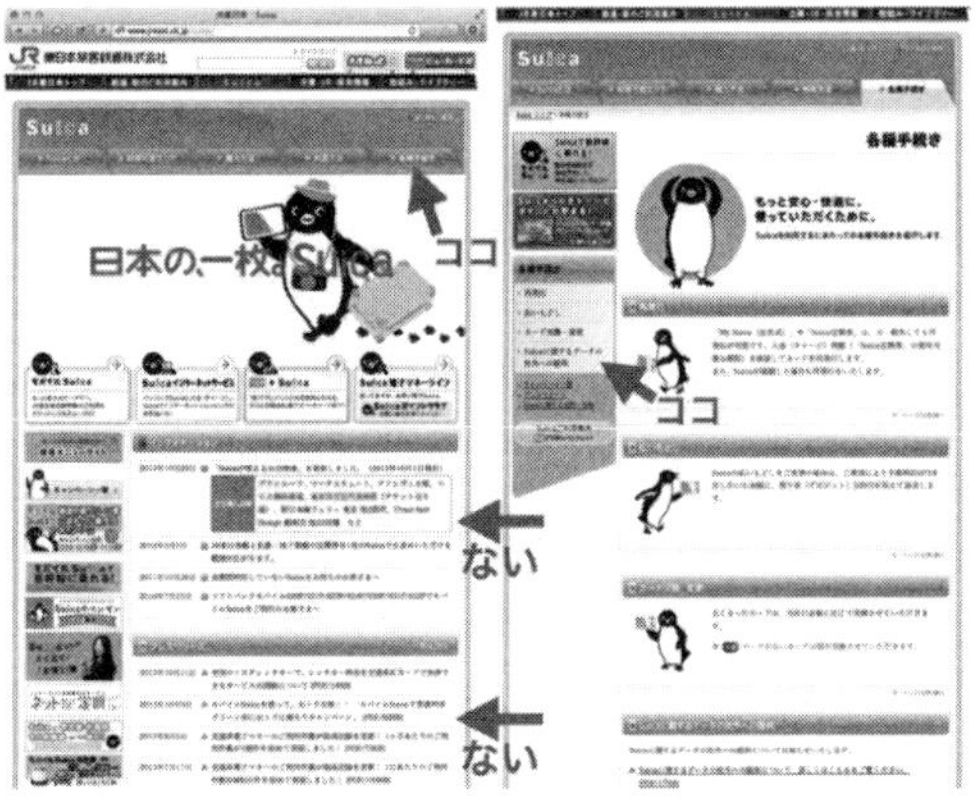

(7)
JR東日本ウェブサイトのSuicaのページで、オプトアウト画面にたどり着くまでにクリックすべき場所がわかりにくい様子。

人は駅に案内されてない限り気づきようがないですよね。という論点もあります。

鈴木　個人情報取扱事業者は、法23条2項によって第三者提供におけるオプトアウトを行なっている場合には、本人の同意なく、個人データを第三者に提供することができるわけですが、法15条1項により特定された利用目的に、個人情報の第三者提供に関する事項が含まれていない場合は、第三者提供を行なうと目的外利用となるため、オプトアウトによる第三者提供を行なうことはできません。いずれにせよ、本来は事前の本人同意が望ましいわけですから、オプトアウト手続きを事業者が選択する場合は、最低限、第三者提供する旨が記載された利用目的を本人の目にとまりやすいように、トップページにわかりやすく「利用目的はこちら」と表示するなどして、そこからワンクリックくらいで誘導したところにしっかり表示されるべきです。

個人情報の保護に関する法律についての経済産業分野を対象とするガイドライン[8]（平成26年12月12日厚生労働省・経済産業省告示第４号）

2-1-11.「本人が容易に知り得る状態」

【本人が容易に知り得る状態に該当する事例】

（8）個人情報の保護に関する法律についての経済産業分野を対象とするガイドライン（平成26年12月12日厚生労働省・経済産業省告示第４号）
http://www.meti.go.jp/policy/it_policy/privacy/downloadfiles/1212guideline.pdf

事例1）ウェブ画面中のトップページから1回程度の操作で到達できる場所への掲載等が継続的に行われていること。
事例2）事務所の窓口等への掲示、備付け等が継続的に行われていること。
事例3）広く頒布されている定期刊行物への定期的掲載を行っていること。
事例4）電子商取引において、商品を紹介するウェブ画面にリンク先を継続的に掲示すること。

高木　そうですよね。

鈴木　どこにあるか見当たらないとか、リンクが深いところにあって面倒だとか、手続きが煩雑だ、というのはオプトアウト手続きの前提が整っていないというべきでしょうね。

高木　ウェブサイトの情報を扱うときにウェブサイトでオプトアウトするというならわかるのですが、駅でカードをもらっているのに、そこには何もなくて、ウェブサイトを掘って探して見つけないと気がつかない。それはよいのですか？

鈴木　自販機からカードが出るような場合、法の趣旨からすると、その機械の近くの目にとまるところに掲示すべきでしょう。直接書面取得の場合、定期型

Ｓｕｉｃａのように窓口で契約するというときはどうでしょうか。やはりそこに介在する約款等の書面中に目にできるように記載するということになるでしょう。

同ガイドライン

2-1-9.「本人に対し、その利用目的を明示」

【利用目的の明示に該当する事例】

事例1）利用目的を明記した契約書その他の書面を相手方である本人に手渡し、又は送付すること（契約約款又は利用条件等の書面（電子的方式、磁気的方式その他人の知覚によっては認識することができない方式で作られる記録を含む。）中に利用目的条項を記載する場合は、例えば、裏面約款に利用目的が記載されていることを伝える、又は裏面約款等に記載されている利用目的条項を表面にも記述する等本人が実際に利用目的を目にできるよう留意する必要がある。）

高木　Ｓｕｉｃａ問題の事実関係はこうでした【図2-1】。氏名、連絡先を削って別のIDに変換しての提供であり、秒単位の利用日時とともに提供されていたことが明らかになっています。2年半分のデータを同じIDでいったん提供してしまっていたことも明らかになっています。取材がどんどん進むにつれて、だんだん言うことが変わっていったという経緯があり、本当に何も考えていなかったのだな、ということが露呈してしまった。

山本　原子力保安院みたいですね。というのは、言っていることが毎回違っていて、最初は個人情報には紐付けできない、非識別データだと言っていました。

高木　個人データではないと言っていましたよね。

山本　突っ込みを受けてだんだん後退していった結果、しどろもどろになってサービス取りやめという素敵な展開でしたよね。

高木　はい。それで、個人情報ではないのか、個人データの第三者提供ではないのか？(9) どうなのか？ということを今日は見ておきたいところです。

JR東日本が日立へSuica履歴の半生データを第三者提供

- **●半生データ：氏名・連絡先を削っただけ（生年月日の日も削除）**
- **●秒単位の利用日時とともに記録されたもの（日経コンピュータ）**
- **● SuicaIDを別IDに変換して提供**
  - ・2年半分のデータ提供で、同じIDで提供していた（日経コンピュータ）
    JR東日本の発表文「(2) SuicaID番号を他の形式に変換した識別番号は、元のSuicaID番号に復元できないようにしており、氏名や連絡先と紐づけることができません。また、特定のSuicaのデータを長期にわたって追跡できないようにしております。」（言い分が異なる）
  - ・IDを1ヵ月ごとに変更するようにすると発言（日経コンピュータ）
    「当初渡していたデータは、確かにそうなっていた。今回、改めて2年半分のデータを渡し直すに当たり、1カ月単位でIDの変換キーを切り替えるように処理しなおす予定だ。」
- **●オプトアウトが1週間で8800件、10月初頭までに55000件**
  - ・9月末からの再開を断念

図2-1　Suica事業の事実関係の概要

その前に、委託でやっていればセーフだったのに、やっていなかったという論点もあります。委託でやる、つまり、ＪＲ東日本が自ら企画して日立製作所に分析を委託し、結果を受け取って、自ら統計化した情報を売っていればよかったのですが、そうではなく、全部おまかせでデータを渡し、「あとはどうぞ」という形態だった。

山本　これは日立さんも少しかわいそうでしたけどね。たぶんこんな問題になると思っていなかった。

高木　ほかの会社では、たとえば、ＫＤＤＩとコロプラの位置情報の利用では[10]、委託方式でやっていたり、みなさん工夫されて、問題ないように実施されています。鈴木先生、これは法律上、重要な違いがあるのですよね？　なぜ委託だと許されるのですか？

鈴木　委託は条文がありますからね。

（第三者提供の制限）
第23条
4　次に掲げる場合において、当該個人データの提供を受ける者は、前三項の規定の適用については、第三者に該当しないものとする。

(9) 法律では、「個人情報」と「個人データ」は別の用語であり、使い分けられている。「個人データ」は「個人情報データベース等」として管理されているデータのことで、民間事業者で第三者提供が制限されている（23条）のは「個人データ」だけであり、「個人データ」でない「個人情報」は制限されていない。

(10) **位置情報ビッグデータを活用した観光動態調査レポートの提供開始について、2013年10月29日**
http://www.kddi.com/corporate/news_release/2013/1029a/besshi1.html

一　個人情報取扱事業者が利用目的の達成に必要な範囲内において個人データの取扱いの全部又は一部を委託する場合

高木　単に条文があるということだけじゃなくて、提供先のコントロールが利くか否かということですよね？

鈴木　ええ。22条に「委託先の監督」義務が定められています。

（委託先の監督）
第22条　個人情報取扱事業者は、個人データの取扱いの全部又は一部を委託する場合は、その取扱いを委託された個人データの安全管理が図られるよう、委託を受けた者に対する必要かつ適切な監督を行わなければならない。

鈴木　委託というのは自らの伸びた手の中にあるという意味で「第三者」ではないんですね。自分の責任で預けているということです。一方、第三者提供はね、他の人にあげてしまうということですから、責任が取れないんですよ。手離れしてしまいアンコントロールですからね。これはもう両者は質的に違いますよね。

山本　そのとおりですね。

高木　ＪＲ東日本は、発表文で、「日立側には契約で一定の範囲で使うように約束させているからよいのだ」という主張をされていました。なぜそれではダメなのか？

鈴木　契約によって担保することで、法23条に定める「第三者提供の制限」という取締規定の違反を治癒することはできませんからね。それからみなさん、ＪＲ東日本と日立という信頼性の高い企業という前提でしっかり契約しているというと、それは大丈夫だろうと思いますよね。実際、役所の指導には真摯に従うでしょうし、この2社に関して言えば、実質的なリスクはないと信頼はしています。仮に何か問題が起きたとしても、なんとでも対応いただけるでしょうしね。

　ただし、ここで議論しているのは、法解釈上の論点です。提供したデータが個人データに該当するか。特定個人の識別の意義と容易照合性の判断基準が問われました。ＪＲ東日本の保有する元データと容易に照合して特定個人が識別できるデータを含んでいましたからね。現行法の通説的見解では個人データに該当すると言わざるを得ないわけです。ところが、ＪＲ東日本は、単なる仮名化データなのに、これを一時期は完全匿名化して非個人情報化したと言い放った。再特定リスクが残るデータをオプトアウトの本人関与も苦情処理も受け付けず、安全管理措置の義務もないまま漫然と自由放任するなんてね。当事者の契約関係の問題で解消できるものではない。主務大臣が監督[11]して担保しないと。いまや適法説を支持する技術者や法律家はきわめて少数派でしょう。EU、アメリカのトレンドとも乖離します。実質論[12]としても非常にまずいのです。これをこの大企業の2社を前提に考えて特別に許してしまうと、およそ400万事業者に対してもすべて平等に適用しなくてはならなくなります。JR東日本の法務や顧問弁護士さんがおっしゃるところの解釈論をそのまま受け止めて引き取ってしまうと何が起こるか、イマジネーションをもって、責任をもって考えていくべきではないかということを申し上げているわけです。

対応表がなくても照合により識別できるもの

山本　このあたり、重要なところだと思いますので、もう少し詳しくご解説いただけますか。

高木　個人に関する情報から氏名などを分離すれば個人情報ではなくなるの

(11)
本件における主務大臣（監督官庁）は、国土交通省である。

(12)
無記名式Ｓｕｉｃａ履歴データのような「識別非特定情報」（一人ひとりは識別されるが、個人が特定されない状態の情報、すなわち、それが誰か一人の情報であることがわかるが、その一人が誰であるかまではわからない情報）であっても、それを一度自由な流通の下におけば、それをどんどん集める者が出てくる。ある実在する人物の多種多様な履歴データを集めれば、識別できる要素（疑似ＩＤ）等を手がかりに名寄せし、その人の嗜好を分析することもできる。その結果を確認してから、どこの誰かを特定し、そこから個人情報としての管理を始めることができる。すなわち、自由に利用目的を定めて公表し、ＤＭ等も自由に発信することもできる。形式的に個人情報保護法を遵守しながら実質的にプライバシーを侵害することが可能となる。「特定個人の識別」性の有無をどう解釈すべきか、その判断基準が問われるところである。起草時の牧歌的事例を下にした解釈に囚われているのであれば、本改正を契機に「識別非特定情報」も含み得るよう判断基準を明確化すべきであろう。

か？　という疑問について。先ほどは省略したのですが、個人情報の定義には実は括弧書きがあります。「(他の情報と容易に照合することができ、それにより特定の個人を識別することができることとなるものを含む。)」という括弧書きです。昨年6月に消費者庁がこれについて新しい見解を出しています。

これは、規制改革会議が「匿名化すればパーソナルデータを自由に流通できることにしろ」と、消費者庁に検討させたものです。その回答がこの文章で、たとえば、ある人物、X1、X2、X3、X4さんが週3日以上ワインを飲んでいるか否かという情報を第三者提供したいと。氏名をこの番号に置き換えて提供するのであれば個人データでなくなるかというときに、各氏名とX1、X2、X3、X4の対応表を提供元がもっていると、週3日以上ワインを飲んでいるか否かという属性データも含めて個人データに該当するという見解が述べられているのです。そして、逆に、対応表を捨ててしまえば、個人

A1	A2
佐藤	飲む
鈴木	飲まない
高橋	飲まない
田中	飲む
伊東	飲む
山本	飲む
渡辺	飲まない
中村	飲む
小林	飲まない
加藤	飲まない

→

B1	B2
X1234	飲む
X5052	飲まない
X8323	飲まない
X1945	飲む
X7392	飲む
X7112	飲む
X3934	飲まない
X6342	飲む
X4293	飲まない
X9212	飲まない

(13)
各個人ごとに「飲む」か「飲まない」かのどちらかをとるデータ(左側)から、氏名を削除して乱数による番号を割り振ったデータ(右側)を作り出した様子。番号と氏名の対応表が存在しないならば、「飲む」も「飲まない」も2人以上いるため、元のデータと照合することができない。

データではなくなるということが消費者庁の見解です。つまり、これを図にしてみるとこうで、[13]「佐藤」「鈴木」「高橋」さんがいて、「飲む」「飲まない」「飲まない」とあるデータを、一人ひとりに乱数で番号を振って、このようにすれば、そしてこの番号と元の氏名の対応表がなければ、これはもう、何の問題もないデータですね。これがプライバシーに影響する情報とはまったく思えないので、確かに対応表さえ捨てればいいかな？という感じがします。

山本　はい。

高木　ところが、Ｓｕｉｃａの事案はどうだったか。「飲む」「飲まない」ではなく、このように、秒単位でどの駅に行ったという人のデータであったわけですね。[14] これの氏名を削って、番号に変えて、番号との対応表がなかったとしても、このように、提供するときに履歴のデータ自体が元データと一対一対応してしまうのですね。これだけ詳細なデータだと、同じ時刻に乗った人など2

A1	A2	A3	A4	A5	A6	A7
佐藤	東京 8:20	品川 8:25	品川 9:30	東京 9:35	東京 0:20	横浜 0:50
鈴木	新宿 6:10	池袋 6:18	池袋 8:45	鶯谷 9:02	鶯谷 9:32	新宿 9:58
高橋	押上 7:33	渋谷 7:52	渋谷 8:29	押上 8:48	押上 9:02	渋谷 9:28
田中	池袋 5:11	巣鴨 5:15	巣鴨 5:19	千石 5:23	千石 8:21	三田 8:49
伊東	渋谷 3:20	横浜 3:52	横浜 8:10	渋谷 8:42	—	—
山本	神田 7:44	新橋 7:53	新橋 9:02	神田 9:14	—	—
渡辺	東京 9:02	品川 9:12	—	—	—	—
中村	東京 9:06	品川 9:16	—	—	—	—
小林	—	—	—	—	—	—
加藤	—	—	—	—	—	—

B1	B2	B3	B4	B5	B6	B7
432	東京 8:20	品川 8:25	品川 9:30	東京 9:35	東京 0:20	横浜 0:50
682	新宿 6:10	池袋 6:18	池袋 8:45	鶯谷 9:02	鶯谷 9:32	新宿 9:58
938	押上 7:33	渋谷 7:52	渋谷 8:29	押上 8:48	押上 9:02	渋谷 9:28
294	池袋 5:11	巣鴨 5:15	巣鴨 5:19	千石 5:23	千石 8:21	三田 8:49
868	渋谷 3:20	横浜 3:52	横浜 8:10	渋谷 8:42	—	—
859	神田 7:44	新橋 7:53	新橋 9:02	神田 9:14	—	—
750	東京 9:02	品川 9:12	—	—	—	—
182	東京 9:06	品川 9:16	—	—	—	—
882	—	—	—	—	—	—
366	—	—	—	—	—	—

（14）
前ページの図と同様に、氏名入りのデータ（左側）から、氏名を削って乱数による番号を割り振ったデータ（右側）を作り出したとき、Suicaの乗降履歴はデータの内容が詳細であるため、ほとんどのデータについて２つとして同じものがなく、元のデータと照合することができてしまう。最後の「小林」「加藤」の２件は、データが空（１回も利用していない）であるため、「882」と「366」のどれと対応するのか不明となり、照合することができない。

人といないので、結びついてしまう。これが、現行法の「他の情報と照合することにより、それによって識別できるもの」に当たるわけです。この考え方は、いろいろな方々と一緒に研究会を開いて勉強している最中にみんなで気がついて、現行法ってよくできていたなと感心したところです。やはり、このように潜脱的に名前だけ削って提供してしまうのは、基本的に認められないわけです。認められるのは、ワインを週3回「飲む」「飲まない」というように、たまたまデータがすごく粗くて、同じデータの人が何人もいる、そういうデータであれば個人データでなくなるという話なのだと。匿名性の評価尺度に「k-匿名性」という考え方があるのですが、消費者庁のワインの例だと「飲む」が6人くらいいて、「飲まない」が5人いるとすれば、k=5、kが5以上の匿名化がされているということです。そのような意味で、現行法のままでも実はk-匿名化の概念はうまくつじつまが合っている。

山本 同じように、民間サービスにおいてスマホ発でもカーナビ発でも、場合によってはGPS情報が一定の秒数ごとにデータとして提供されることがありますね。もともと交通管制上どこに渋滞が起きているのか？といったものを解析するためのデータの取得だと謳ってサービスを実施しようとしています。

実際にはGPSサービスを使いながら渋滞情報や運行情報だけを提示するわ

けではなく、サービスステーションへの立ち寄りとか、他の商業施設での駐車なども関連してくるので、そういうサービスにおいての利用はいいではないですか、という議論になりやすい。いわば、GPS情報に基づいて地域の商業施設の広告が出るというタイプの事業もSuica問題と近いわけです。

鈴木 秒単位だけでなく、場所まで明示して把握されるわけですからね。

山本 ただ、特定のところに運転していく、その運転手に対する広告表示とかになってくると、これは個人情報として識別可能なものに行き着く可能性はありますよね。要は、そこの会員である人たちだけにピックアップしますよというときに、なぜそれが会員だとわかるのですか？　という話になる。そのあたりは、現行のサービスでもすでに識別可能のおそれはあるわけですね。

高木 さっきの話は氏名があるという前提で、これは、Suicaの場合、定期券とかの記名Suicaを前提にしていました。ですが、無記名Suicaもあるのですね。無記名Suicaだとさっきの理屈が成り立たないのですよ。その場合、図の左のデータが現行法上個人データでないので、何をやってもいいことになる。そこがやっぱりおかしくて、みんなが怒ったのは、このデータ自体が特定の個人を識別しうるじゃないかと。何月何日にどの駅からどの駅に行ったのは自分しかいないとすれば、それをたまたま目撃した人や、そのとき一緒に移動した人には、わかってしまう。そういう位置情報の履歴については、それ自体が特定の個人を識別できる情報にあたるだろうという考え方、これの共通認識ができてきたのではないか。EUの一般データ保護規則提案でも、「personal data」の定義に、山本さんの説明してくれたGPS情報に相当するものが例示で明示されていて、ロケーションデータはもう個人データであると決め打ちしてしまおうと。ですから、日本もそのような要素を入れていかないといけないのではないか。オプトアウトする人が何万人も出たというのは、そうした直感的な危機感を感じたからかなと思います。

鈴木　そうですね。記名式Suicaの人は何百万人もいたのですよね。全体の数は4千万人ですから。当初は、記名式なんて一部の話で、しかも定期の情報なんて不正確なんだからいいじゃないかみたいな主張もありました。

高木　ええ。定期券の名前なんか偽名を使えばいいなんて言った専門家の先生もいらっしゃいましたよね。

鈴木　あー、あれは痛い反論でした。それから、私もわからなかったのですが、やっぱり記名式Suicaの中でも、「何駅、何時何分」というのは、いくらなんでも新宿駅、渋谷駅のように大量の乗降客がいる駅だったら同じ人は何人もいるだろうと。だから実質的には「k-匿名化」になっているのではないの？ と素人の私は当初そう思っていたわけですよ。しかし、仮に同居の親族が同じ会社に勤めていたとしても1カ月も同じように行動できるだろうかと。しかも改札のゲートの番号もついているという話でしたよね。そうなってくると秒単位のタイムスタンプですし、絶対に一人として同じ行動を取ることはできないですよね。4千万人であってもです。

高木　抱き合って通らないと。

鈴木　そうですよね。肩車しないと無理ですよね。1カ月間ずっとはきつい。となるとこれは、記名式Ｓｕｉｃａ1枚ずつが、すべて個性あるひとつとして同じもののないデータであるということに気づいたと。しかも数理系の専門家がおっしゃるには、何も別に秒単位じゃなくたってそうだよと。

高木　3つか4つくらいの駅があれば…。

鈴木　それだけの情報でも個性が出てしまうということを聞いてですね、これはまずいだろうと思いました。これを不正確かもしれないけども準識別子と呼んでみたのですよね。ここにＳｕｉｃａ ＩＤがあろうがなかろうが、第2列から以降のデータセットだけで識別子としての機能が生成されてしまう。そのような性質を持っているデータベースだったということの説明を受けて、これは提供用のデータセットと元データのデータセットと照合することで容易に氏名と照合できると素人でもすぐにわかってしまった。これは個人情報であり個人データと解するほかないと思いました。

そうすると「お前らだって準識別子の存在を知らなかったのに後出しジャンケンで規制するのか？」と批判されるかもしれません。経済産業分野の個人情報保護ガイドラインをつくっている側だって、準識別子の存在を知らずに規制していたではないかと。このあたりはどう思うのだ？という反論はありえます。

山本　確かにね。わからんでもないです。

鈴木　まあ、主張としてはありでしょうね。

高木　でも条文では、ぴったり合っている。まったくこれに自然に合っているのですよ。

鈴木　たとえば、裁判などを見ても、判例形成されるときというのは、まさに新しい事案に直面して、その問題解決のために新しい準則が条文解釈として出てくることはよくあることです。しかもこれは実質論としても決して無理筋ではなかったのですよね。このデータは、オプトアウト手続きの機会もなく統計データと同様に完全に自由でいい類いのものではなかったわけですから。

山本　確かに。

鈴木　まさに、ひとつの典型例でした。しかも時代背景としては、多くの人たちが利活用、ビッグデータというキーワードで匿名データに加工して自由流通すべきという主張の下で、ここで新たなルール形成をしなければ個人の権利利益を守れないという局面にありました。新たなルールが補足的に出てくることが期待されていた時期だったし、解釈論の許容範囲の中でそれを実現できるところがあった。このデータ提供は、個人データとして少なくともオプトアウト手続きによって適法になるのだから、それで対応すべきだったというべきでしょう。

パナソニック・ヘルスケア問題
—医療データを他国に渡してしまってよいのか？

山本　さて、このような議論も踏まえて、目下問題になっている「センシティブデータ」、すなわちJIS Q15001[15]などによって規定されている情報についても触れてみたいと思います。

少し前に話題になったのは「パナソニック・ヘルスケア問題」です。

三洋電機のバイオメディカ事業部とメディコム事業部は、主たる事業が血圧計とかそれに関連する機器を出しているメーカーでした。彼らは小規模診療所

(15) 日本工業規格「個人情報保護マネジメントシステム — 要求事項」のこと。「3.4.2.3特定の機微な個人情報の取得、利用及び提供の制限」として、事業者は、思想、信条、宗教等の内容を含む個人情報の取得、利用又は提供は行なってはならないと定めている。EU個人データ保護指令の定めるセンシティブデータを参考に起草された。規格にすぎないので、当然強制力はないが、この規格を審査基準とするプライバシーマークを取得している事業者は、機微な個人情報の原則取得禁止を遵守することを宣言し、同マーク制度の主宰団体である一般財団法人日本情報経済社会推進協会（JIPDEC）に対してプライバシーマークのライセンス契約上の義務を負っている。なお、パナソニックは当初同マークを取得していたが、その後、更新をとりやめ現在に至っている。

向けのレセプト、電子カルテ他のサービスをしていまして、結構なシェアを持っていたんですが、三洋電機がパナソニックに吸収されたときにパナソニックのヘルスケア事業として一緒に吸収されて、パナソニック・ヘルスケアになりました。

そして、パナソニック・ヘルスケア自体は単体でも利益を出しているのですが、今回、ＫＫＲに売却されることになりました。ＫＫＲとはアメリカのファンドなのですが、そこにいったん売却されるというので、２０１３年9月に発表がありました。その後すったもんだになった事例でございます。事業の価値自体はそれほど高くなく、もともと血圧計だとか、血糖値を計る機械だとかをつくっているだけの会社だと見られていたので、単純にビジネス価値自体は３００億円前後の価値ではないかと見込まれていたわけですね。

しかし、アメリカ系ファンドのＫＫＲさんから１０００億円を超える応札がありまして、これ、医療業界的には大問題になりました。なんでこんな値段で出してきたんだ？　と。フタを開けてみるとですね、日本人の電子レセプトに価値があると判断されたのではないか？　と。要は、パナソニック・ヘルスケア自体が持っている電子カルテの個人情報を運用しているという事業に対して値札が付けられたわけです。だから、血圧計などの製造業部門に加えて

700億円以上の価値があるという判断で応札がされたのではないか？　ということで、パナソニック内部でも非常に問題になったというような事例でございます。

鈴木　厚生労働省も経済産業省も日本医師会も注目していた案件ですね。パナソニックさん自身も報告に行っていたようですし、早い段階からプレスリリースもされていました。

山本　どういった情報を確保しているのか？　というところなのですが、一応、先ほどの話で言えば、パナソニック・ヘルスケアの立場は診療所やクリニックからの情報管理の「受託」です。要は、診療所が電子レセプトデータを受け取って十分な診療に資するシステムの販売だけでなく、サーバーなどで医療機関の患者情報を管理する委託事業も一部請け負っていたという点(16)では、先ほどのJR東日本と日立のような関係ではなく、データの委託であり、パナソニック・ヘルスケアは運用させられている側です。これがまたシェアとして大きかったのです。パナソニック・ヘルスケア自体が日本人の電子レセプトの2割強、年間で少なくとも約550万人の治療情報を管理していたと。もちろん重複もあるので日本人全体のものでも治療人口からするともう少しシェアとしては下がるのかもしれませんが、厚労省も買収案が明るみに出るまであまり正確

(16)　旧三洋電機では、単なる医療機関向けの電子レセプトおよびカルテなどの診療管理システムを販売して終わるのではなく、データ処理や請求管理といった委託事業も一部請け負っていた。

には事態を把握できていませんでした。
ただ、買収が発表されてから厚労省も問題に気づきまして、要は、電子レセプトや電子カルテを管理運営している会社が彼らの事業者が買収された場合どのような情報の流出がありうるのか？ という調査が起きるわけです。ただ現行法上では、違法ではないです。適法です。(17)
なので、委託を受けている診療機関から集められるセンシティブデータに対して、パナソニック・ヘルスケアは業務保守として個人情報を閲覧できる状態にあります。その事業の延長線上として、ほかから委託される健保組合その他のデータも委託を受ける企業として、電子カルテの情報を引き渡される器になることができる。

鈴木　パナソニックに集中させる委託モデルということなんでしょうか。

山本　はい、それを考えているのではないかと思われる理由がありまして。
ＫＫＲ自体が事業を永続的に保有するわけではなく、出口戦略を考えて実施するファンドなんです。要はファンドなのでよりよい採算が出た段階で買い手を探して、高い値段で買ってくるところが見えた段階でパナソニック・ヘルスケアを売却することができます。これは、ファンドであれば当然考えることですので、それ自体が良い悪いという話ではありません。ただ、最終的には収益

(17) 個人情報保護法23条4項2号は、「合併その他の事由による事業の承継に伴って個人データが提供される場合」について、その提供先は第三者提供の制限における第三者には該当しないと定めている。すなわち、個人データの提供において23条1項に定める本人同意の手続きは不要となる。ただし、提供元で特定された利用目的のまま、その範囲内で取り扱う義務が課される（16条1項）。なお、本件については、鈴木正朝「他国への個人データ越境移転制限条項の検討」（ジュリスト1464号59頁以下）参照。

を出すために企業を売却し収益を還元する必要があります。従って、ＫＫＲはどこに売るかという話です。これは、問題を報じた『ＦＡＣＴＡ』(18)にも書いてあるのですが、どこの会社に売るかという内示書のようなものも含めて、いろいろなリストを出すのですが、その中に本命と思われるような会社が含まれているのですね。

　そのうちのひとつと目される台湾の保険会社さんなのですが、そこも内々の取材においては、「ＫＫＲから具体的な話がありました」ということは回答しています。「パナソニック・ヘルスケアがもし業績がよりよくなり、かつ、日本人の治験情報が貯まっていくのであれば、当然買収の検討もこちらのほうで乗ります」という回答にはなっております。つまり、委託業務でかき集めた個人情報を管理する会社を買収することによって、日本から日本人の治験情報も含めたセンシティブデータが適法に海外に出て行ってしまう。

鈴木　成長戦略にビッグデータが注目される理由はそのあたりですよね。

山本　そうなってくると海外の業者が日本の法律の枠外で日本人の治験情報を管理してそこを解析された場合には日本の法が及ばない。…ということが直面している危機としてあるのではないか。これが、いまのパナソニック・ヘルスケアの問題であります。

(18) ファクタ（株）の月刊誌。鈴木の愛読誌。
http://facta.co.jp/

先ほどの識別子の問題になってくるのですが、特定疾病といったもの。(19)とりわけ日本人の治験データというものは、たとえば私なんかは脳内に「ＡＭＶ」という10万人に1.3人程度の難病を持っているのですが、経過観察を続けており「特定の医療機関にかかり特定の投薬をされている人は特定の疾病を持っているのである」というデータを持ちうるものです。これは良くも悪くも日本人はどのような疾病を持っており、どのような投薬をされているか、という標準的な日本国内の治験、処方箋の在り方自体もすべて彼らに出てしまう可能性があります。これもひとつの問題ではあるのですが、向こう側以降の問題として、識別子としてその人がまずどういう治療を受けているかという情報も出ているわけですね。日本人では10万人に２人以下ですが、この治療情報が海外に出ますと、海外にいるもっと多くのＡＶＭ患者の治験情報と合わさって、日本のデータがタダ乗りされてより画期的な治療法が確立されて、日本に返ってくるかもしれない。

患者である私個人にとっては福音かもしれませんが、医療データや医薬品を成長エンジンにしたいと考えている日本政府からすると、貴重な日本人のデータで海外資本の新薬が日本に席巻したのでは本末転倒です。

鈴木　いまの話を図にまとめますと、このような感じになりまして【図2-2】。

(19)
遺伝子疾患を理由とする難病や特殊な体質、形質など、先天的な異常はそれが病気を引き起こすリスクの有無に関わらず一定の母集団を定義する際の根拠となる。たとえば、日本人を形質的に分類するときは口腔・顎に注目し、奥歯から犬歯までが一直線になっている形質を持っている割合がきわめて高い。

株式会社Aというのがパナソニックですね。そして、パナソニックが三洋電機にあった事業を吸収したことによって、パナソニック・ヘルスケアという会社になっております。この株式をアメリカ系ファンドKKRに売るときに、一応テクニカルに特別目的会社SPCというものをAB共同持ち株会社として2割パナソニックが持ち、8割KKRに引き渡してというかたちでつくったようです。要するに、実質的支配権がAからBへ渡ると。いまの山本さんの話だと、ここにさらなる売り先となる会社がなんとなく見え隠れする。投資会社がいつまでもアウトソーシング事業を保有しているわけがありませんからね。ここで、アメリカに越境した資本とその実質的管理下にある医療データがさらに第三国に越境してしまうと。

山本　アメリカに籍のある、中国大陸資本の保険会社ですね。

鈴木　実質支配的には大陸資本になってしまうリスクもあるということを声高に言うつもりはないのですが、人

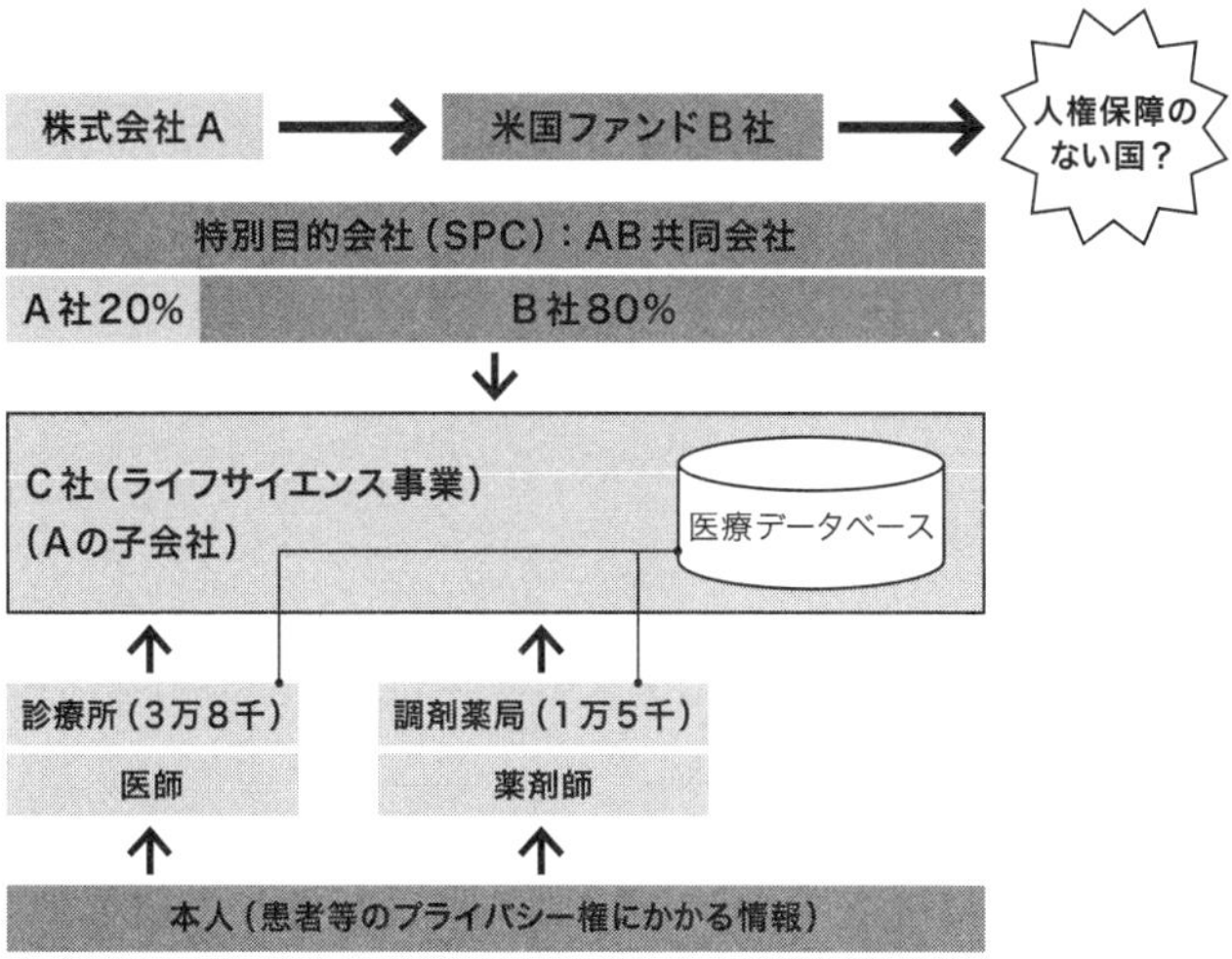

図2-2　他国へのデータ移転制限条項の必要性

権保障のあるアメリカと、さらに外側にいる人権保障のない国と…、という感じでは法的に一段、二段とリスクは高まる感じはします。そもそも一番重要なベースにあるのは、本人、患者等に関わるプライバシー権の問題ですね。これは刑法上の秘密漏示罪や民事上の守秘義務の問題を持ち出すまでもなく、プロフェッショナルである医師や薬剤師、医薬品販売業者の責任の問題でもあります。診療所は、3万くらいありますか。

山本　電子カルテを提供している箇所は3万8千くらいでしょうか。

鈴木　調剤薬局も1万5千くらいあるんですよね。

山本　そうです。

鈴木　そうすると、診療所に電子カルテがある。調剤薬局に処方箋の電子データがある。そして、これをライフサイエンス事業者がアウトソーシングを受けていたと。ここらへんはやはり小さい病院であり調剤薬局ですから、最初の法的問題としては、医師と薬剤師は患者の守秘義務を守らなくてはダメでしょ、と。そして、医療法人等は、アウトソーシング事業者に対して個人情報保護法22条の「委託先の監督」義務があるでしょう、と。そうすると第一義的には、まず医師としてこのような事実上のリスクが発生しているときに、漫然とここにアウトソーシングを続けてもいいのか？　というところが問われるのですが、病院としては小さいし、しかもここに預けているデータ形式は、別のベンダーに移管するのはなかなか困難で事実上できないかもしれませんね。患者も零細診療所も調剤薬局も身動きが取れない状態のまま、データの管理権限が資本の移転とともに海外事業者の手に落ちてしまうわけです。

山本　このあたりの話はパラレルに広がっています。先日、ネット選挙が参院選で解禁され、ある党が党の判断でネット選挙をまるっとＩＣＴ企業に投げました。その結果として何が起きたかというと、お互いのレベルを超えたところで、台湾にあるデータセンターに情報が集約されて、そこに党員データが保管されたというのですね。さすがにそれはまずいだろうということでトラブルになりまして、かなり党内でもすったもんだがありました。これとまったく同じ状況になりまして、ここにある医療データベースというものが、医者に見えないところで海外で名寄せされたり、日本の法律の及ばないところで名寄せされる可能性があるのですよ。

鈴木　医療データが某大陸に行く可能性もあるということですね。

山本　そうです。パナソニック・ヘルスケアがＫＫＲから再売却されたあとで、保有する医療データベース自体が日本にまったく縁もゆかりもない国にサーバを移転されたときに、その情報を取られ放題になる可能性があります。適切にそれを管理判断できるような第三者機関が、ちゃんと日本国内でデータがとどまっているかということをきちんと監視できなかったら、簡単に第三国に対して、日本人の治験データが出ていってしまう可能性はありますよね、という議論になるわけです。

鈴木 これはいわゆるクラウド問題をそのまま引き写した問題でして、法の適用を考えるにおいて対象となる人や物などとしては国内にあるか否かは重要なファクターの一つです。事業者もデータセンターも主権の外となると法の執行がきわめて困難になってきます。

一方、ビジネス上、情報技術的には、ご存じのとおり、場所はあまり関係ない。地球上どこにあってもいい。オンラインでつながっていれば、土地代、電気代、人件費、税制、安全性など総合的に勘案して最適地を求めればいい。アクセス権があるかどうかということが実質的に問題だということがあります。

ここでは、越境データ移転、すなわち、越境第三者提供、越境委託、越境共同利用が問題になりますが、これらはどれもが事実上個人データが移転します。本件がきわめて特別なのは、移転するのが株式、資本だということです。いわゆる越境事業承継問題ということになりますが、データセンターもデータも当初は国内にそのまま置かれています。その意味では越境データ移転はまだないのです。結局ここでは、実質的支配権、株式を持っている会社が実際上は支配しているがゆえにアクセス権をもって見てしまう。そのリスクを問題にしています。

山本　そのとおりですね。

鈴木　もとより資本の移動は自由ですから、パナソニックがＫＫＲに売ることに原則として問題はない。現行法に抵触するところがなければ、経営は自由であるべきですから文句は言えない。微妙な点は残りますが、結論的には私は本件は適法事案だと思っています。それゆえにいま、立法論として検討しなければならないと思って問題提起に加わっています。一般データではなく医療データを他国に勝手に渡してしまっていいのか？と。経営の自由に任せていいのかと。我々自身の医療データを。加えて、人権保障のない国にも事業者の都合で、どんどん医療データが移転してしまっていいのか？第三者機関がどうやらできるようだけれども、その権限として、こういった売却のときに少し取引の中身を見せてくれ、そこに一定の安全管理上の措置を講じていて先ほどの匿名化についてもさまざまな規律を入れれば安全に売却できる可能性もあるかもしれない、医療データの大量移転についてまったくの自由というのはないだろう、あるべき法的規律を検討すべきだろうと、主張しているところです。

山本　なので、患者のプライバシーというものは実は守られないというシステムになってしまっている状況があり、その状況をつくってしまっているのが、医療機関とベンダーの問題なのです。このあたりは、語りたいことはたくさんあるんですけどね。

Ｓｕｉｃａ問題が教えてくれたこと、そしてゲノム法のこと

鈴木　Ｓｕｉｃａ問題がさまざまな解決のヒントをくれたのですよね。考える契機になりました。何より法と技術、法律家と技術者が手を携えて問題解決に取り組むきっかけを与えてくれたという意味では、ＪＲ東日本と日立にはとても感謝しております。いや、イヤミではなく。

山本　そうですよね。

鈴木　実は、違法だと批判しているけれども、匿名化とは何か？　仮名化とは何か？　許される匿名化措置とはどうあるべきか？　匿名化技術で足りないところはどう補えばいいか？　現行法解釈の限界と立法論で引き取るべきところはどこか？　といったところをＳｕｉｃａ事件は教えてくれたのです。記名式Ｓｕｉｃａは現行法はクロだが、無記名式Ｓｕｉｃａはシロになる。しかし無記

名式Ｓｕｉｃａを放置していいのだろうか。ＥＵばかりかアメリカだって現在は、無記名式Ｓｕｉｃａデータのようなものを法的規律の対象に入れてきている。特定個人の識別性の有無をどう捉えてきたのか、現在の解釈でいいかどうかと論点は次のステップに移っています。

越境データ問題を解決して広く国際的にビジネスをして、外貨を稼ぎながら経済成長していくためには、ＥＵもアメリカもアジアも見ていかなくてはなりません。

こうした話をしながら一方では、パナソニックの越境事業承継を批判している。越境データ批判をしているのは矛盾ではないかという指摘もあろうかと思います。資本の移転は自由だと、しかし医療データの大量移転は例外的に一定の政府の関与はあってしかるべきだろうという議論です。

また、別途難しいところがあって、検体としての血液や唾液などの越境移転がもう起きているのですね。検査は技術的に高いところに委託する、または値段的に安いところに発注する。医療予算が逼迫すればなおさらそうなります。こうした物流に関しては、データ保護法ではカバーできません。ただ、検体はモノとして流れますが、検査結果はデータです。検査結果のデータ流用や流出の危険性は考えていかなければなりません。悩ましいですよね。ここをどう整合的に規律していくのかは医療行政とセットで考えていくべき問題だろうと思います。

山本　このあと出てくるのがゲノム法で、少し先回りの議論になってしまうのかもしれませんが、我々の遺伝子データって我々のものなのか？　という深遠な問題になってくると思うのですね。いま自分の疾病データというのは、もちろん自分自身の疾病を起こす可能性のあるデータなので、非常に、その取扱いとしては本人を先決で行われるべきだという話になりやすいのですが、でも私には両親がおり、さらに親戚がおり、私の子供たちがおり、自分にこのような疾病が起きる可能性がある。

　そういう疾病に対する発症リスクは誰だってもっていると思うのですが、それをまず自分で知ることができて、自分の選択肢で知らせてもいいのですよ、といった際、その遺伝子情報は子供ももっているわけですよね。そうすると子供の人権を侵害しないのか？　という話になるわけです。そういったものは、地縁、血縁もすべて含めた日本人総体のゲノムデータになってくるので、ゲノムポジションといったものは、その人の権利や個人的な思考や判断で監視していいのかという問題は、今後かなり議論になっていくと思います。

鈴木　そうですね。それで僕はゲノム法をつくるべきではないかと思うのです。なぜならこれ、山本さんがおっしゃったとおり、本人の自己決定からはみ出していますよね。自分が決定できる範囲を超えて子孫、血族全体に影響範囲が広がる問題ですから。そこに関して現在の医療現場では、提供者本人のインフォームド・コンセントや大学内の倫理委員会という、あまりガバナンスの利かない仕組みの中でやっている面はあります。やはり法の出番というほかありません。

山本　そうですね。まさにそうですね。

その世界で申しますと、あなたのゲノムデータを解析して将来罹《かか》る病気の予測をしますよというビジネスが発生して、我々は自由自在に、インドネシアだとかアメリカだとか中国だとかの遺伝子検査会社に自分のサンプルを送っているわけですよ。最近では日本でも、東京大学の先生方が、とあるソーシャルゲーム会社から多額の研究資金を調達されて舞い上がって新しいビジネスを検討しているようです。しかし、たとえば、10種類なら10種類の、がん遺伝子の検査以外の、本来目的としていない遺伝子データというものも当然採取しうるわけですね。そうなった場合、彼らが勝手に解析したものについて、我々はその情報を使うなとは言えないわけです。そうなってきてしまうと、じゃあ、誰がどのような検体をどのような紐付けで管理しているのかは、実はわからない、ということになるので。

鈴木　あと、いくら法規制をしていても、医療技術がアメリカのほうが非常に高くなるので、検査のために、自分の生命身体健康のために、家族を助けるために、データはより高い技術のところに流れるのですね。それから、人権保障のない某国だと、10億くらい集め放題になるだろうと。データを集積できる国のほうがそれは有利です。そこに金もある、技術もついてくるとなると、安くてハイレベルな検査が可能になります。やがてゲノムを中心としたさまざまなセンシティブデータがますます集まってきます。勝ちパターンが価値を生み、負けパターンに入るとただただ取られ放題になります。法規制も虚しい結果になるでしょう。規制のための規制ではなく技術開発の支援策、濫用防止の信頼できる仕組みを構築しなくてはなりません。そういう考え方なのに、ゲノム法と言ったとたん、医療現場では、法規制が入ると警戒、萎縮する向きもあるけれど、いや、違う、と。インフォームド・コンセントで適法性が担保されないまま研究開発や創薬に踏み込めば、手戻りが出てくる。違法じゃないかという問題が必ず出てくる。これは、まずい。早い段階で適法処置を取れるようなルールの明確化と、また日本国内にできれば研究開発拠点を置いて、日本国内にむしろ世界中のゲノムを集めてゲノム創薬の基本をつくることが高齢化社会における日本の経済成長モデルのアベノミクスのひとつの具体化ではないか？ということを提案したいんですね。そのための法制度であると。

山本　「美しい国」がそっちのほうに行くわけですよね。

鈴木　そうですね。

山本　遅ればせながら日本政府も気づき始めているので、それに対する適切な法規制をしっかり踏みながらですね、成長産業にうまくデータを活かしていくということになりましょうか。

　そのあたりの話も次回以降たくさん話をしていきたいと思いますけれども、ちょっと時間も尽きてきてしまいましたので、今回は総論としての第1回目ですので、「こんな話を我々は問い続けていきますよ」という意思表明みたいな感じになりました。

まずは「個人データである」「個人情報である」と認めるところから

山本　最後に、プライバシーフリーク筆頭の高木さんのほうから、ぜひ一言いただきたいと思います。

高木　このところ特に気になるのは、こういう事業をしたい、こういう研究をしたいというときに、まず「個人情報じゃない」と言おうとする人たち。なんとかして「これは個人情報ではない」ということにしたいという人たちがあとを絶たない。それは他への影響を考えると危険なことなので、まずは「個人情報である」「個人データである」と認めた上で、適法にやっていただきたいと思います。なぜそれができないのか？　なぜそれで困ることがあるのか？　と。

山本　そうですね。

高木　同意を取ればいいですし、オプトアウトでいい場合もあるでしょうしね。なぜそんなに「これは個人情報ではない。ない。ないよ。ないんだ」と言おうとするのか、大変疑問です。そこからだと思います。

鈴木　「個人情報だ」と言ったあとのビジネスモデルのよい事例を見せてあげないと。個人情報ではないというところで自由度を高めたいという安直な発想がありますが、個人情報を個人情報のままビッグデータできることは山ほどあるし、本人同意が一番低コストという現実だってある。ポイントが貯まりますというのだけではなく、本人にしっかりと便益をフィードバックして感謝されながら社会的意義をもってビジネスをしていく、そうしたビジネスモデルに正面から取り組む。その好例はまずは医療介護あたりから出てくると思っているのです。

山本　最後なのですけど、パナソニック・ヘルスケアの件で、厚生労働省から問題に気づいてパナソニックに対して問い合わせをしました。それから、医師会もパナソニックに対して問い合わせをしました。出てきた回答が「国民的ブランドであるパナソニックを信じろ」と（笑）。

鈴木　２割しか株式を持っていないのに。パナソニックブランドを維持するというのは、いや違うだろうと。名と実を一致させて、世間に知らしめるためにも「ＫＫＲヘルスケア」にするのが筋ですよね。

山本　本当はそうですよね。

　僕らからするとまったくナンセンスなのですね。問題の所在を、Ｓｕｉｃａモデルを含め、しっかりとひとつずつ議論していって、「我々は何のパーソナルデータを守っていくのか？」「どのような枠組みで管理していくのか？」ということをやはりちゃんと話をしないとあかんのやろうなと。これは、ある意味消費者金融の問題[20]を手掛けたときに起こした問題にやや近いので、ある意味ちゃんと国民の間で、あなたの情報って、こういうふうな使い方をしているんだということを議論させるべきなのだなと思うのですね。そういったところを、ぜひ高木浩光先生を筆頭にですね、我々は論じ続けて参りたいということで次

(20) 武富士やプロミスのグレーゾーン金利問題は、当初は個別の契約であり、金融業者の定めた約款に基づいて契約者が合意した金利を支払っているという通俗的な理解で長年にわたり利益を出してきた。しかし、出資法と利息制限法の垣根が取り払われ、また過剰貸付で自己破産が増えると社会問題化。最高裁まで争われた結果、なんと払い終わった契約やグレーゾーン金利解決前の利払いまで遡及して金融業者は返金すべきという法的処理となって、いわゆる金利過払い訴訟が弁護士業界の一大産業になるまで加熱していった。

回以降まだまだ続くかなと思います。

高木 次回以降は何を？

山本 次回は先ほどからアイドル的存在になっていた、とある企業のとある法務担当者をここに呼びたいなと。

高木 名付け親の方を。

山本 来ていただきたいのですが、いま交渉中でございます。

鈴木 来ないでしょう。3対1ではアウェーすぎるし。

山本 いや、ただですね、悪い意味ではなくて、彼らの言っていることもやはり立法過程の中できちんと踏まえてですね、産業にムリのないような仕組みを考えないといけない。どのようにしたら彼らも満足でき、かつ、ビジネスが守られるのか。経済成長できるような仕組みが日本の国内でしっかりできなくていいのか？ということを考えていくべきかと思いますので、ぜひ彼らの意見も聞いておきたいなというところですね。

第3章

そんな大綱で大丈夫か？

本人の同意なく、利用者の情報をそのまま誰かに売ってもよかったんだっけ…？

「パーソナルデータの利活用に関する制度改正大綱」なるものが提示された2014年6月24日。あるいはプライバシーフリークたちの主戦場でもある本件は、本書が発売されるいまもなお、制度・法改正を巡って紛糾している。

本章では、制度を適切に改正し、「個人に関する情報」を適切に守りながら利活用を促す方法についての議論に加えて、OECDなど日本以外の米欧を中心とした先進国と協調的なパーソナルデータの取扱いが可能となる方法について模索しようとしている。

低減データはどうなのか。パーソナルデータを流通せしめるために、どこまで匿名化すればいいのか。あるいは、逸脱する悪質業者や黒名簿屋たちを含め「不適切に個人に関する情報」を悪用する人々に対して、どのような法的枠組みをつくり、第三者機関を組成すればいいのか。

制度改正までの流れや、そこで起きた重要な議論を通じて、技術革新が進んで利用者の情報が保護されるための仕組みをどう講じるのか。

この白熱した議論の翌週、「Suicaデータ販売問題」に続く大爆発事案「ベネッセ個人情報流出事件」が勃発。図らずも見事に事件の枠組みを前打ちしてしまった本章では、制度についての議論に入っていく。

高木　山本さん遅刻ですね。間もなく到着だそうですが。司会がいらっしゃらないので、ちょっと状況を。えーと、大綱が出ました。先週決定されました。その名も、なんでしたっけ？

鈴木　「パーソナルデータの利活用に関する制度改正大綱」(1)ですね。

高木　あれ？　パーソナルデータの保護とか、そういうんじゃないんですか？　保護じゃない？

鈴木　利活用大綱ですね。

高木　利活用！　利活用制度大綱。こんなんありですか？

鈴木　んーまあ、そもそもこのミッションがアベノミクスの3本の矢の経済成長ですからね。まえがきには「ビッグデータ」という言葉が躍っていますから、産業界からの強い意向を受けてですね、まさに、ビッグデータで経済成長のために改正しようと。こういう内容です。

高木　はい。今日はこれについて、うだうだ。

鈴木　うだうだ、やっていきたいと思います。

高木　いろいろ突っ込みを入れる、と。

鈴木　はい。

高木　最初にボケようと思っていたのに。「あれ？　ゲストは？」って。なのに

(1) **パーソナルデータの利活用に関する制度改正大綱、平成26年6月24日、高度情報通信ネットワーク社会推進戦略本部**
http://www.kantei.go.jp/jp/singi/it2/info/h260625_siryou2.pdf

司会がいない（笑）。ボケられない（笑）。

鈴木　なんか、爆弾発言を用意しているとか言っていた割に、来ないですね（笑）。では、隊長を待つ間、ちょっと復習でもしてましょうかね。なぜビッグデータなのかってことを考えていきますと、日本は人類未踏の超高齢人口減少社会に入ったと。その上、財政難なんですよ。[2]で、課題としては医療、年金等、社会保障制度を維持しようと。まあその対策のひとつとして、アベノミクスを具体化しながら経済成長しつつ財政の規律を図るということです。ビッグデータというバズった言葉で政策論はとてもできませんし、農業だなんだと複数分野のビッグデータに均等に金をつけたのでは、ただのばらまきになってしまいます。やはり重点化がポイントです。超高齢社会がネックになっている日本においては、やはり医療ビッグデータだろうと。医療イノベーションを目指さないといけないと思うのです。医療イノベーションが、なにゆえ第一に挙げられるのかというと、歳出減の効果があるからです。まあ高齢者のクオリティオブライフの向上、できるだけ現役で健康なまま元気に生活いただいて、最終的にはポックリと逝っていただく。あまり病院に頼らず長患いしない。そのほうが、介護する現役世代の側からも、また高齢者本人の側からも、それから医療保険等財政を預かる国の側からも、3方向から見てもっともハッピーだろうという

(2) ここからしばらく鈴木節が続きます。

ことであります。その一環として、たとえば治療効果を高めるための遺伝子創薬などがありますね。そういった医療介護のあたりで次世代産業を見ていったらどうかという話が方々から出てきています。一方で歳入増の話もありまして、超高齢社会対応ビジネスは輸出できるんだと。経済成長といいますと、やはり外貨を稼ぐことですよ。ＥＵ、アメリカ、中国が次々と高齢社会に入ってきますからね。市場は海外に拡大していきます。ということになりますと、各国に先んじて人類未踏の超高齢社会に踏み入った日本の先行する経験が生きてくる。たとえば介護ロボットや介護ベッド・風呂・トイレや在宅医療サービスなど、超高齢社会を支えるハード、ソフト、サービスの多くは輸出できるし、外貨を稼げるポテンシャルを秘めている。日本の弱点に活路を見出していく、老老介護しながら老人を対象に老人も含めて取り組む社会に切り替えていくべきだろうと思います。みな元気でないとね。ボケたりしてはいられません。そう、ボケたりハゲたりといえば…。

高木　隊長いらっしゃいました。

鈴木　まあそういったあたりで外貨を稼いでいく…というところなんですが、ようやく前説が終わりまして司会者が登場しました。７分遅れで。

山本　山本でございます。よろしくお願いいたします。

鈴木　始まらなくて（笑）。
山本　あら、まじで？
高木　さて。
鈴木　ここからスタートでよろしくお願いします。

ゲストはどうなった？

山本　さっそくですが、ちょっとゲストでお呼びしようと思った方がですね。
鈴木　どうなりましたか。
山本　ええ、さまざまな交渉でいろいろお願いをしてきたわけなんですけど、残念ながらご出演いただけなかったということでですね、今日はそのあたりの話も踏まえてですね、いろいろお話していきたいところなんですけども…。
高木　ゲスト。
山本　ゲスト。
鈴木　名付け親。
山本　名付け親。プライバシーフリークという、我々にもっともふさわしい名前をですね、

鈴木　付けていただいて。

山本　付けていただいて、非常にその、この界隈ではエポックメイカーとしても、大変な、なんていうんでしょう、エンターテイナーぶりをですね、発揮していただいているB先生がですね…。

高木　別所さん？

山本　いやいやいやいや（笑）。

鈴木　B先生。

山本　そこまでは申し上げませんですよ（笑）。

高木　ずいぶん、あの、粘り強く出演交渉をしていただいていたんですよね？

山本　はい。結局、がんばってですね、上から下までいろいろお話したところ、非常にこう、セクシーな話になりました。

鈴木　大変ですねえ。

山本　ええ。なんか、鍋の中の具のような気分でですね…。

高木　でも最初の頃は出てもらえそうな感じでもあったんですよね？

山本　そうですね。比較的その、プライバシーフリークと呼んでおきながらですね、さまざまな議論があるのはいいことだみたいな話になっておりました。もともとさまざまなところで非常にお親しくさせていただいているのでですね、普通に顔見知り関係の延長線上で出てきていただけるのかなと思っていたのですけれども。ご出演にご了承いただけるのかと思いきや、大綱の話が煮詰まってくるあたりから、急旋回をされてですね、B先生ご本人のみならずですね、法人としても、ある日突然強硬派になってしまうという、不思議な状況でありました。中で何が起きたのかという点については、一通りお話が落ち着きましてから、あとでぜひ、詳しく伺いたいところでございます。

高木　そうですねえ。

鈴木　大綱がかなり利活用に押し切られちゃいましたよね。まあEUの十分性の要件に必ずしも合致せよとは言ってなかったんですけども、越境データの解決に向けた交渉テーブルにつけるくらいは実現したいと願っておりましたが、かなり後退してしまいました。

山本　そうですね、はい。

鈴木　大丈夫かなと。これ。

山本　このあたり、一番最初のところで、大綱に対する評価のところをきちんとお話させていただきたいと思っております。そこにまつわる、プライバシー法制関連のみなさんの動きなんかも適宜お話をつまんでいきたいなというふうに思ってますけども。

高木　そうですね。こちらに新聞を用意しときました。このように、社説がいくつか出たりしてますが、まあ、こんな感じです。

産経の6月29日の社説「パーソナルデータ　匿名性は利用の大前提だ」ですが、このへんを読むとですね、パーソナルデータについて、「氏名や住所の削除など、個人を特定できないように加工すれば、本人の同意がなくても第三者へ提供したり取得時の目的以外に利用したりできるとした」と書いてあって、アレレ？と。

> 大綱はパーソナルデータについて、氏名や住所の削除など個人を特定できないように加工すれば、本人の同意がなくとも第三者へ提供したり、取得時の目的以外に利用したりできるとした。
>
> ―産経新聞　社説（2014年6月29日）より抜粋

氏名や住所を削除すれば、同意なく、利用目的外であっても提供してもよくなったと書いてあるんですが、まあ、こういう報道が多いんですよね。社説だけじゃなく、最初の日の翌朝の記事とか。でもこれ、間違いですよね、先生？(3)

鈴木　間違いですね。まあ、高木さんが第1回前編でお話されたところですね。「特定個人の識別情報」を氏名住所等の基本4情報というか、本人確認情報だ

(3)　ここで高木が鈴木先生に尋ねて予定していたのは、データを受け取る側に課される禁止ルールのことが新聞記事に書かれていない話への展開だったが、別の話に展開してしまった。受け取る側の禁止ルールの話題は4章の冒頭で登場する。

けだと思っている人が意外と多いようだなと。そこだけが個人情報で、そこにぶら下がる履歴情報のようなものは個人情報に含まれないと誤解している人がいるんですね。そういう理解を前提にすると、氏名等を除けば、残りはもう個人情報ではないということになる。そういう誤解が予想以上に蔓延していました。

高木　だから新聞記者も、そういう意味かなって思ってしまいますよねえ。NHKのNEWS WEBも、そういう誤解をしているような放送になっていました。(4)で、その新聞記事ですけどね、こういう典型的な理解の浅い記事とは別に、よく書かれた解説の記事もありまして、日経新聞の6月30日は「論点争点　個人情報見出し大綱　保護対象詰め切れず」非常に的を射たものでしたし、読売の6月27日の解説も「個人情報活用大綱　保護すべき情報　不明確」です。

そういう方々は我々のところにも取材に来てくださる…。

鈴木　パーソナルデータに関する検討会に、毎回傍聴にいらっしゃっている方々ですね。

高木　あちこち聞いて、ちゃんと取材されるとこういう記事になるけれども…。

山本　まあフォローアップがなかなか追いつかないと、産経さんみたいなことになってしまうこともある、と。

(4)　NHK総合テレビ2014年6月19日放送の「NEWS WEB」で、「広がるビッグデータ活用・プライバシーどう守る?」と題し、大綱案の内容が紹介された。「パーソナルデータ」を説明する図で、「名前、住所、生年月日、顔写真」が個人情報であるとして説明され、「購入履歴、閲覧履歴、位置情報」が現在の法律では「取扱いが決まっていない」と紹介された。

高木　まあ、かいつまんで見て、大綱だけ見て、表だけ読んで書くとああいうことになっちゃう。裏が見えてない。

山本　そういうことなんでしょうね。日本の成長戦略の中に、なぜかビッグデータというのが入っておりました。そのビッグデータを利活用するためにいちばん重要な「個人に関する情報」の定義が行き届いていないっていうのは、一連の議論を見ていても強く感じるところでした。高木さんが新聞記者さんにこの問題を最初ご説明されたとき、やっぱり誤解ってあったんですか？

高木　よく勉強されて来られますし、ずっと継続して取材にいらしていたので、そういった基礎的なところの誤解はなかったですよ。

山本　なるほどなるほどなるほど…。ちょっとこう、全体の論調として今回あまり世論というかたちでプライバシーに関する制度変更について喚起する動きもなくてですね。ちょっと朝の某テレビ番組にコメンテーターとして出演したら、たまたまTポイントカードの話が出てですね…。

高木　観ました、それ。

山本　ええ。ええ。Tポイントなどのポイントカードは便利ですね、こういうお得な使い方もあるんです、という前向きな放送内容になっておりましたので、利用者側の「個人に関する情報」の扱われ方はヤバいですよねえ、みたいな話をしたら、番組が終わったあとでやんわりとネット事業者方面から「そういう不安を煽るのはやめてください」って言われたりしました（笑）。

鈴木　ほお。

高木　あれは仕込みだったんじゃないんですか？（笑）

山本　あれは仕込みではなくてですね、たまたま居合わせた、偶然の産物でありました。実に見事なタイミングでいたなあ、というのがあるんですけども。話ができる15秒か20秒くらいでポイントカードの問題点をえぐり出して注意喚起するっていう大技をやったんですけど（笑）。

鈴木　それはそれは（笑）。

山本　とりあえず議論の本題としては、いわゆる、なかなかその、個人情報の中身も、新聞記者の方でさえ誤解するような、ある意味、わかりやすい議論が、なかなか国民に提示されていなかったのかなと。なので結果として、その国民の情報自体が社会の資産なんだってところにまでなかなか話が至らずに、個人情報保護法の大綱のところでいまなお誤解が出てしまうような話になってしまっているので、そこは我々としても、今後の活躍をより大きく広げていく必要があるのかなと思うわけですよ。

鈴木　まあ、あの、法律家にも勘違いがありますね。いや、勘違いというよりも現状の変化に追いついていないというか。「特定個人が識別されなければ本人被害はない、不法行為は構成しない」と信じているのですよね。誰であるかわからなければ本人に被害が及ぶわけがないという命題を前提に考えているわけです。過去の判例ばかり見てね。

山本　はい、はい。

鈴木　ここ数年、急激に技術やビジネスモデルが進んできたことに気がついているようなことは言っていたが、実はぜんぜんわかっていなかった。一番基本となる「特定個人の識別情報」ってなんだろう？と改めて考えてみたら、よくわからない。我々もこの10年間、きっちり解釈してこなかったのかもしれんと。

山本　はい。基本的なところの積み上げがなかなか議論が進まなかったというところがある…。

鈴木　ええ。で、ちょっと反省していたんですけども、『ＰＩＩ Ｐｒｏｂｌｅｍ』(5)っていうちょっと有名な論文がありまして、冒頭のところを読んでいたら、アメリカでも同じことをいっているんですよ。ＰＩＩってなんなんだと。

ＰＩＩというのは、Ｐｅｒｓｏｎａｌｌｙ Ｉｄｅｎｔｉｆｉａｂｌｅ Ｉｎｆｏｒｍａｔｉｏｎを略したものですけど、日本の「特定個人の識別情報」と

(5)
Paul M. Schwartz and Daniel J. Solove, The PII Problem: Privacy and a New Concept of Personally Identifiable Information, New York University Law Review, Vol. 86, p. 1814, 2011

だいたい同じ意味なんですね。このPIIを保護することでプライバシーが守られると理解してきた。それでいままでは特に問題はなかったんだけども、ここ数年の情報技術の進化で、PIIという概念が機能しなくなってきたと。PII不要論まで飛び出してきているような状況でした。

山本　…ということですよね。

鈴木　ええ。日本でもアメリカでも特定個人の識別情報やPIIをきちんと解釈してこなかったというよりも、従来の解釈でうまく回っていたのに個人情報保護法を取り巻く環境のほうが変わってきて、もはや道具として機能しなくなってしまったと。

山本　そういうことなんでしょうね。技術の進歩がかなりあったりとか、社会的な変容もあったと思うんですけども、一般の人でも完全に個人に関する情報だよねっていうコンセンサスが取れるものと、この内容では個人に関する情報とはとても言えませんねっていうところの間でグレーゾーンが出ました。

山本　で、議論を進めて検討していく中で、どのように定義をすればいいのか、なかなか路線が定まらずにいたところ、ある途中の段階では、準個人情報保護(6)っていうですね…。

鈴木　そうですね、略してジュンコ、と呼ばれていました(7)（笑）。

(6)「準個人情報」は検討会の中で事務局案としてその内容が提案されたが、委員や産業界からの批判を受けて撤回され、大綱からは消えている。

(7)**Oh 準個人情報　君の名を呼べば僕は切ないよ、企業法務マンサバイバル、2014年4月17日**
http://blog.livedoor.jp/businesslaw/archives/52367562.html

山本　けっこう謎な…なんていうんでしょう、三十八度線みたいな、緩衝地帯みたいなものができてですね、非常に議論が混乱した経緯があったんではないかと思うんですけど、そのあたりはどうですか？

鈴木　まあ、ネーミングの問題だったら、準個人情報でもなんでも好きな名称でいいと思うんですよね。少なくとも、検討段階では、このグレーゾーンを呼称する用語があったほうがいいと[8]思いました。ただ事務局案として準個人情報という案が出てきたことで、事務局提案の内容という色がついちゃたんで、以後単純なグレーゾーンを呼称する言葉ではなく、「事務局提案なる準個人情報」って理解されるようになってしまった。

山本　ちょっと差し替わった部分ありますよねえ。

鈴木　このあたりは、高木さんが詳しいですよね。

高木　準個人情報は結局大綱からは消えているんですね。こちらが、最初に4月に出た事務局案です[9]が、まあ一見して大変複雑です【図3-1】。ただ複雑だっていう

事業者　※準個人情報、個人特定性低減の仮称を省略			個人情報取扱事業者		個人情報取扱事業者、準個人情報取扱事業者	個人、準個人、個人特定性データ取扱事業者
データ			個人情報、個人データ、保有個人データ　機微情報	機微情報	準個人情報　準個人データ	個人特定性低減データ
データ取得	利用目的の特定（§15）		取得データの利用目的を特定			義務なし
	訂正な取得（§17）				適正に取得する	
	取得時（§18）		利用目的の通知または公表	本人から同意取得	あらかじめ、または取得後速やかな利用目的の公表等	個人情報、準個人情報作成するために該当しない
		書面での取得	利用目的の明示			
	利用目的の公表（§24）		利用目的を公表			義務なし
取扱い	取得時の利用目的を変更（§16）	利用目的内	本人へ通知または公表		本人を特定しないため義務なし	
		利用目的外	本人から同意取得		あらかじめの公表等により利用	
	取扱い（§19-22）	正確性の確保	データ内容を正確かつ最新の内容に保つ			
		安全管理	安全管理・事業者の監督・委託先の監督			
個人特定性低減データ		加工・提供者	適正に個人が特定される可能性を低減する措置を施し、元データとの突合を禁止			
		受領者	対象外			特定の個人を識別禁止
第三者への提供（§23）			本人から同意取得		本人を特定して個人情報として同意を得る または個人が特定される可能性を低減する措置を施す	第三者機関へ報告
	オプトアウト		あらかじめ、第三者提供を利用目的とする	禁止		
	共同利用		あらかじめ、共同利用を利用目的とする		禁止	禁止
本人の求め	利用目的内（§24）		求めに応じて通知		本人を特定しないため義務なし	
	開示等請求（§25-27）		求めに応じて開示			

図3-1　第7回パーソナルデータに関する検討会【資料1-1】「「個人情報」等の定義と「個人情報取扱事業者」等の義務について（事務局案）〈概要編〉」の24ページ「【参考】今後の個人情報取扱事業者等の義務イメージ」より

だけじゃなくて、具体的に見ていくと、おかしいところが多々ありましてですね。特に致命的だったのは、この第三者提供のところをどうするか。この2列目が準個人情報なんですが、この準個人情報の義務をどうするかっていうときに、第三者提供についてはですね、なんと、本人を特定して個人情報にしてから同意を取るか、または低減データに変換して…。

山本　出ました、「個人特定性低減データ」。重要な概念ですね。

高木　低減データの話はあとで鈴木先生にお願いしますが、ここ、本人を特定して同意を取るか低減データに変換するかどっちかにせよ、と書いてあるわけです。これはどういうことかというと、準個人情報に該当しちゃうともう、そのままでは提供できないっていう。

山本　できないですよね。はい。

高木　これで結構、経済界のみなさん、お怒りで。

山本　もめましたね、はい。

高木　あのー…。

山本　素敵なもめ方をされた方がいらっしゃるという…。

高木　別所さんもブログに[10]書かれている…。

山本　あーいや、そこまで別所さんとは…（笑）。

(8) この用語自体は、仮の名称として堀部政男先生が提案されていた。

(9) **第7回 パーソナルデータに関する検討会**
http://www.kantei.go.jp/jp/singi/it2/pd/dai7/siryou1-1.pdf
「個人情報」等の定義と「個人情報取扱事業者」等の義務について（事務局案）

(10) **別所直哉の記事一覧 - 個人 - Yahoo!ニュース**
http://bylines.news.yahoo.co.jp/naoyabessho/

鈴木　言っちゃダメなんだって（笑）。
山本　うわあああああ。
鈴木　特定の固有名詞、一応、ダメです。
山本　そこはデリケートなところでありまして…。
高木　あーそうですか。なんかその、国会議員には立法事実を把握したり分析したりする術が与えられてなくて調査能力がないとか、プライバシーの議論は事業者からは意見が出しにくいとかいう…。
山本　素敵ですよねえ。
高木　…ことをブログに書かれていらっしゃる方が。
山本　ちょっと、まあ、そのあたりはいろいろ配慮するとしてですね。
高木　この事務局案のことを念頭に置くと、その気持ちもわからんでもないなと思うのです。こんなへんちくりんな案をですよ。だいたい、普通の政府の委員会で事務局案が出ちゃうと、それで基本的に決まったようなものであり…。
山本　まあ、だいたいそうですね、最終案に至るまでの中間点となるようなたたき台のかたちで収まっていればよかったんですけどね。
高木　みなさんがいろいろ意見を言って細かいところは直るにしても、基本的なところはそれで、通っちゃいますよね。だから、危機感を持って反対するというのはわかります。

規制改革会議をはねのけ法改正へ

山本　重なるかたちで、その、低減データの定義問題っていうのがありまして、これなんなのっていう。

鈴木　そうですね。

山本　正直、低減データって一口で言っても、何をもって低減とするかっていう別の定義が必要になって、要は２つ定義が走るかたちになりかねず、これはなかなかハードルが高いぞっていう話になるんですけど。

鈴木　まあ、もとはと言えば、第２回のときにですね、私のほうから日本版ＦＴＣ３条件っ(11)ていうのを提案したのですが、そこから法改正だという空気に変わったというか、コンセンサスが形成されたように思うのですね。

　現在は法改正など当たり前だという感じでおりますけど、あらためて振り返ってみると、検討会がスタートしたときの第１回って覚えてますでしょうか。私が最初に手を挙げて質問したんですよ、「この検討会のミッションは法改正ですよね？」って。そうしたらなんかちょっとザワザワザワザワ…っとなって。

(11) 平成25年10月2日に行われた「パーソナルデータに関する検討会」第2回会合で、鈴木が日本版ＦＴＣ３条件の導入を提案。
日本版ＦＴＣ３条件を提案、匿名化の課題を議論―パーソナルデータに関する検討会
http://itpro.nikkeibp.co.jp/article/NEWS/20131002/508455/

山本　あー。

鈴木　お前それ聞くか、いきなり、みたいな。

山本　素敵ですねえ、それ。

鈴木　そうしたら、向井審議官[12]が質問を引き取って、「法改正をしないというような制約を設けずにそれを含めて広く議論するんだ」と、改正すると明言せずに、しかし否定もしないという絶妙な回答をされたと。ここで「法改正です」と言えば、その日の夕刊か翌日の朝刊に「個人情報保護法改正へ」という見出しが躍ったと思うんですけど、モヤモヤしているので、報道関係者も「うーむ」という感じでした。どう考えても第1回のときには法改正がミッションだという雰囲気ではなかった。そういうスタートだったということは思い出してほしいんです。私たちの中での大きな第一の関門は、どうやって法改正へと舵を切るのかということだったんです。

山本　なるほどなるほど。

鈴木　Ｓｕｉｃａ履歴提供問題を念頭に置いて、記名式Ｓｕｉｃａは現行法では違法なんだと。ビッグデータビジネスとしてそれをやりたいのだったら、ガイドライン改正で個人情報の定義をちょっと修正するような程度では絶対に無理。もう立法的解決のほかないのだと。たとえば、日本版ＦＴＣ３条件のよう

(12)
向井治紀内閣審議官（副政府ＣＩＯ）のこと。内閣官房社会保障改革担当室において番号法案をとりまとめ、マイナンバー制度を導入し、独立行政委員会としての特定個人情報保護委員会の創設、その他内閣情報通信政策監（政府ＣＩＯ）の設置に尽力された。また、個人情報保護法改正への道筋を作った。
「パーソナルデータに関する検討会第1回議事要旨」4-5頁参照。
http://www.kantei.go.jp/jp/singi/it2/pd/dai1/gijiyousi.pdf

(13)
第2回 パーソナルデータに関する検討会議事次第
http://www.kantei.go.jp/jp/singi/it2/pd/dai2/gijisidai.html

な考え方もあるがどうかと提案した。

山本　平成25年10月2日のやつ[13]ですね。

鈴木　そう10月2日。9カ月前ですね。このときの提案までは、ビジネスにはスピードが大事、法改正など待っていたらバスに乗り遅れる、とっととガイドライン改正でやっちまえという規制改革会議の意見[14]に押されておりました。かなり無茶なことを言うなあと思ったんですが、心情的には共感するところもありました。法改正とか言って時間稼ぎしてどうせやらないんだろうと。確かに過去10年、過剰反応問題があっても何もしてこなかった。委員も役所案追認係[15]ばかりで信用できなかった。でも、こういう具体案があるならやってみるかという雰囲気になった。

ただ、FTC3条件はすでに総務省の報告書で紹介されているものをちょっとSuica事案ベースにアレンジして提案しただけで、本家のFTCでも採用できないままで終わっているため、実装がむずかしいとは承知していました。…というきわめて生煮えの提案を技術検討WG[16]のほうにポーンと投げたところ、本格的な検討が始まったわけです。そこで短期間に予想を上回るいいお仕事をされましてね。技術的に完全な匿名化措置はないという率直な報告が上がってきました。これは各方面から評価されましたよね。

(14)
「規制改革会議」は、内閣府設置法第37条第2項に基づき設置された審議会である。内閣総理大臣の諮問を受け、経済社会の構造改革を進める上で必要な規制改革を進めるための調査審議を行ない、内閣総理大臣へ意見を述べること等を主要な任務として、平成25年1月23日に設置された。X社からY社へのデータ提供において、提供元X社において個人情報であっても、提供先Yにおいて当該データが個人情報に該当しなければ、第三者提供の制限（23条1項及び2項）における個人情報（個人データ）には該当しないと解すべき。そうした情報を匿名化情報として、個人情報（2条1項）には該当しないとガイドライン（告示）に明記し、時間のかかる法改正などせずにスピード感をもって対応すべきという趣旨の意見を述べていた。

(15)
審議会や委員会は、一般に委員のメンバー構成を見ることで、始まる前からだいたいの落としどころが推測できることが少なくない。だいたい事務局のつくる提案の範囲内に収まることが多い。詳しくは、森田朗『会議の政治学』、『会議の政治学〈2〉』（慈学社）を参照のこと。

山本　ええ、ええ、ええ、ええ。

鈴木　で、技術的に完全な匿名化措置は不可能だという科学的前提に立って、そこからさらに検討を進めて「個人特定性低減データ」なるアイデアに発展していくわけです。本当は、「匿名化」「仮名化」「個人特定性低減データ」の定義をしっかり押さえなきゃならないんですけども、いまのところそこらへんはまだ適当ですよね。新聞などではどうですか。まるめて「匿名化」と呼んでいますよね。

(16) 技術検討WGは、「パーソナルデータに関する検討会の運営について」（平成25年9月2日パーソナルデータに関する検討会座長決定）第5項に基づき検討会の下に設置された。森亮二弁護士を除き、IT系の研究者と技術者で構成された。

大綱に入った「機微情報」

山本　けっこう「匿名化」と「非識別化」がごっちゃになっているケースもあるかな、とは思うんですけども。ちょっとひとつ伺いたいことがあって、厚生労働省が国の管理するデータベースで、その全国民の健康データを国が管理するんだよと。電子レセプトの議論があったと、ああいうのはたたき台の中には入ってこなかったんですか？　センシティブデータというかたちでフォーカスされてたかと思うんですけど…。

鈴木　あー、そうですね。「機微情報」(17)っていうのが大綱に入ったんですよね。

(17) 大綱における「機微情報」は、後の法案の骨子においては「要配慮個人情報」という妙な名称が提案された。

今回の事務局提案は、委員をはじめ各方面からフルボッコな状態でした。事務局もかわいそうで、いきなり法改正という話になって、しかも6月までに大綱、年内に法案をつくらねばならないと期限を切られて、委員や有識者が言うところの提案を全部受け止めねばと、それらの要望をすべて一カ所に詰めこんで、自縄自縛されながらパズルのような案になってしまった。複雑なつぎはぎ増築だらけの旅館のような建物を設計し、だめ出しされながら崩壊していく感じでしたけども。そこでは機微情報も入れなきゃダメだ、と注文が入っていた。でも、そこは、いわば離れのような別の建物だったので、ぽつんと生き残って今日に至ります。

高木　でも、医療情報は入ってないんでしょ？

鈴木　医療情報は別です。「医療情報等個人情報保護法」なる特別法が必要かどうかの議論が厚生労働省で検討されるようです[18]。ただ、「機微」とは何かという1980年頃からずーっと議論している問題があります。医療カルテや犯罪者リストのように典型的機微があるものはわかるが、典型例以外となると何が機微かの判断基準はとてもつくれない、それは無理なんじゃないかって言う人たちもいる。それが1980年のOECDプライバシーガイドラインの立場です[19]。

(18) 平成26年5月に厚生労働省に「医療等分野における番号制度の活用等に関する研究会」が設置された。
http://www.mhlw.go.jp/stf/shingi/other-jyouhouseisaku.html?id=197584

(19) 1980年のOECDプライバシーガイドラインは外務省のサイトに仮訳が掲載されている。
http://www.mofa.go.jp/mofaj/gaiko/oecd/privacy.html
なお、同ガイドラインは、2013年に改正された。仮訳が一般財団法人日本情報経済社会推進協会（JIPDEC）のサイトに掲載されている。
http://www.jipdec.or.jp/publications/oecd/2013/index.html

山本　なるほど、そういう流れだったんですか。

鈴木　機微なものを類型化するっていうのは、簡単なようで無理があるというか。一定の機微になるもののカテゴリーのザルがあって、その中に入った情報は機微とみなすっていう考え方ですから、紙の発想ですよね。

山本　一個一個、リストの属性の性質や機微の深さを見てより分けんのかと。

鈴木　犯罪者リストとか、同和問題のリストとか典型的なものについては、確かに機微であることは明確です。医療カルテも。でもそれ、紙の時代の発想で、私は1980年モデルって呼んでいますが、それを2015年の改正法に35年前の旧モデルを採用してスタートするのかっていう問題はあるわけですね。1980年モデルであれ何であれ採用するなら、機微とは何か、機微の意義とその判断基準が必要になる。機微のど真ん中にたいがい、遺伝子、医療情報が入ってくるわけですよ。

山本　そうですね。遺伝子や医療の情報は、普通の情報より、一枚座布団を敷いて高いところに置かれる傾向がある。

鈴木　でもそこで医療情報は機微から取り分けるって言っちゃったら、ますます機微の説明ができなくなるじゃないかと。ただ、機微情報に医療情報を入れちゃうと、今度は原則取得禁止っていう強い効果がかぶってくるんですね。それじゃ医療の現場が回らない、じゃあ、医療情報は別途検討だということで厚労省のほうに預けたかたちになっています。

山本　はい。

高木　ここでは、これだけですよ。「人種、信条、社会的身分」[20]。

鈴木　ええ、医療情報は入ってない。あえて取っている。ただ医療情報を抜いてしまうことによって、機微の概念の説明がはなはだ困難になるので、機微の考え方、意義、事例には入るものとしておいて、ただ医療情報については別途特別法でしかるべくその取り扱いを規制するほうがいいのではないか。機微の説明としては、まあ、そのほうがいいのではないかという意見です。

山本　なるほど。いろいろな解釈がある中で、一昨年ぐらいから話を進めていった結果、低減データってものと、匿名化措置のグレー具合のグラデーションが出てきてしまったと。準個人情報じゃないですけども、間に入っているものがゴチャゴチャして混乱しているように外からは見えていました。

鈴木　ええ、そうですね。いままで「特定個人の識別情報」の判断基準も、まあ、明確に詰めることなくモワっとやってきたんですよね。一般人基準という言葉[21]の中であまり実態を観察することなく、法律家たちは経験則的なところの感覚でエイヤ！とやってきたところがあったかもしれない。しかし、今回は、

(20)「人種」とは、皮膚・頭髪・体型などの身体的な共通の遺伝的特徴によりなされる人類学的区分をいう。「信条」とは、宗教的信仰に限らず、政治や人生に関する信念を包含するものと解されている。「社会的身分」とは、後天的に人の占める社会的地位にして一定の社会的評価を伴うものをいうと解されている。本人の意思ではどうにもならないような、固定的な社会的差別観をともなっているものということになる。（佐藤幸治『日本国憲法論』（成文堂）201〜6頁）

(21)「一般人基準」には2つの意味があるので注意。1つ目は、照合による識別の照合の対象情報が「一般人が入手できる」という意味での「一般人基準」（行政機関法の逐条解説や、情報公開法の運用で明記がある）であり、2つ目は、直接に特定個人を識別するかというときに一般人にそうとわかるかという話である。

匿名化措置にしろ、仮名化措置にしろ、低減化措置にせよですね、データベースなりなんなりを中心に置いた情報処理の世界の数理的な話になっちゃったんですよね。事実関係を掴む上でも、法的判断基準においても、ガラっと風景が変わってしまった。

山本 そうですね。途中から、技術と法律の両輪で考えなければ話が進められなくなった。

鈴木 で、そのあたりは正直言って、法律家にはまったく手に負えないわけですよ。で、技術検討WGに事実関係の解明と、それを基礎とした概念整理、一部の判断基準の提示をやっていただけないかと、お願いしなければならない時代になったんですね。で、よくよく考えてみたら、いままでは法律って人間に対して規範をつくるというか、人間が行為をするときにその規範に直面してそれを遵守したり、踏み越えたりしてやってきたんですけど、いまやもう、ビジネスモデルは情報システムで支えられている。プログラミングの段階またはその設計の段階で、8割9割がたのコンプライアンスの問題が決まってしまうんですよね。その仕組みに乗ってオペレーションする人間には、もはや乗り越えられない。仕組みがそうなっていれば、もう自由な意思決定は期待できないという世界になると、実は、規範に直面する段階ってずっと上流に行ってしまっている。むしろ、優秀な技術者たち、それを設計する人たちに向けて規範をつくらねばならなくなっている。それゆえに、プライバシーbyデザイン[22]みたいな考え方などもいっしょに発展してくる。となると、やっぱり今後の情報法の立法というのは、ある面では、技術系の人たちがわかりやすいように、一定のあるべき公共的でかつ合理的な行為に導けるように、彼らが規範に直面するようにルールを設計する時代になってきているんだなと思うわけです。見た目は同じですし、同じく人間に向けてはいるんだけれども、その一部は技術仕様に落とし込めるような合理性と明確性をもったものに、法の名宛人が優秀な技術者だということを意識してつくっていく時代だと思うわけです。

山本　そのあたり、後半でかなり詳しく解説をお願いしたい部分ですね。

ジュンコどこいってもうたんや

山本　先ほど高木さんから「経済界がお怒り」という話がありましたが、その業界団体と一口に言ってもですね、各社さん、主たるデータの取扱い方が異なるので、準個人情報というある意味での悪手が出たことで「これじゃいかん」ということで議論が急激に加速したように感じるんですよ。

(22) プライバシー侵害のリスクを低減するために、システムの開発において事前にプライバシー対策を考慮し、企画から保守段階までのシステムライフサイクルで一貫した取り組みを行なうことをいう。カナダのアン・カブキアン博士の提唱による考え方で近年各国で参照されている。

高木　これはですね、元ネタは去年の総務省のパーソナルデータ研究会でして[23]、その報告書が出ているんですが、その中に、初めて、保護の範囲が日本は狭すぎるので広げるっていう提案が、立法措置も含めて出た。[24] これは画期的な提案だったわけでして、そんなのできるの？ってみんな思ったところ、内閣官房で本当に検討が始まっちゃったわけですよ。そしたら、今年の検討会では、総務省の結論に書いてあった保護を広げるって部分をですね、そのまんま準個人情報として定義を定めて、さっきの表の義務を定めるっていうふうにやったんですよ。そのうち評判が悪かったのは、この表にある義務の部分だったんです。この義務の設計が非常に筋が悪かったので…。

山本　悪いですねえ。

高木　これは即、没になっている。一方、準個人情報の定義については、技術検討WGでずっと継続して検討していて、報告書が出ており、そちらは有意義な検討がなされたと思います。どういう定義が検討されたかというと、特定の個人を識別していない、つまり氏名とかがなくても、たとえば端末IDとか…。

山本　はい、UDID[25]とかですね。

高木　パスポートの番号だとか、免許証の番号みたいな、継続してみんなで共通に使われるような、「共用」って書いてありますね、共用されるような番号

(23) **パーソナルデータの利用・流通に関する研究会**
http://www.soumu.go.jp/main_sosiki/kenkyu/parsonaldata/

(24) 前掲注23の同報告書25頁に、「個人のPCやスマートフォン等の識別情報（端末ID等）などは、一義的にはPCやスマートフォンといった特定の装置を識別するものであるが、実質的に特定の個人と継続的に結びついており、プライバシーの保護という基本理念を踏まえて判断すると、実質的個人識別性の要件を満たし、保護されるパーソナルデータの範囲に含まれると考えられる。」との記載がある。

については準個人情報とする。それから、生体認証に使うような、顔の特徴とか、身体の動きの特徴。「身体的特性情報」って書いてありましたけど、そういった類のもの。それから、特徴的な購買履歴や位置情報の履歴っていう。これらを、①②③と3類型にして、技術的に検討したんですね。で、その検討のポイントというのは、そういうデータから具体的に誰だって特定できてしまうリスクです。

山本　もちろんありますね。

高木　で、そのリスクの高いものについて、準個人情報にするっていう考え方なんですよ。

山本　はい。

高木　それが大綱でどうなったかっていうと、まずですね、いろいろ経済界からの反対があって、③の特徴的な購買履歴や位置データっていうのがまず削除されて、技術検討WGの報告書からも削除されました。そうなったのは、どのくらいの位置データから個人特定しやすいかとか、購買履歴から特定されやすいかなんて、線引きはできなかったので、結局線引きできないってことで、技術検討WGもあきらめたと。でも、①の端末IDとかパスポート番号みたいなのは、それは特定のリスク高いでしょう？　ということで、WG報告書では残

(25)
アップルがiOS用の利用端末として提供するiPhone、iPadの一個一個に振られた固有の識別コードで、ユーザーがこれを変更したり削除したりすることはできない。一時期はこれがサービスレベルに開放されていたため、サービス業者が個人を特定するために活用していた。プライバシー上の懸念が広まって、アップルはUDIDのサービスレベルでの利用を規制し制限するようになった。

されたのに、大綱には入ってないんですね。結局、大綱に何が入ったかっていうと、②の身体的特性のところだけに…。

山本　そうですね、かなり落とされたかたちに…。

高木　…なっちゃったんですよ。

鈴木　落としたんですかね。特徴的な事例としたんじゃないですかね。

高木　ここは「等」って書いてあるんですよ。どこだったかっていうと…。

鈴木　モワっと、全般的にこう、逃げられるように表記してますよね。

高木　…ここですね【図3-2】。

山本　「指紋認識データ、顔認識データなど身体的特性に関するもの等」。

鈴木　「等」。

高木　「等」。後ろのほうの「等」が重要です。ここに今後いろいろ入れられるのかどうか…。

(1) 保護対象の明確化及びその取扱い

　パーソナルデータの中には、現状では個人情報として保護の対象に含まれるか否かが事業者にとって明らかでないために「利活用の壁」となっているものがあるとの指摘がある。

　このため、個人の権利利益の保護と事業活動の実態に配慮しつつ、指紋認識データ、顔認識データなど個人の身体的特性に関するもの等のうち、保護の対象となるものを明確化し、必要に応じて規律を定めることとする。

図3-2 「パーソナルデータの利活用に関する制度大綱」より

鈴木　「等」でね、例示ですよと。あとから入れられるよって言ってるわけです。でも、身体的特徴の中でという誤解を与えますが、違いますね。霞ヶ関的には、これ重要な表現なんです。

山本　重要ですねえ。まあ、いくらでもあとからこじ開けてやる、っていう…。

高木　いくらでもは無理じゃないですかねえ。ある程度類似性がないと…。

山本　いろいろな警戒感を呼び覚ます「等」がここにあるわけです。

高木　でも、私はそもそも、①②③を全部入れればよかったかと言うと、そうじゃないと思ってまして。

山本　なるほど。

高木　特に①の、端末ＩＤの類だけを入れても、問題は解決しないと思うんですよ。パスポート番号で履歴を集めるなんて人はいないし、免許証の番号なんか実際にプライバシー侵害的に使っている事例があるかっていうと、別にないんですよ。

山本　うーん…。

高木　だから①を入れちゃっても、実は誰も困らなくて。

山本　どうですかねえ。

高木　ん？　確かに数年前までは、携帯ＩＤとかですね、スマホのＩＤとか問題になっていたんですが、最近は既に解決中で[26]。

山本　まあ、それはそうですね。それはアップルさんがお怒りですんで…。

高木　アメリカで問題になって解決済みなので、いまごろ法的に禁止するような話でもないと思うんですよ。

すでに串刺しにされている?

山本　まあ、解決の途上であるから、入れなくてもいいかもしれないっていうのはあるかもしれないですけどね。ちょっとこう、モニョモニョしてるのはなんなのかと言いますとね、やろうと思えばできてしまうっていうのが…。たとえば、大阪の名簿屋さんに踏み込むわけじゃないですか。そうすると、国家公安委員会が振った、その、免許証番号をベースに名寄せしているフシがどうもあったりですね…。

鈴木　ほう。

高木　ほう。

山本　…するわけなんですよ。まあ、そうだと断定するのも非常に問題あるのかもしれないですけども、それを試みたフシは間違いなくあるので、やっぱり

(26) かつては、日本のガラケー（フィーチャーフォン）に特有の問題として、携帯ID（契約者に固有の番号）が自動的にすべてのウェブサイトに送信される仕組みがあり、プライバシー上問題があるところ、なかなか解決に向かう様子がなかったため、これを個人情報に含めるよう法律を改正するという道も期待されたが、スマホの普及でガラケーのこの仕組みは急速に廃れつつある。スマホでも、端末IDを使うアプリが現れ、プライバシー上問題があるとして米国でも騒動となったが、アップルがiOSで端末IDの「UDID」を廃止し、リセットとオプトアウトが可能で用途を制限した「広告識別子」を導入したことにより、問題は解決に向かいつつある。

なんらか、なんていうんでしょう、古物商的な業者が本人特定のために控えている情報が流出して、それを名寄せの具[27]にしているところもやっぱり否定できない。

高木　出会い系とか？

山本　まあ、出会い系はむしろ、もっと別の方法でガバチョとやっているわけですけども…。

鈴木　反社ならカモリストですかね？

山本　まあ、そうですね。いわゆるひとつの、カモリスト。

高木　年齢確認に免許証のコピーを出したりすると、とかですか？

山本　そうですね。あと、ちょっとこれ、あまり望ましくないのかもしれないですけど、不動産業者から出ている情報っていうのがありまして。要はいわゆる入居者データが、結構な精度で名簿屋さん方面に大量に出ています。で、これは、ブラックリストも含めて治安防犯上の都合もあるんですけれども、個人情報として、若いとか無職だとかの理由で保証人なしの入居で書かせていた免許証のコピーであるだとか、保険証の控えなんかを、かなり、みなさんきちんととっていらっしゃって、それを不動産業者が管理していますと。それがなんらかの手段で、適法なのか非合法なのかわかりませんけども、まれに流出をし

(27) 名寄せは、複数のデータベースにまたがった個人に関する情報を集めて、同一人物のデータに集め直す作業のことを言う。データが集まれば集まるほど、個人に関する情報の精度は高まるため、多くの名簿をかき集めて名寄せするモチベーションが生まれる。

たりします。まあ、適法に流出したっていうのは、あんまり考えづらいかもしれませんけど。その結果として、手に手を渡って、名簿屋さんに行った、その照合の具として、免許証の番号が使われたフシがあるということなんですね。

高木　でもその場合ってたぶん、氏名住所も一緒に扱っているんじゃないですかね？　つまり現行法でもろに個人情報じゃないんですかねえ。

山本　そうだと思います。

高木　そこを、脱法的に、わざわざ氏名を削って免許証番号だけにして、流通させる必要は彼らにはないんじゃないか。

山本　そこはですね、海千山千の世界なんで微妙なところなんですが、そういう業者から一般の会社さんがデータを買いますといったときに、問題となるような個人情報じゃありませんということで、氏名の情報を削って、グループ内で流通させるケースがやっぱりあるわけですよね。

高木　おお…。

山本　なので、この情報をそもそもなぜ持っているんですか？　っていうのは、やはり今後いろいろ出てくると思うんですよね。

高木　それは初耳。

鈴木　確かに。免許証番号でブラックリスト化して、たとえば、滞納ばかりしている人っていうのを照合するとか、いろいろ使い出がありそうですね。

山本　やや議論として微妙なのが、旅券は今後悪用される可能性がきわめて高いと思っていまして、この前も旅券法、いろいろ海外の問題があった[28]んですけども、問題ない範囲で言うとですね、旅券番号っていうのは、意外と使えるんです。で、いわゆる偽造パスポートのグループも含めてなんですけども、本人特定ができない人たちがパスポートを出すケースが今後増えていくだろうということは、はじめからわかっていたんですけども、そこで網の目をかけていたら、プリペイドカード携帯の登録で本人確認目的で偽って他人名義のものを使っているケースなどがあってですね、いままで使えなかったからといって除外[29]しとくと、あとで足元すくわれるんじゃないのかなっていうのは、やっぱりあるんですよね。個人情報そのものはわからなくとも、類推できる通し番号が、たとえば旅券番号や免許証、あるいはT会員番号[30]などでも十分名寄せの「串」にできてしまう。

鈴木　うーん…、なるほどね。

山本　若干モニョモニョするのはそういうところなんですけど。あの、意外と継続的に使われるIDって、我々が思っているほど利用価値ないかっていうと、そんなことはないっていう話ですね。

(28) 旅券（パスポート）は犯罪者が他人に成りすましをするのにもっとも強力な手段であり、振り込め詐欺などで足をつけないようにしたい犯罪者がプリペイド携帯や不動産の不正取得をする際によく用いられる。

(29) いままで偽造パスポートなどは殺人や組織犯罪での利用が多く、あまり名簿屋界隈での名寄せのIDとしては活用されてこなかったが、ここにきて旅券番号も含まれる名簿が急増している。

(30) カルチュア・コンビニエンス・クラブ（株）が運営する共通ポイントサービス「Tポイント」のカードに記載されている会員番号のこと。

鈴木　まあ、第三者機関の話もおいおい出てくると思うんですけど、マイナンバーカード(31)がこれから登場してきます。そうすると、ユースケースとしては、マイナンバーカードに運転免許証の機能を入れたいとか、パスポートの機能を入れたいっていう話がありますね。マイナンバーに関しては、刑事罰をしっかりと入れていますけど、こうやって考えてくると、禁止されてようがなんだろうが、アンダーグラウンドの人たちは使う気まんまんなところはあるかもしれないですね。

山本　継続してその人を追っかけうるデータというのは鮮度が大事なので、たとえばこの人どこにおんのやろなって調べる際、逆引きしていく場合には手がかりになりうるってことですよね。ビッグデータを扱う企業が「あなたに興味はない」と言っても、ターゲティングできてしまう時点で興味をもつかもしれない。また、違法な行為で万一流出したら、確実に個人に興味をもった人たちの手に渡ることになるのです。で、ビッグデータで解析する云々とはちょっと脈絡としては違うんですけども、この人を追っかけたいって明確に思ったときに非合法に追いかける方法があるのはまずいっていうのは、これから話として出てくるかなっていうのは思ってますけどね。

鈴木　あともうひとつ、私が気になってるのは、マイナンバーのような公的個

(31) 社会保障・税番号制度として2013年に成立した「行政手続における特定の個人を識別するための番号の利用等に関する法律」に基づき、2016年1月から配布が開始される「個人番号カード」のこと。

人番号って罰則がありますから、怖い番号ですよ。反社も馬鹿じゃないですから、お縄になるのはかなわんと、ほかの代替できる機能、民間個人番号を使おうっていうニーズは出てくるだろうと思いますね。そうするとやっぱり大量に出回っている、ほどほどに悉皆性、唯一無二性がある、共通ポイントカードなどの民間個人番号は、こりゃいろいろ使い出があると思うだろうな、と。

山本　そうです。個人番号だってＩＤだって大いに利活用すると思うんですけど、それがいままさに名寄せ、リスト型攻撃の対象になって非常に強い名寄せツールや参照用リストとして出回っているのは事実だと思うんですよね。しかも、今後、もっと酷くなっていくと思います。何をもってデータとデータをくっつけるかっていうときの具として使われるのか、最初に十分な啓蒙をしておかないと危ないのかなというふうには感じますね。

鈴木　今回の大綱に至る議論の中でも、消費者団体から、名簿屋を規制してくれという強い要請が入ってきました。ビッグデータのための利活用という文脈からするとまったく違うんだけども、万人から見てきわめて悪質だと思われていたところが、いままで規制の穴になっていたと。ここをなんとかしようということが論点になった。でも、情報流通にかかわるところの規制っていうのは非常に嫌われるんですね。処罰範囲が曖昧で拡大していくんじゃないかと言われてきたんですけども、「もろに真っ黒ってところはあるよね」っていう共通認識はあってですね、そこをうまく切り出せるなら、法規制にチャレンジする時期にそろそろ来たんじゃないかっていう雰囲気は出てきた。実は私も名簿屋規制の必要性について提案しています。名簿屋がネットでこれだけ簡単に誰でもアクセスできるというのは、企業にとっても脅威であろうと。内部から盗まれて売却されるリスクを助長するところがあるわけですからね。今回の改正法案の中での議論は残る。で、もし拾いきれなかったら、次は特別法の議論につないでいく、そういった残る議論の頭出しは今回できたのかなという認識です。

EUリスクをどう見積もるか

山本　で、ちょっと大綱の話に戻るんですけども、大綱のヤバさっていう部分ですね。本来保護すべきデータまわりで削除されたものもあると思うんですけど、特に第三者機関の部分の議論っていうのは、意外と置き去りになっているんじゃないかっていう気がするんですけども、このあたりいかがですか？

鈴木　えーと、今回、経済成長ということを言ってきたわけですが、それは必ずしも悪いことではなくて、私たちがマイナンバー導入のころからずっとこの議論を一貫して主張している、関連しているテーマなんですよね。個人情報は個人情報保護法の世界だけで考えがちですけども、やっぱり番号法、[32]それから個人情報保護法改正って、同じところを見てやってきた。超高齢社会に入って、生産者人口が減るのに、より高付加価値な次世代産業が見えないとなると社会保障制度の維持もままならないと。次世代産業を創出して、国を富ませて財源確保していかざるをえない。これは政権交代しても変わることのない課題だと思うんですが、その経済成長のための前提条件を法的に整えようというときに、私たちは、越境データ問題の解決ってかなり必須事項だと思ってたんですよ。もちろん考え方によっては、いわば港湾を整備して、黒船の行き来をよくするっていう意味もある作業ですから、外資に食われる可能性も高まるんじゃないかっていう懸念もあるんですけども。とはいえ、いまのプロジェクトは医療ビックデータをしよう、医療改革で遺伝子創薬をして人類に貢献しながら高付加価値の産業を興そう、そのためには世界中から遺伝子をもってこようとかね。いろんな議論がある。製造業だって、EU等にも進出してEUの企業として活動して、実はビッグデータを持ってるわけですよ。たとえば自動車産業はこれからビッグデータに向かおうという構想を持っているわけですよね。そのデータセンターをどこにつくるかっていうのは、各社がもっとも最適地を探せ

(32) 2013年5月24日に成立した「行政手続における特定の個人を識別するための番号の利用等に関する法律」のこと。マイナンバー法とも呼ばれる。番号（マイナンバー）制度は、社会保障や税の公平性を向上させ、行政を効率化することを目的としている。なお、番号は、個人だけでなく法人にも付与される。

ばいいんですけども、とはいえ世界中のデータを収集して、またそのデータを各国から読みにいくっていうところで、越境データ問題が立ちはだかる。コマツのコムトラックスなんかも、ビッグデータの成功例(33)ですけれども、いろんな建設機械にいっぱいセンサーを入れてその分析結果を使って顧客満足度を上げて、営業力、競争力につなげていると。あれはセンシングログ(34)のビッグデータだから法規制の問題もなく自由にできている。ところがある段階で、ドライバーの情報も含んでいると。それはライフログ(35)でもあると言われかねない可能性はないのだろうかと。自動車産業もいつなんどき、ＥＵ法における個人データの定義に該当すると言われるかわからない。そうなると多額の罰金を科せられるリスクに怯えながらですね。ＥＵ当局との間とハードな交渉を余儀なくされ、現地の著名法律事務所に頼んだりして多額の紛争解決コストを負担しながら長期戦になりはしないか。

グーグルが狙い撃ち(36)になっているのを横目で他人事のように見ていますが、日本の製造業も強いですから狙われないとも限らないだろうと。これをＥＵリスクって言っているんですが。これをどの程度に見積もるかは論者によって異なりますが、ゼロはないだろうと。

こういうときに、国内の法改正の議論は、もっぱら国内市場を中心とする一

(33) コムトラックス（KOMTRAX）とは、Komatsu Tracking System の略であり、グローバルに販売された多数の車両の各種データ、たとえば、車両の現在位置やサービスメータ、燃料残量、車両で発生したコーションや消耗品の交換時期といった車両内部情報を移動体通信技術とインターネット技術とを活用して、オフィスで閲覧、利用することを可能にしたシステムである。車両のコンディション監視や実稼働時間ベースに基づくサービスのほか、運送、サービスの効率的な巡回計画作成、レンタル車両の動態管理による稼働率向上、使用量に応じたレンタル料金算出、盗難車両の位置情報の提供などに活用され、国際競争力を発揮している。今日では製造業とITを融合したビッグデータ活用の成功例として高く評価されている。

(34) センサーを利用して物理量や音・光・圧力・温度等を計測・判別・記録したデジタルデータのことをいう。機器類に由来するセンシングログは一般に法令の制約もなく自由に利活用できることが多い。

部ネット産業に引っ張られた議論をしているように思います。「経済成長が－」とか言うけれども、ＥＵ等に進出している製造業こそが、実は日本に富を運んでくる稼ぎ頭じゃないかと。伝統的に強い部分のリスクを放置して弱くしてどうするっていう話なんですが。実は経団連をはじめ、きっちりこの問題を拾い切れてなかったんじゃないかと危惧しているんですね。

山本　そのあたり、先ほど高木先生が例示された位置情報もかなり含まれていると思うんですけど、最近、自動運転の技術が既存の法律の中でどういう扱いになるのかも含めて、定義付けがようやく進んで軌道に乗ってきた感じはします。ＧＰＳ情報って、きちんと考えれば当然ながら個人に関する情報ですよねっていうところから、ＥＵでは議論が出てき始めているというところでしょうか？

鈴木　そうですね。ＥＵデータ保護規則提案だと個人データの定義の中にロケーションデータが入ってきますよね。

山本　なんかそこはその、微妙な表現になりますが、ＥＵが個人に関する情報としてＧＰＳ情報を扱い、アメリカだとそうではない、自由に使っていいのだ、という線引きに収斂しそうだという見方が出てきておりまして、大変に憂慮しているんですけども。

(35)　各種機器を利用して人間の生活・行動・行為等の映像・音声・位置情報等を記録したデジタルデータのことをいう。人に由来するライフログの取扱いにおいては、個人情報保護法及びプライバシーの権利等人格権との関係が問題になり、自由に利活用できるわけではない。

(36)　個人データ保護に関して、グーグル・ストリートビューの問題、検索結果に対する忘れてもらう権利の問題や、検索における支配的な地位の濫用に関しての競争法上の問題など巨大な外資系企業に対するＥＵの規制当局の目が厳しい。

(37)　グローバルに展開する日本企業は、ＥＵから越境データ問題についてグーグルと同様に法執行されるリスクがあるのに対して、国内市場が中心の事業者は、ＥＵリスクに対応するために法規制が強化されることをビジネスの阻害要因と捉えている。

鈴木　日本では、EU市場などどうでもいいという極論まで言う人がいる[38]。また、EU、アメリカなどエリアごとにコンプライアンスの在り方を変えればいいではないかという人もいる。そうするとそのエリア単位でビッグデータビジネスを展開するんだと。世界中のデータが大量に混在して入ってくる姿こそが勝利の姿だと思うのですがね。そのあたりの国としての構えというか、各企業の戦略というか、それをしっかりやってこないまま、大綱になだれ込んでしまったような気がします。

先ほど申し上げたように、第1回、第2回までは、そもそも法改正しようという感じではなかったですからね。IT融合[39]を言う経産省だって法改正を主導しようという構想はなかったと思いますよ。それに、検討会がスタートする前にも、いろんな企業や業界の会合に顔を出して、いまこそ意見を言うべきだと、いまが改正のチャンスなんだと、一生懸命に言っても、産業界は動かなかった。意見も言わなかった。下手に言って規制強化に流れたらヤブヘビだし…みたいなことをおっしゃる人はいたけども。一企業が立法政策の話に口を出すのはー…と及び腰というか、リアリティを持っていなかったように思いました。とても戦略をもってと言えるような感じではなかったですね。まあ、単にビッグデータビジネスをしていないから切羽詰まった危機感もなかったのかもしれ

(38) **「プライバシーフリーク」発言を検証する。2014年3月19日**
business.nikkeibp.co.jp/article/opinion/20140312/260977/
日経コンピュータ誌の大豆生田記者による、別所直哉氏のインタビュー記事。この3ページ目に、「だが別所氏は、第三者機関によってEUの法規制に合わせるのは規制の拡大になるとして、反対だという。EUからデータを移転できない点も「EUのデータがいるのか」と主張。「インターネットで有望な市場はアジアやアフリカ、北米などで、産業としてはITの世界でEUとの十分性にどういう意味があるのか」と疑問を示す。」とある。続いて、記者の見解として、「とはいえ、それはほかの業界では受け入れられにくい意見ではないだろうか。」と書かれている。

ませんが。意見がガーッと出てきたのは、準個人情報が登場してからです。怪我の功名というのか、ジュンコ、グッジョブ！　というのか、危機感をもって、一斉に意見が噴き出してきたと。これはよかったと思います。しかし、具体化して追い込まれるまで考えるということをしないのかと。法制度の在り方も含めて、諸外国の動向も見据えて戦略的、戦術的に考えて行動できないのかと。

第三者機関どうなっちゃうの？

山本　たしかに産業界の話はおっしゃるとおりです。何をもって規制の対象にするか、万一の際にどういう処罰が起きるのかも含めて、第三者機関の役割ってどういうふうな判断でお話が進んでいるんですか？

鈴木　そうですね、いま言ったように、越境データ問題の解決が法的基盤整備のひとつなんだという共通認識ができたとすると。じゃあ誰がやるの？　ってことになりますが、現状ですと15省庁が全員出てくるわけですよ。経済産業省分野、総務省分野、厚生労働省分野、金融庁分野と。そうすると、越境データの交渉をするＥＵにしろ、アメリカにしろ、困惑するわけですよね。日本、なんなんだ、と。政府代表となれば政府が出ていくんですけども、その下準備

(39)
IT融合　経済産業省
http://www.meti.go.jp/policy/it_policy/it_yugo/index.html

に15人も出てきてと。内部の調整も大変ですよ。やはり役所は1本化しないと。第三者機関が立ち上がって国内のまとめ役となり、対外的な窓口とならなければならない。これがまず前提だよ、と。

それから、やっぱり人的リソースがないですね。人数はどうか、スキルはどうか。情報も乏しいですよ。いまは、アメリカ・イギリスメインなんですよね。実はドイツ・フランスの情報ってきわめて乏しい。ＥＵは多様ですから、イタリアどうやってんの？とか、ベルギーはどうなってんの？とか、こういった情報がほとんど入ってこないですよね。当然ながら、第三者機関に権限を集中させるだけではなく、交渉できるだけの人がいなきゃどうしようもないわけで、これも役人というのは基本的に2年交代ですから、ご存じのように百戦錬磨の経験者が貯まっていかない。やっぱりここは産学官が連携して研究所をつくったり、学との連携を図ったりして、10年選手を育ててプールしていかないと。ＯＥＣＤにしろなんにしろ、世界のルールメイキングしている人たちというのは、プライバシーマフィアみたいなね、10年選手がいるわけで国益を背負いながらも顔見知りなわけですね。堀部先生(40)はそこに20年くらいいるわけですけども政府代表ではないので、メインの会議は蚊帳の外ですよ。ちなみに１９８０年のＯＥＣＤプライバシーガイドラインをつくった人で現在も活躍しているの

(40) 堀部政男（ほりべまさお、1936年5月23日－）一橋大学名誉教授。中央大学法科大学院フェロー、特定個人情報保護委員会委員長。東京大学大学院で伊藤正己に学び、日本における情報法学の礎を築く。教え子に鈴木正朝、小向太郎、高野一彦、石井夏生利等がいるほか、研究会等を通じて新保史生他数多くの情報法研究者を育成する。

(41) 自主性・独立性を保障されたプライバシー保護に関する監視機関のこと。

は堀部先生ひとりですよ（笑）。

要するに、他国ではずーっと30数年、代わり代わりしながらもできるだけ同じ人が、経験者ががんばっている。そこの会議に、チームに、マフィアに加わらない限り、国際的ルールメイキングからいつも仲間外れされることに甘んじなければならない。ここにプライバシー・コミッショナー[41]としての要件を兼ね備える役所ができれば、日本もようやくコミッショナー会議[42]に参画できる。はじめて座席をもらえると。そこからがスタートなんだけど、そこに至るほどの役所が、EUの人たちに認められる役所ができていないわけですね。まず交渉テーブルにつくだけの権限を与えられるかっていうのが実は今回の改正の一番大きな肝になるところです。

山本　なるほど。ところが、実際は監督権限に関しては微妙な表現というか、業界団体の自主ルールに集約させて、条文としては削られるような感じになっているんですけど、そのあたりは実際どうでしょう。

鈴木　そうですね。主務大臣制[43]もどこまでケリがついているのかはよく見えません。実は一部先送りですよね。だからモワっとした表現になっています。大綱で決着がついたかというと決してそうではなく、第2ラウンド[44]につないでいる。そうした表現と「等」がいっぱい。

(42)
プライバシー・コミッショナー会議（International Conference of Data Protection and Privacy Commissioners）とは、各国のプライバシー・コミッショナーが集まり、プライバシーの保護に関する法執行上の課題等について意見交換をすることを目的として、年に1回開催されている。日本は上記監視機関がないことから正式メンバーとして参加できない。

(43)
主務大臣とは、行政事務を主管する各省の大臣のことをいう。ここで主務大臣制とは、個人情報保護法に関する事務を主管する消費者庁、総務省、厚生労働省、財務省、金融庁、経済産業省、文部科学省など15省庁の大臣によってそれぞれ行政組織法で定められている分野ごとに分担して行われる制度のことをいう。

(44)
大綱で決着がつかなかった論点は、次の法案の骨子及び法案のとりまとめのところに先送りされている。なお、大綱において継続的な検討課題とされたところは、本改正には間に合わず、次の改正、さらには3次改正に先送りされるものもあるかもしれない。

山本　大綱としては各論は詰め切らないまま、実際の条文に落としていく作業に預けているところがあるのかな、というところで認識していますけども。

鈴木　そうですね。

山本　これ、高木さんどうですか?

高木　主務大臣制との関係は、第6回で、早い時期に検討して異論も出なかったので、もう決まりかと思っていたんですが、ここを見るとボンヤリと書いてありますね。それから監督を削ったっていう部分が、この、「民間主導による自主規制ルールを作る」のところ【図3-3】。ルールを民間団体が策定して、そのルールに従わない事業者について、第三者機関がなんかするのかなーと思っていたら、この民間団体が措置を行なうとしていて、その第三者機関は、その「ルールまたは民間団体の認定をする」と。ルールを認定するならまだいいんですよ。それが、「または民間団体の認定」に変わっちゃった。最初の案では「ルールを認定」って書いてありまし

2 民間主導による自主規制ルール策定・遵守の枠組みの創設

パーソナルデータの利活用の促進と個人情報及びプライバシーの保護を両立させるため、マルチステークホルダープロセスの考え方を活かした民間主導による自主規制ルールの枠組みを創設することとする。

自主規制ルールを策定する**民間団体は、法令等の規定のほか、法令等に規定されていない事項についても**、情報通信技術の進展等に応じて、個人情報及びプライバシーの保護のために機動的な対処を要する課題に関して、情報の性質や市場構造等の業界・分野ごとの特性及び利害関係者の意見を踏まえて**ルールを策定し、当該ルールの対象事業者に対し必要な措置を行うことができることとする。**また、**第三者機関は当該ルール又は民間団体の認定等を行う**ことができることとする。なお、各府省大臣の関与については、第三者機関と各府省大臣との関係の整理を踏まえ検討する。

図3-3 「パーソナルデータの利活用に関する制度大綱」より

たよね？

鈴木　はい。

高木　それがなぜか、いつのまにか、「民間団体の認定」でもいいことになっちゃった。これ丸投げじゃないですか。

山本　これ実際丸投げで、かなりＩＣＴ業界の言い分を意識し配慮している内容だと僕は勝手に思っておりまして。たとえばその、個人情報って言われたときに、小規模な街の商店も個人情報を扱うわけじゃないですか。配送先リストだったりとか。そういったものに対して民間団体がいちいち逸脱を見るのかっていう話になるわけで、具体的に被害実態があったりだとか、何かがあったときに罰則が出るだけなんだと思うんですよ。その「民間団体の認定」ではカバーできない、目が届かないところに対しては、誰が監督すんの？っていうのは絶対残るはずなんで、これはちょっと例としてよくないのかもしれないですけど、必ずもぐりが発生しますよね、と。その悪意ある業者にもぐられたときに、もぐり業者が誰からも監督されないという状態が惹起する可能性があるので、生活安全上の観点からいくとエアーポケットになるだろうなというふうには思ったわけなんですよね。で、そういう逸脱する業者をまるっとカバーしてくれるのが第三者機関だという認識でいたんです。少なくとも、警察庁もそうだと思っていたはずなので、そこらへんはやっぱり「おやっ?!」っていう話にはなりますよね。

鈴木　そうですね。まあ、アメリカから見たってゆるゆるですね。ＥＵに限らず。

山本　じゃあ誰が逸脱業者を見るの？　もしくはその民間団体をお守りするの？　っていうことに関してはまだブループリントができていない状態なので、そこは法案が立ち上がる前に全部詰めないといけない作業になるわけですよね。そうすると、どこが最終的な着地点なのかっていうのは、少なくともその実際に法を運用する側からすると見えなくなると思うので、じゃあ立ち入り検査できるような監督権限をもたせようみたいな当初の案はどこへ行ったんだっていうのも含めて、かなり後退した印象はあるでしょう。

高木　実は立入調査権は書いてあるんですね。

山本　はい。ただ、矛盾する部分があって、そう簡単には調査権発動できなくないですか？

高木　書いてあるのに、「民間団体の認定」だって言って…。

山本　だから、民間団体が逸脱しましたって認定しない限り踏み込めない第三者機関って、それは第三者機関じゃないんですよ。

鈴木　そうです。プライバシー・コミッショナーであると認められず、交渉テーブルにもつけない。

山本　要は、本来あるべき三条委員会(45)としての立ち振る舞いからすると、適切な例が非常にきわどすぎて、なかなか申し上げづらいのですが、たとえば公正取引委員会などが業者や業界団体に対して特定の案件で踏み込みがありますよといったときに、その権限っていうのは原則として決められた法律の枠内で全部着地することを前提とするわけですね。当然のことですけれども。ソーシャルゲーム業界の話で消費者委員会が第三者機関として事情を聴きますといったときには、ある特定の法律に基づいて入るわけですけども、その特定の法律に改正個人情報保護法がそういうふうに使えないものになってしまう可能性があるのかもしれません。そうすると、何のための三条委員会だっていう話になってしまうので、そこの落としどころというのが、この大綱ではどういう処理になるのかよくわからないんですね。なので、立ち入り調査権があるといっても、どういう根拠とスキームで発動できるのか、わからない。

鈴木　誤解を与えかねないような表現まで後退して、これで決着しちゃったら、法改正の趣旨はほとんど没却されちゃいますね。そうするとなんのためにやったんだって話になります。

(45)
国家行政組織法第3条に基づき、指定された省庁や内閣府に外局として設置される第三者組織。公正取引委員会や国家公安委員会などが代表格で、庁と同格の独立した行政組織であり、委員会が独自に規則を制定したり告示を発出する権限を持っているため、その強い職権で国家意思の決定を行うことができる。

高木　どうしてこうなったんでしょうか、鈴木先生（笑）。

山本　ハッハッハッハ（笑）

鈴木　これはまあ、事業者にとっては自由に越したことないですから、規制必要ですか？って聞いたら、そりゃ異口同音にいらないですって言うのが普通ですけどもね。そこはやっぱり、大所高所から、自分らの事業活動を中長期的に考えた場合にどうかっていうところを考えないと。役員クラスになったら、たいがいそこはしっかり見ていて、当初はノーといいつつも、握るところは心得ているわけですよ。ところが最近は企業エゴが前面に出て、ロビー活動が非常にゴリ押しになっています。貧すれば鈍すというか、きわめて貧相になっていますね。先輩の偉い人のいいところを見ていないし、継承していないんですよね。政策通という自負があるようですが、要はコネを使って官邸に直接言えばいいというように思っているフシがあります。

山本　あー。ドキドキする話になってきましたねえ。

鈴木　ええ。そこのあたりの、日本全体に対する責任感の欠如っていうのは、まあ目に余るなと思いましたけどね。

山本　その前半に関しては、いま申し上げたようなところで…。

高木　まあ、一応あとでどうにでもなるように書いてあるなあ、と。ここを読めばこれもまだ入るとかいうのがいっぱいあるので…。

山本 そこのギミックは高木先生にぜひ解説いただきながらですね…。

高木 えー。いや、細かいポイントは多々ありますけども…。

鈴木 ただ、ギミックでもなんでも使って正しい方向に修正いただきたいですけども、でも一方でここまで政治力を使ってゴリ押しでがんばってきた人は、なんだよと。密室で何やってんだよって批判はしてきますよね。

山本 まあ、出てきますよね。

鈴木 ええ、当然ね。で、第二ラウンドもまた、いろんな裏ワザを使ってゴリ押しでやってきますよね。そうなってきますと、ますます我々は考えていかなくてはならなくなるわけです。日本の産業全体としての今後の在り方をね、それから社会保障制度の維持をどうするかとかね。現状を認識して今後の日本の姿はどうあるべきなのかというところから、我々はいまどういう意思決定をしなきゃならないのかを考えないと。解決のための残り時間が少ない中で、理性的な判断が求められると思うのですよ。

はたしていまの日本で、直接の利害に関係ないところで、こうした課題を本気で決着させようという意思を持って、みなが力を合わせて取り組んでいけるのだろうかと。我々も、きわめて微力すぎるほどに微力ながら、こうしてニコ生を使ったり、ツイッターやブログなどでｄｉｓりながら、各方面から顰蹙を買いながら、細々と何かを言っていくにせよですね、やっぱり力は圧倒的に、話にならないほどに足りないわけですよね。ここは、どうなるんだろうとかなり心配しているところですね。

山本　そういう問題意識をもちつつ、後半は大綱のお話の続きと、業界団体のある種の動きの中の問題点なんかもお話できればいいなと思っています。これ、本当にウェブに掲載するのか、本にするのかというような話になっていくかとは思うんですけど（笑）、引き続きよろしくお願いいたします。

第4章

だまし討ち、ダメ。
ゼッタイ。

本書の折り返し地点として考えたいのは、そもそも「なぜ企業は、取得したパーソナルデータを第三者提供したいんだっけ？」ということ。仕組み的には単純明快、データが集まれば集まるほどに収益性の高いロングテールの需要をピンポイントで入手でき、企業の競争力に影響するから。

でも近い将来、たとえば、損害保険会社は、免許取得が長いのにゴールドでないドライバーに対して、事故を起こす可能性のある不利な客と見なして広告を貼らなくなるかもしれない。レンタルビデオ業者が個人に関する情報を売ると、知らないうちに隠れた差別を受けることもありえる。そして、誰が自分の情報を流したのかわからん世の中になっちゃう。

いいんですかね、これで。

その仕組みの根幹は、すなわち「第三者提供」。まさに、いままで見てきたSuicaのパーソナルデータの流用と同じ仕組みで、本来はユーザーがそれと知らずに「個人に関する情報」を無断で使われる可能性はあるのではないか。「あなたの情報はこういう目的で取得していますよ」と宣言する以外のことで情報を勝手に公共機関や法人が使ってしまうことの是非について、プライバシーフリークが迫る！

…なお、ここが崩れると、「個人に関する情報」を守る法律は改正された個人情報保護法ではなく、消費者契約法になっちゃうんじゃないか。そんな構えで大丈夫か。

低減データにすれば同意なく提供できる？

山本　低減データについて重要な部分ですので、高木さんのほうから、もう少し詳しく解説していただきたいと思います。

高木　先ほど、新聞の報道が少し違うんじゃないかという話をしましたが、どこが違うのか話しそびれたので、そこの補足です。大綱で言うと、ここ【図4-1】です。新聞の言い方だと、低減データにすれば同意なく提供できるとだけ言っちゃってますが、肝心なのはここでして、「特定の個人を識別することを禁止するなど適正な取り扱いを定めることによって」と書いてある。ここが肝心なところで…。

山本　大変重要なところですね。

高木　受け取った側に法的に禁止事項が入る。

山本　つまり、データを提供する側というよりは、受け

> **I　パーソナルデータの利活用を促進するための枠組みの導入等**
>
> **1　個人が特定される可能性を低減したデータの取扱い**
>
> 現行法は、個人データの第三者提供や目的外利用をする場合、一定の例外事由を除き本人の同意を要することとしている。この個人データの第三者提供や目的外利用に関して、本人の同意に基づく場合に加え、新たに「個人データ」を特定の個人が識別される可能性を低減したデータに加工したものについて、特定の個人が識別される可能性とその取扱いにより個人の権利利益を侵害されるおそれに留意し、特定の個人を識別することを禁止するなど適正な取扱いを定めることによって、本人の同意を得ずに行うことを可能とするなど、情報を円滑に利活用するために必要な措置を講じることとする。
>
> また、個人が特定される可能性を低減したデータへの加工方法については、データの有用性や多様性に配慮し一律には定めず、事業等の特性に応じた適切な処理を行うことができることとする。さらに、当該加工方法等について、民間団体が自主規制ルールを策定し、第三者機関（後掲IV参照）は当該ルール又は民間団体の認定等を行うことができることとする。加えて、適切な加工方法については、ベストプラクティスの共有等を図ることとする。

図4-1　「パーソナルデータの利活用に関する制度大綱」より

取った側に制限がかかる、と。

高木　ええ、これを前提に実現するという話であってですね、法律を改正すればやっていいというのはここが条件なわけです。ただ、具体的にどういう取扱い規定を設けるかは、またこれが決まってなくて、「など」って書いてあるだけなんですよ。

山本　「特定の個人を識別することを禁止するなど適正な取扱いを定めることによって」と。その「適正な取扱い」とはなんぞ？という部分ですねえ。

高木　そうですよねえ。なんでしょうねえ。

山本　このあたり、どう詰めていくのか。まあ実質論のところは、かなり民間企業とすり合わせをしなければいけない部分があると思うんですよ。低減データの利活用をするにあたって、受け皿のほうも責任を問われるって話になってきたときに、おそらく民間の側からすると、当然のことながら、そういう制限をかけてくれるなっていう、非常に強い要望が出てくると思うんですね。

高木　ええ、ええ。

山本　あと、民間企業の検討会や勉強会などで低減データとはそもそもなんぞ？って話になったときに、ビッグデータとして取り扱うにあたっては個人のところまでは紐付けて特定しないいんですよみたいな、よくわからない説明があったりします。さっきの「ビッグデータは個人に興味ないよ論」(1)ですね。いや、そのデータを収集した会社に興味はなくとも、利活用したい側は個人にダイレクトメール送りたいことだってあるだろ、という。そのあたり、整合性が取れているようで、意外と話が飛んでしまうみたいなことがあるかと。

高木　これは大事な条件だってことで、遠藤政府CIO(2)もですね、検討会の終わりのあいさつのところで、「提供するのはいいけれども、特定されちゃうのは困るね」と念押しもされてましたから(3)、欠かせない条件なわけです。ただ、事業者も法的義務がかかるのは嫌がるわけですよね。実はこれ、まったく個人データじゃないくらいに低減されたデータであっても受領者に法的義務がかかるんです。ものすごく低減されていてどう見てもこれは個人データじゃないというデータ、たとえば、商品の販売記録で、一人ひとりのデータではなくて、単発の、何月何日に何と何が一緒に売れたっていう情報まで低減したデータであっても、このルールだと、低減データということになっちゃうんですよ。

山本　ええ、ええ、ええ、ええ、ええ、ええ。

高木　そこから特定なんかできるわけないというデータを受け取っても、法的義務がかかるという…。

山本　…っていうことですねえ。

(1)
ネットメディアのCNETで「ビッグデータは『あなたに興味はない』」という記事をフリーライターの高瀬徹朗さんが書いており、大多数の善意の事業者のビッグデータ周辺に関する議論を代弁する内容で一定の肯定的な評価を得ていた。
http://japan.cnet.com/news/business/35049896/

ただし、OECD各国のプライバシーポリシーに関する諸規定は「業者がやろうとすれば可能になってしまう」のであれば法的な制限をかけたり当局が立ち入り検査ができるようにする仕組みを持っている。悪質な業者がやろうとすればビッグデータで個人情報を吸い出せる可能性があると判断されるため、不可逆な「低減データ」の仕組みや考え方はとても重要なものと言える。

(2)
2013年6月に内閣情報通信政策監（政府CIO）が設置され、初代政府CIOに遠藤紘一リコージャパン株式会社顧問（元会長）が任命された。

高木　それはやっぱりおかしいですよね。

山本　本来はそうですよね。

高木　ちょっとしか低減してないきわどい低減データ、たとえばＳｕｉｃａの乗車履歴から氏名だけ削った「半生データ」のようなものは、このルールで受領者にも法的義務を課す必要があると思うんですが、ものすごーく低減したものは、そこまでやることはないと私は思うんですよ。今回の検討会は、そこの区別をしなかった。

山本　なるほど。

高木　区別の検討をしてないんです。

山本　そうなってくると、低減データでいうところの「低減」の定義ですかね。定義っていったらアレですけど、どこまでが低減データかが、もうちょっと明文化されるといいなという話ですかね…。

高木　はい。技術検討ＷＧは、技術論で検討して、どこまで低減すれば出していいかっていう「最低限の加工の基準」を決めようとして「どんな場合にも適用できる万能な加工方法の基準は示せません」いう結論を出したんです。安易にこれをやればいいというわけにはいかない。技術者としてそれは言えないんです。しかし、低減データへの加工というのは、低減の度合いがどこまでも連

（3）
パーソナルデータに関する検討会
第11回会合 議事要旨
http://www.kantei.go.jp/jp/singi/it2/pd/dai11/gijiyousi.pdf

「今日も、長時間大変感謝申し上げる。本当は、すぐ終わりましょうと言いたいところだが、何かちょっと言っておかないとまずいなと思い、今日私が再認識したことを簡単に述べておく。それは、必ず見直しのいろいろなご意見をいただいた中には、何らかの形でちゃんと反映をさせるという意味である。1つは、本人が認めた目的以外の使用をするというケースと、それから特定性を低減したデータを提供したにもかかわらず特定してしまう。そういう2つのケースは、絶対これはまずいということである。それからもう一つは、ちゃんと守りますと言っている人たちがいる一方、どんな方法を用いても何とか入手をして自分の利益に資するように使おうとする人がいる。この立場をどう頭に置きながら法律をちゃんと決め、運用するかということかと、改めて認識というか、深く理解した。」

続的に低減されていくわけです【図4-2】。先ほどの商品の販売記録のように、明らかに個人データじゃないというものでも、そのデータが生成されるきっかけは本人が買ったところからスタートしているっていうデータは、元が個人データである限り「低減データ」ということになる。(4) そこを、これの基準以上低減すればもう「個人特定性低減データ」にも該当しない、「十分に低減したデータ」の基準を決めてもよかったと思うんですが、決めてないんです。で、この低減データのルールを法制化するのも良し悪しです。利活用する側も良し悪し。保護を訴える側としても、それはやりすぎじゃないかという面もある。

山本　そこまで無理に厳密な低減データを求めるよりは、いい塩梅を探すほうがいいと。

高木　そう。なので、本当にこの案が最後まで残るかどうかも疑わしいんじゃないかっていう気がします。

鈴木　だって、利活用をミッションにしていますからね。その文脈で出てきた低減データですから、利活用促進策になると期待している人たちがいる。個人データを低減化すれば本人同意の手間とコストを負担せずに第三者に提供できますから。いやいや、法的義務もあるでしょと。低減データをもらったほうは、再特定禁止なんだから。たとえば、Ｓｕｉｃａ履歴をもらった会社が、社内で

(4) たとえば、氏名と共に記録された商品の販売記録（これは個人データに該当する）から、販売記録だけ抜き出したデータ（個人毎のリストになっておらず、販売単位でバラバラのデータ）など、現行法で明らかに個人データに該当しないデータであっても、法改正で「低減データ」の概念が新設されると、元の個人データを加工したデータにあたり、「低減データ」として取り扱わなければならないことになってしまう。

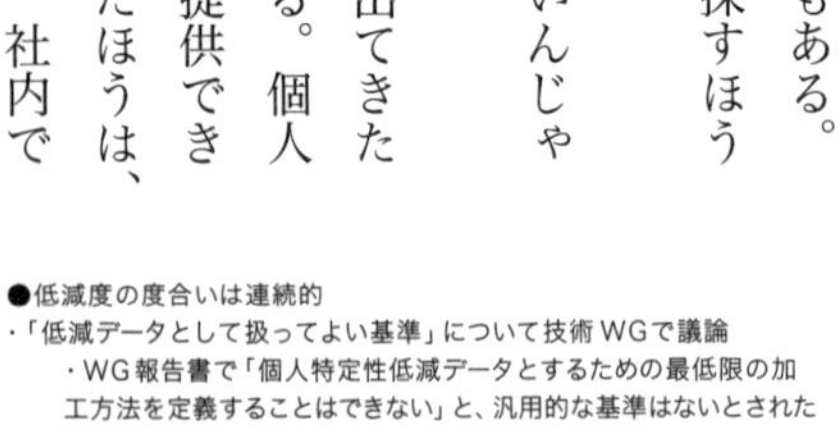

・「低減データとして扱ってよい基準」について技術WGで議論
・WG報告書で「個人特定性低減データとするための最低限の加工方法を定義することはできない」と、汎用的な基準はないとされた

図4-2　低減度の度合い

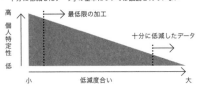

複数コピーして、複数の部門やチームで使い始める可能性もあります。

山本　はい、はい。

鈴木　それは管理部門の立場からすると、ちょっと面倒だなと。低減データの提供を受けた部門も自ら再特定しないように管理しなきゃならないし、管理部門側もチェックに入らなきゃいけない。特定禁止義務に違反すると重い罰則が(5)ついてくるはずですから。漏洩事件のように大々的に報道されるかもしれない。低減データを持っている限り、未来永劫管理コストが発生するんですよ。特定禁止義務等を遵守するための管理コストがね。しかも、分野横断的にいろいろなデータと混ぜたりするわけでしょ。低減データできちんと照合、突合できるかどうかもよくわかんないんですけど。そうすると、再特定リスクのあるものを持ち続けて特定禁止義務を負い続けるコストと、いや、そんなんだったらオプトアウト規制のときはオプトアウト手続きを、同意規制なら本人同意を取っちまうほうが…。

山本　早いでしょう、と。

鈴木　早いっていうか、トータルコストが下がる…そういうことに気づいていくとですね、大綱に低減データを入れてもらって、印象論としては利活用促進のようだったけど、よく考えると面倒くさいよねっていう話は出ると思います。

(5)
その後、12月に開かれたパーソナルデータ検討会第13回「法案の骨子」の質疑応答において、識別禁止義務の違反に対しては、直ちに刑罰を発動できる「直罰」規定ではなく、情報保護委員会の行政行為を通じて事業者に義務の履行を命じ、当該命令違反に対して行政刑罰を問う「間接罰」（行政行為前置型の罰則）を予定していると説明があった。確かに直罰の場合は「識別」禁止の内容が未だ一義的ではなく不明確であり、明確性の原則など罪刑法定主義の関係で問題視される余地がある。一方で間接罰では予防効果として弱すぎるという批判もある。

山本　まあ、利活用を促進するための、本人同意も含めた、きちんとした仕組みさえあればいいんだっていう、ある意味、もともとの議論に若干戻ってる部分もあるのかなってちょっと思うんですけどね。

高木　一方で、あまり低減してない半生データみたいなものを、義務なしにやらせてくれって事業者は言うと思いますが、それはまずい。それはダメ。それは単にSuica事案を最初から合法にしろと言っているだけです。みんながあれだけ怒ったわけで、それを「消費者が無知だから無用な心配をしただけ」(6)などとうそぶく人もいましたが、そうじゃなくて、感覚的にわかるわけですよ、あれはやりすぎだと。おかしいだろうと。

山本　やばいでござる、と。

高木　だから、ここで立法によって合法化して、受領者の義務なしに半生データ渡していいことに改正しても、またみんな怒ると思いますよ。

鈴木　今回の法改正はひとつにグレーゾーンで炎上することを回避してくれっていうのがあったと思います。それが産業界の要望で、そこに解を出す必要性があったわけですよ。その大前提として確認しておきたいのが、記名式のSuica履歴データは、現行法でクロなんですよね。これはプライバシーフリーク・カフェの第1回後編(7)で解説しました。新聞紙上は「グレーゾーンだ」「利

(6) 日経ビジネスONLINE「イノベーションはいつも危なっかしい パーソナルデータどう使う？ 野原佐和子氏に聞く」（2013年10月31日）のインタビュー記事で、野原佐和子氏が「日立に販売された情報は個人情報を取り除いてあり、完全にアノニマス化（匿名化）されたもので、個人情報とは言えません。」「メディアが煽りすぎなのではないか」「事前説明をしなかったことが違法だと思わせるようなバイアスがかかっている」と述べたとされている。
http://business.nikkeibp.co.jp/article/interview/20131029/255229/

(7) 2章「対応表がなくても照合により識別できるもの」参照。

用者の不安だ」って書き方をするんですが、それはグレーじゃないんだと。あれは明確に違法なんだと。

山本 それはどこぞの某がロビーをがんばったんじゃないかって…。

鈴木 そうですね。

高木 でもいまだにわからない人も多いですよね。

山本 はい。

鈴木 記名式Ｓｕｉｃａ履歴データの無断提供は違法なのだと整理するからこそ、低減データ導入の必要性など立法趣旨を明確に説明できるようになるわけで、現行法で適法だったら別に低減データなどいらないし、時間と手間のかかる法改正ではなく、解釈の問題としてのグレーゾーンなら個人情報保護ガイドラインの改正で足りるわけです。ところが、消費者庁も経済産業省も総務省も規制改革会議の事務局に迫られたけども、匿名化による非個人情報化を法律の根拠なくガイドラインだけで、個人情報の定義の解釈を修正するだけでやれるとは決して言わなかった。むしろ無理だと抵抗していましたね。私も法律による行政の原理が緩むと、告示で法律事項を決めるなど不可能だと、強く各方面に意見を述べました。その流れで低減データを法改正で導入することになり、低減データをもらい受けたほうは特定禁止義務を負うようにしないとダメだとなった。じゃあ特定禁止を提供者と受領者の両当事者で契約すればいいじゃないかという人がいます。しかし、債務不履行責任といった民事上の担保だけというのは弱すぎますし[8]、しかも契約当事者間の閉じた世界だけの話で[9]、肝心の本人が蚊帳の外で完結していい問題ではないわけです。ちゃんと第三者機関があって、しっかりチェックできるというところで担保されないとならない。無論そこに契約はあって当然ですし、一定の事項を公表させることがあってもいい。そこの建付けをつくることによって、はじめてあの事案は救われるんだと思いますね。

だまし討ちは許さんぜよ

山本　さっきの第三者委員会に関するところもそうなんですけど、どうも議論が逆行したのかなっていうのがあって、むしろ民間に投げてしまったら、誰も話を詰められないというか、なんの機能的な仕組みにもならないいんじゃないかと思うんですけど…。

鈴木　ええ。消費者は依然としておかしいと思えば炎上すると思うので…。

山本　ええ、まあ、さらされることになるわけですよね、はい。

(8)
債務者が、正当な事由がないのに債務の本旨に従った給付をしないことをいう。特定個人を識別することを禁じる契約に違反したときには、契約の解除と原状回復義務、それから損害賠償の義務を負う。

(9)
データの提供事業者（債権者）は、債務者が特定個人を識別し契約に違反したことを知っても、なお漫然と放置している場合には、当該データの本人の権利は保護されないことになる。

鈴木　結局、業界のリーディングカンパニーが支配しているような事業者団体が適法ですって言い張ったって、消費者にとってはお手盛りルールなんじゃないのという猜疑心は払拭できない。それではなんら炎上の解消にはならない。そこに第三者機関が入ってきて行司役をしてくれる、公共的観点からチェックしてルールが定められる。そこの第三者機関規則などで強行されるところで担保されるならともかくね。完全に第三者機関から離れてルール形成して…これは誰も納得しないでしょう。

山本　まあそうですよね。

鈴木　ということで、法のつくり込みの仕方として、問題解決の方向に進んでいるのだろうかと。ちょっと愚かしいロビイングになってはいまいかと。

山本　いやあ…高木さん、どうですか（笑）

高木　「マルチステークホルダープロセスでやらせろ」[10]ってよく別所さんが言ってますけど…。

鈴木　B先生が。

山本　いやいやいやいや。ここでヤフー別所さんの話は避けておきましょう。

高木　まさに、こういう場所に出てきていただいてですよ、直接対話することができなくて、何がマルチステークホルダープロセスですか、と。

(10) **事業者が主体の「マルチステークホルダー」の場を作りたい―ヤフー執行役員社長室長、別所直哉氏、日経情報ストラテジー、2013年7月9日**
http://itpro.nikkeibp.co.jp/article/COLUMN/20130703/489263/

山本　なるほど。
高木　だって、来ないっていうのは、要するに、直接対決して議論したらどうやっても言い負かされちゃうってわかってるから、来ないんですよね。
山本　そう…うん、まあ、うーむ…、いろいろお立場がありますからねえ。
高木　そういう人らが、マルチステークホルダープロセスでどういう対話をするのかと。
山本　はい…（笑）。
高木　もちろん自社の都合として…なんですか？（笑）
山本　いえ、いいんですいいんです（笑）、どうぞ、はい。
高木　ええ、ええ。これは言っとかないといけないいんですけど…。
山本　ええ。ぜひ、おっしゃってください！
高木　本当に、そんな議論もできない人たちにマルチステークホルダープロセスなんかやる資格がないと私は思いますよ。
山本　なるほど。
高木　寝技するんですか？と。マルチステークホルダープロセスで、ですよ？またいろんな圧力をかけて、お前こういうこと言うなよとか、そういうことをしながら、マルチステークホルダープロセスやるんですかと。

山本　まさにそういうことですよね、ええ。

鈴木　なんかね、山本さん、モゴモゴしてますね…。

山本　いや、モゴモゴしているというよりは、そのちょっと、時節柄、なかなか申し上げづらい部分もあってですね…いいんですよ、私じゃなければ。はい。ぜひおっしゃっていただいてですね。あの、引き続き、大綱のヤバい部分についてもお話していきたいんですけども、そのまさに、経産省さんが、その途中から出てこられました。で、大変に微妙なタイミングで某F誌にもですね、ヤフーとCCCの件が、若干触れられていて…でも、このあたり…。

高木　あー、これ？

山本　ええ、鈴木先生のほうからも。

鈴木　また私の愛読誌の、FACTAが（笑）。

山本　素敵な議論が出てましたね。誰ですか、これ書いたの…。

鈴木　なんか気になることを書いていましてね。

高木　これですが、経産省が、検討会の終わりかけの第10回で突然、「利用目的変更における本人手続きの見直し」っていう案を出してきてですね、こんな表【図4-3】があって、どれか検討したらどうかっていうのが出てきたわけですよ。

図4-3
第10回パーソナルデータに関する検討会（参考資料6）利用目的変更時における本人同意確認手続の見直し（経済産業省提出資料）より

利用目的の変更に関する本人確認手続きのパターン

利用目的の変更時の手続き ＼ データ取得時の手続	・利用目的の明示	・利用目的の明示 ・一定範囲での変更可能性の事前告知	・利用目的の明示 ・一定範囲での変更可能性の事前告知 ・一定範囲での変更可能性について本人同意
本人に同意する旨の意思表示を求める	A	B	C
利用目的が変更されることを予め本人に個別に通知し、あわせてオプトアウトの手続を本人に個別に通知する。	D	E	F
利用目的が変更されることを予め公表し、あわせてオプトアウトの手続きを公表する。	G	H	I
利用目的が変更されることを本人に個別に通知する。	／	／	J
利用目的が変更されることを公表する。	／	／	K

山本 はい。

高木 これ、「参考資料」になってるんですよね、第10回の。第10回は時間がぜんぜん足りず、ほとんど議論されないままでした。

山本 そのようですね、はい。

高木 その次の回で、大綱の事務局案が出てきて、そこにこれがスルっと入ってたわけですよ。何が入っていたかというと、利用目的を変更するのは、いまだと、本人の同意がないと大幅な変更は認められないんですね。それを、オプトアウトでできるようにすると。

山本 その話が通るとなると、消費者との契約であらかじめ結べさえすれば、(11)あとはなんでもできちゃいますからね。

高木 ですよね。オプトアウトって要するに、知らない人は知らないままっていうのがオプトアウトなので。

山本 まあ、ある意味ちょっと手続き論になるのかもしれないですけど、もしそれで不服だったら、なんかアクションとってくださいっていう、本来はただそれだけの話だと思うんですよね。

高木 あとから気がつけば、「ワー、やめて！」ってオプトアウトすることはできるけども、それまではずっと…。

(11) 約款など消費者等本人との契約中に利用目的の変更があり得る旨の条項を示しておくことで、後日、利用目的を本人の同意なくオプトアウト手続きのみで変更できる。

山本　まあ、知らなければ知らないままいってしまっていいじゃないか、ということだと思うんですよね。
高木　この案が大綱にスルっと入ってしまって、びっくりしたわけですけど。
山本　ちょっと噛み砕いて言うと、もともとあった消費者と会社の間の契約が、ある日突然改正されて、消費者に知らされることなく広がりましたと。そうすると、あとから実は同意したと認識していない消費者の側が、実は利用目的が変更されていたことに気づいたときに、その人の個人に関する情報が流通してしまっているかと関わりなく、知ったそのときやめるしか方法がなく、救済できないという、そういう可能性があるということですよね。
高木　特に大事なのは、第三者提供のところでして、第三者提供はオプトアウトできることになっていますが、これは条文を読むと、利用目的に「第三者提供する」っていうことを最初から掲げていないと、オプトアウトでも提供できないんですね。(12)
山本　はい。
高木　それが、今回の経産省提案でスルっと入ったやつが成立してしまうと、後からでもオプトアウトで第三者提供できるようになっちゃうと。
山本　はい。

(12) 個人情報保護法23条2項は、オプトアウトによる第三者提供を認める条件として、「次に掲げる事項について、あらかじめ、本人に通知し、又は本人が容易に知り得る状態に置いているときは、」として、「第三者への提供を利用目的とすること。」（同項1号）を求めている。

高木　それで、消費者団体の委員の方から、それは大変おかしいという発言が出ていましたけど…。

鈴木　意見書も書いていましたね(13)。

高木　そうですね。

山本　すごい強烈な意見書が出ていましたよね。

鈴木　そうですね。

高木　そうですね。

山本　なんか、どこのアジ文かと思うくらい、強烈なのが出てて、これはおもしろいなと思って読んでたんですけど。

高木　そしたら、同じ時期に、ヤフーとＣＣＣの履歴提供って(14)いうのが始まったわけでして。

山本　まあ、素敵な話が、はい。

高木　これって…。

鈴木　これね。ＦＡＣＴＡですけどもね…。

山本　いきなり、ここでＦＡＣＴＡ誌が提示されてしまうという…なんか…。

鈴木　ＦＡＣＴＡ。私もこうやって紹介していると、自分の大学の記事(15)を書かれたりしちゃってね。

(13) **全地婦連プレスリリース「個人情報保護に対する意見書」、２０１４年７月18日**
http://www.chifuren.gr.jp/press/p140718/p140718.html

(14) **ヤフーとＣＣＣ、Ｔカード購買履歴とＷｅｂ閲覧履歴を相互提供へ、ＩＮＴＥＲＮＥＴ Ｗａｔｃｈ、２０１４年５月22日**
http://m.internet.watch.impress.co.jp/docs/news/20140522_649822.html

山本　ああ、書かれてましたね。なんか、新潟大学のロースクールの件、思いっきり書かれてましたよね。

鈴木　そうそうそう。私がインタビューに応じたと疑われそうな内容でした。まったく応えていないんですよ。本当に。

高木　で。私が説明するんですか？　これ？

山本　ぜひ。ぜひお願いします。

高木　これ1年前に…、もっと前、2年前に？

山本　2年前ですかね。2012年6月にヤフーとCCCで合意があり、IDを統合しました。

高木　2年間に、ヤフーがTポイントと統合しますよっていう発表[16]をして、そのときにちゃんとですね「履歴の統合はしません」というふうに…。

鈴木　「現時点では」。

高木　…と言ってたんですね。その後1年経って、いよいよID連携が開始されました。そのとき、Tポイントをヤフーポイントと統合するので、ヤフーのログイン中に、Tポイントの会員番号を入れてくださいというのが始まったわけですが、このときにも、記者会見で「履歴の統合は現時点で計画していない」って言っていまして、[17]これははっきりとINTERNET Watchに

(15) FACTA 2014年6月号に「新潟大ローが新幹線に負け撤退　東京に学生を奪われ、法学部も定員割れ。ロースクールと弁護士はともに沈む泥船の上。」という記事が掲載された。
http://facta.co.jp/article/201406047.html

出ています。そしてそれからさらに1年経ったいま、パーソナルデータ検討会で経産省提案のオプトアウトによる利用目的変更がスルッと大綱に入る。それと同じタイミングで、ヤフーとCCCが突然プライバシーポリシーを変更しますと言って、それぞれ互いに履歴の第三者提供をすると言い出したわけです。まあ、確かに現行法上、それが個人データの第三者提供なのか否かっていう論点もありますけども。仮に、あたるとすると、現行法で許されていない方法で、オプトアウトで大幅な利用目的変更をするっていうことをやったわけですよ。

山本　ある意味、ユーザーに対するだまし討ちだと。

高木　まさにそう。あれだけ「やらない」と言ってID連携させておいて、あとから目的を変更する。だまし討ちですよね。

山本　ある意味、その、計算ずくといいますか、最初からそれを考えていて、あのあと2年くらいかけてゆるゆる検討してきたのであると。そして、ほとぼりが冷めたところで機が熟したとして、やろうという話になったのでは、という議論ですね。

高木　最初っからやるつもりだったに決まってるじゃないですか、そんなの。

山本　ま、ま、そうかもしれないんですけどもね…（笑）。

高木　経産省の提案したこのルール変更がこの法改正で入ってしまうと、こう

(16) **ヤフーとCCCがポイント／ID統一、今後は「Tポイント」と「Yahoo! JAPAN ID」に、INTERNET Watch、2012年6月19日**
http://internet.watch.impress.co.jp/docs/news/20120619_541150.html
「このように、従来のYahoo!ポイントがTポイントに切り替わるわけだが、あくまでも現時点ではYahoo!で貯めたポイントを利用できる場所が拡大されるという意味合いであり、会員情報なども含めて統合するわけではないようだ。「リアルとネットを横断した最大の共通ポイント」を掲げる今回の提携だが、ヤフーCEOの宮坂氏は、連携はまずはポイント事業にとどめるとコメントし、例えばYahoo! JAPANにおける検索内容やYahoo!ショッピングで買った商品などの行動履歴と、Tカードのリアル店舗の行動履歴を連携するものではないことを示した。」とある。

いうの、やり放題ですよ。

山本　いや、おっしゃるとおりですよ。それはあの…。

高木　最初っからそうやって、黙っておいて、利用者を集めて、連携させておいて、あとから…。

山本　ちょっとあの、まあ業者の目線で言うとですね、何を焦ったんだろうっていうのはあってですね、要はその、いまやったら警戒されるに決まってるじゃないですか。高木先生が騒いだりとかですね、いろいろな方々が気づいてですね…(18)。

鈴木　だって、「立法事実が重要なんだ、この規制の立法事実がないじゃないか」(19)とか主張しておいてね。B先生がそういうことを言っておいてね。自分らで立法事実つくってどうすんだみたいな。「こりゃありがとう！」みたいな。

山本　それはまさにあの、彼らの事業自体が非常に爆速でございますんでですね。

鈴木　ええ、ええ。

山本　いろいろな検討を行なった結果、それが事業上最適解であるという認識で、ある意味走ったところがあると思うんですよね。ただ、それは法律改正議論も含めてですけど、横目で見ながらやっているという点では、確信犯だと思

(17) **Yahoo!ポイントがTポイントへ、T-IDがYahoo! JAPAN IDへ、7月1日に統一、INTERNET Watch、2013年6月4日**
http://internet.watch.impress.co.jp/docs/news/20130604_602130.html
「Yahoo! JAPANによれば、現時点ではショッピング履歴などの共有・統合は行われないという。Yahoo! JAPAN IDで登録した会員情報は当然ながらYahoo! JAPAN側で保有することになるが、そのIDとひも付けられるTポイントアカウントの情報については、ポイント残額・使用額・付与額といった情報のみが共有されるかたちだ。商品・サービスの購入履歴などの情報は、CCCやYahoo! JAPAN、あるいは各提携サイトがそれぞれ保有。Yahoo! JAPANが保有するインターネット上の行動履歴などの情報も、CCC側に提供することは現時点で計画していないとYahoo! JAPANでは説明している。」とある。

いますよ。「俺たち悪いことしているつもりないよ!」 みたいな。本当にそうなんだろうと感じるわけですけど。

鈴木 ほお…。

山本 確信犯っていう言葉の使い方、いいかどうかちょっと別としてもですね。

鈴木 でも、本件について広報に電話しても質問にきちんと答えられていない[20]という話でね。トークスクリプトも準備できてないような。それからオプトアウトの仕組みが動かなくなったりね[21]。現場がついていってないですよね。あれは、不思議でした。

山本 なぜそんなに焦ったのか、実はいまだによくわからないです。中の人と話してても、なんでそんなに急にやったのかってことに対する回答はちゃんと来ないくらい。

鈴木 うーん…。

山本 ちょっと雑なんですよね。計算ずくだったら、もう少しエレガントにやるんじゃないかと思うんですよ、なんですか、あのオプトアウト申請ページは[22]、みたいな。

鈴木 それでやっぱり、個人データを大量に取り扱う事業者としてはどうなんでしょうね。消費者視点で不安きわまりないですよね。

(18) **Yahoo! JAPAN IDとTカード番号紐づけ&履歴情報等相互提供への反応**
http://togetter.com/li/670604

(19) **「立法事実」を考える──その法律はなぜ必要なのか? 別所直哉、2014年7月18日**
http://bylines.news.yahoo.co.jp/naoyabessho/20140718-00037513/

山本　…ので、なんていうんでしょうね、批判が云々というよりは、なぜこの大綱前後という大変注目される時期に、批判がある程度出るであろう利用目的変更を強行して、不十分な準備のままやらかしたのかという点については、いまだに僕もよくわからないです。

鈴木　不合理というか、よく理解できないですよね。相手の立場に立っても。

山本　ええ。あんまりその、リスクに見合うメリットがないというか…。

鈴木　そうですよねぇ。

山本　無理にいまのこのタイミングでやって、無駄な警戒感を呼び、よろしくないシステムが走っていろんなところから批判を浴び、むしろ反対派のほうから、彼らのやろうとしていたことを口実として、論拠を建てられてしまう可能性があります、みたいな。そういった意味で言うと、なんでこのタイミングなのかなっていうのは、途中でY!モバイル事業を断った[23]のと関係あるのかと邪推してしまうぐらい、意味がよくわからないのです。

鈴木　まあ、それに、丁寧な告知で、粛々と本人同意を取り付けながら十分にやっていける。それで勝っていけるようなポジションにいるんじゃないかと思うんですけどね。なにゆえ、こう、無駄にワイルドに、チャレンジングに来るのかわからない。むしろブランドイメージのほうは大丈夫かと。他人事ながら

(20) **ヤフーがプライバシーポリシーを改定、CCCにウェブ閲覧履歴などの情報を提供**
http://internet.watch.impress.co.jp/docs/news/20140522_649822.html

(21) **ヤフー、CCCへの情報提供オプトアウト機能を一時停止　ログインなしで操作できる問題受け、ITMediaニュース、2014年6月4日**
http://www.itmedia.co.jp/news/articles/1406/04/news031.html

(22) CCC側にもオプトアウト画面が用意されたが、TポイントのQ&Aのコーナーから「お問い合わせフォーム」に入り、自由記述の「お問い合わせ」としてオプトアウトを申し込む方法になっていた。

心配になります。

山本　んー、そこはその、いわゆる法律、大綱ができてくる、そのタイミングスパンと、彼らが思っているスピード感との違いはあるとは思うんですよね。なのでできるんだったら、いまのうちから手を打って、スマホ時代にヤフーのヘゲモニーが失われないような仕事にしていくんだと。はっきり言って、スマホ対応についてはヤフーはがんばってはいるけれど、大きく遅れていますから。まあ、ついては個人情報については、しっかり中身も整備して、必要なタイミングですぐに、新しいサービスなり分析なりができる仕組みをつくっていくんだっていうのはあるかもしれないですけどね…。

なにゆえ潜脱のために心を砕くのか

鈴木　あと、不思議なのは、「いや個人情報じゃない」[24]っていうスタンスなんですよね。しかし、特定個人が識別できないとする情報で、なぜにA社とB社の情報を突合できるのか、素人的にはわからないんですよね。

山本　んー、そのあたりどうですか？

高木　ええ。

(23) **(真相深層)「爆速」ヤフー、オーバーラン　イー・アクセス買収、白紙撤回　「有言不実行」の懸念潜む**
「ヤフーが国内携帯電話4位、イー・アクセスの買収を中止した。NTTドコモやKDDI（au）などの大手に対抗。3240億円を投じ「インターネットサービス中心の通信事業を展開する」と標榜したが、発表から2カ月弱で白紙撤回した。」（2014年5月28日付日本経済新聞　朝刊）

(24) **ヤフーとCCC、Tカード購買履歴とWeb閲覧履歴を相互提供へ、日経コンピュータ、2014年5月21日**
http://itpro.nikkeibp.co.jp/article/NEWS/20140521/558363/
「ヤフーはこの連携について「今回CCCとの間で連携する情報は、履歴情報および特性情報で、個人情報は含まれていない。このため、個人情報保護法上の第三者提供にはあたらないと考えている」（ヤフー広報）としている。」とある。

鈴木　あるんですか、技術的には？

高木　利用者番号として、別番号を振ってるわけですよね。そういう別番号だけからでは特定の個人を識別できないって彼らは言うわけですけど、両社とも手元に実名を持っていて、仮の別番号でお互いに紐付けていて、それで「照合による識別ができません」なんて、そんなの、みなさん、許せますか？　ありえないでしょうが。

山本　ふっふっふ…。まあ、そうでしょうねえ。

高木　社内的に分離して、データベースを分けているのでできません、というようなことを言っているんだと思います[25]。これは有名な「Q14問題」ってやつでして…。

鈴木　そうですね。経産省の個人情報ガイドラインのQ&A[26]がありまして、そのQ14の回答に、アクセスができないようにサーバを分離しておけば、それは容易照合性がないんだよ〜っていうの[27]があるんですが、あの論理は破綻してまして、Q14は改正しなきゃならないということが議論されておりました。本体のガイドライン自体からは、同趣旨に読める記述を第2版のときに削除してるんですけどもね。で、Q&Aだけが、不幸なことに残っていて、事業者を惑わしてしまったっていうのはある。

(25)　社内で、氏名を含む元の顧客データベースとは別に、氏名を削った履歴情報を複製したデータベースを稼働させ、両者の間で照合ができないから、後者のデータベースの情報は個人情報でないとする主張がある。

2013年7月25日、東日本旅客鉄道株式会社『Suicaに関するデータの社外への提供について』
http://www.jreast.co.jp/press/2013/20130716.pdf

4ページ目の「日立製作所へのデータ提供の流れ」にもそれを示す図がある。

山本　高木先生、どうですか、そのあたりは？

高木　Q14は削除するはずじゃなかったでした？

鈴木　中身を疑義のない記述に差し替える(28)みたいですね。

山本　で、あの、なんか別の目論見があるなら言ってよっていう感じでしてね、もしくは、ほかの事業者に対して何らかのアドバンテージを持てるようなことを先鞭として打ったんだよっていうことであれば、そうならそうと言ってほしいっていうのがあってですね。

鈴木　はい。

山本　で、そのためにはどうやったら適法にできたのかっていうのも一緒に議論したいなっていうのは、やっぱりありますよね。

鈴木　そうですね。

高木　適法にする方法は、いろいろアイデアはあります。

山本　ええ、ありますよねえ。

高木　たとえば、利用目的変更した以降に取得した履歴についてだけ、その目的で利用するとか。経産省提案のやり方だと、過去の履歴も含めて利用できるようにするという話ですが、そういうことをしなくても済むでしょう。

山本　更新前に取得したデータも含めて、けっこうドッカンって出ることにな

(26) **「個人情報の保護に関する法律についての経済産業分野を対象とするガイドライン」等に関するQ&A（2014年8月18日更新）**
http://www.meti.go.jp/policy/it_policy/privacy/downloadfiles/140818kaiseiq-a.pdf

(27) 前掲注26に「他の取扱部門のデータベースへのアクセスが規程上・運用上厳格に禁止されている場合であっても、双方の取扱部門を統括すべき立場の者等が双方のデータベースにアクセス可能な場合は、当該事業者にとって「容易に照合することができ」る状態にあると考えられます。ただし、経営者、データベースのシステム担当者などを含め社内の誰もが規程上・運用上、双方のデータベースへのアクセスを厳格に禁止されている状態であれば、「容易に照合することができ」るとはいえないものと考えられます。（2007.3.30）」とある。

りますよね。

鈴木　だってＳｕｉｃａ履歴データだってね、ここに積み上がった、たとえば2年分のデータをみすみす捨てるのは惜しいっていう気持ちがあって、それを使わねばならないという声を無駄に拾ってしまうから、問題になるし炎上するんでね。交通系インフラで毎日あれだけの大量の情報が入ってくるなら、約款も改正して、利用目的条項と第三者提供条項をしっかり明記する。個人情報保護法上も利用目的に第三者提供を入れる。そうやって新たに集めたＳｕｉｃａ履歴データをオプトアウト手続きを経てから提供すればね、個人データに該当したって、現行法だって適法にやろうと思えばできるんですよ。なぜに、こういうことを落ち着いてやらないのか？　社内の声が強くても、しっかりダメだと言ってリーガルにことを進めるのが管理部門でしょう。

高木　ほかにも適法なやり方はあって、ヤフーのアカウントに紐付けないで、別途ウェブのクッキーのＩＤで集めた履歴についてだけ、ＣＣＣ側に提供するという方法。この方法であれば、ヤフーは、ＣＣＣによる履歴取得の委託を受けたという位置付けが可能で、通常のウェブのアドネットワークと同じ扱いでできます。今回の話はそうではなく、自分のところのアカウントにある情報を第三者提供するんだっていう話からスタートしていて、筋が悪いと思う。

(28) ２０１４年12月12日付けで変更している。http://www.meti.go.jp/policy/it_policy/privacy/downloadfiles/1212qa.pdf

山本　あの、これ、ＣＣＣの人が言ってたんで本当かどうかアレなんですけども、その、親会社が個人情報を全部持っているんだと。で、その利活用に関しては全部子会社に委託するんだみたいな建付けで、どうも逃げる方法を検討したっていうのは、聞いてるんですよね。

鈴木　ええ、別会社になってます[29]よね。

高木　もうやりましたよね、それ。

鈴木　もうやってますよね。

山本　いや、あの、あのヤフーとの結合の件で、もう一段、上位会社を作るかも…、って話です。

高木　さらに?!

山本　さらにもう1個、個人情報用のなんか、元請会社みたいなのをつくって、要は情報屋親会社みたいな。というわけで、やったらどうかっていうのは検討しているらしいですけどね。ただ、日本法人ではなく、キプロスだのアイスランド[30]につくられたらいろいろややこしい。

高木　そういうのはどこまでやっても、現行法に対する潜脱行為であってですね、それは第1回でも述べたとおりですが…。

山本　はい、高木先生。そうです、そのとおりです。

(29) CCC、「Tポイント・ジャパン」を設立―Tポイント事業を分社化、CNET Japan、2012年10月1日 http://japan.cnet.com/news/business/35022479/

(30) 5章255頁参照。

高木　氏名とつながったときだけ個人情報だっていう日本の現行法がおかしいのです。これ、ＥＵだったら、こういうのは全部パーソナルデータですよ。氏名が入っていようがいまいが。一人ひとりのデータである限り、保護対象だって認めるべきです。そうしないと、いつまでもこういう矛盾を抱えて、無意味な潜脱行為をしていく努力、つまり会社を分けるとか、やらなくちゃいけなくなるわけで…。

山本　まあ、それをもって、業界団体のさまざまな提言っていうのが、潜脱を正当化するようなところが、やや見受けられたんじゃないかっていうのは、議論としてここで触れておきたいなとは思うんですけど。

鈴木　まあ、法律問題をね、パズルを解くみたいにね、法人格を別にするとか、いろいろと会社法が得意な先生なども入ってきてね、いろいろこう、技巧的に潜脱しようとする。税法関係でもたまに見られますよね。要するに、法の理念を見てないじゃないのと。

山本　はい、はい。

鈴木　これ、本当に法律家としてまずくてですね。

山本　大丈夫なのか、ということですよね。

鈴木　消費者のことを考えないような強引な手法というのは、まっとうな広告主も嫌がりますよね。イメージが損なわれたら広告する意味がない。

山本　まあ、そうですよね。

鈴木　結構まっとうですよね。お客様を怒らせてどうするんだと。法の理念の下でリーガルにやっていけば、高コストになるってことはまったくなくて、むしろ逆で、最終的にトータルコストが一番安くなるっていうのは、法律家一般の常識だと思うわけですよ。なにゆえ、金をかけて無駄なことやるのかな、という感じはしてました。

山本　どうにも濃い話になってきましたが、このあたり高木先生どうですか。

高木　これがその、検討会に提出された、謎の勉強会の意見書ですね。

山本　ああ…。噂になっていた謎の勉強会ですね…。

高木　その名も「パーソナルデータに関する勉強会」。片岡総合法律事務所が事務局だという謎の意見書で…。

鈴木　会員名簿というか、社名が出ないんですよねー、不思議なことに。

高木　ですねえ。でも、彼らも意見書には社名はやっぱり出さなきゃいけないんじゃないかって思った様子で、なぜ社名を出さないかっていう言い訳がここ【図4-4】に書いてあって。

山本　あーあーあー。

(31)　首謀者がわからないように円環状に名を連ねる署名形式。かつて、一揆などを行なう際に用いられた。

高木　業種だけ書いて、勘弁してくださいってなってますね。

鈴木　だめですね。傘型連判状でもいいので社名程度は出すべきだなあ。

山本　はい。

鈴木　しかし、電子マネー事業者（笑）。

高木　電子マネー事業者とか書いてあるんですけど。

山本　まあ、素敵ですよねえ。

鈴木　素敵ですよねえ。本業的には、鉄道事業者じゃないのってことですね（笑）。

山本　鉄道事業者…また微妙なとこですねえ。

鈴木　微妙かなあ（笑）。

高木　鉄道事業者はいないみたいですねえ。

山本　んーいないみたいですねえ。

高木　で、どんな意見を出しているか見ていきますと、んー…んー…、なんですか、ええと、いろいろ勝手なことを言っているということが言いたいわけですけどね

（注：当勉強会の説明）

当パーソナルデータに関する勉強会は、現にデータビジネスを展開している大手事業者の企画部門又は法務部門等の担当者をメンバーとする勉強会です。

各メンバーは、それぞれの所属団体の責任者の承認を得てこの勉強会に参加し、この意見書の意見に賛同をするものですが、意見書自体については、時間的又は手続的な制約等によって、各団体内での正式な承認を受けることが困難である事業者が多いため、所属団体名を表記することについて承認のある参加事業者を含め、参加事業者についてはその業種のみを注記にて表示をするものです。

【構成メンバーたる参加事業者の業種】　システム関連事業者及びその他の情報通信事業者、流通小売事業者、電子商取引事業者、ポータルサイト関連事業者、電子マネー事業者、企業ポイント関連事業者等

各業種の10社の事業者の担当者16名

また、当勉強会は、片岡総合法律事務所（所長：片岡義広）の弁護士有志がメンバーとして参加し、意見取りまとめ等の事務局を務めています。

図4-4　「『パーソナルデータに関する検討会・事務局案に関する中間意見』について」第10回パーソナルデータに関する検討会（参考資料3、安岡委員提出資料）より

（笑）。

山本　ンフフフ…（笑）。

高木　もう…ええと（笑）、どこでしたっけ先生。

鈴木　やー、どこでしたっけ（笑）。なんかスルーしちゃっておりまして。

高木　そうですか（笑）。まあ、「利用目的の変更はいい話だ、ぜひやってほしい」とかいうようなことが書いてあります。

鈴木　だから個別論点ごとに主張を並べていくと全体として整合が取れないことになるんですよね。結局、ＥＵやアメリカとも乖離しちゃってね。乖離というか、理論的基礎が不明確な個別論点ごとの主張の束では説得力を失うわけです。そういえば、さっき議論した、だまし討ち問題だって、アメリカのＦＴＣから見たら消費者に対する欺瞞的な行為じゃないかと言われかねない危うさがありますよね。やらないって言っといて信頼させといてやるんだから。どこの法体系の国へ行ったって、だまし討ちは法的にネガティブな評価を食らうに決まってるんですね。

山本　そうするとこの法律を使わずに、当初契約が行なわれた内容での履行が途中で変えられてしまいましたっていうことで、消費者契約法に基づいて裁判を起こされる可能性は、いちおうあるわけですよね。まあ、そこまで消費者がやるかどうかは別として。

鈴木　そうですよね。個人情報保護法だけ見て議論をしているようだけど、約款で契約してるでしょうと。個人情報保護法の利用目的の変更だけ議論して、約款の利用目的条項は放置するんですかと。それともそちらも一方的に変更するんですかと。それはそれで無理がありますよねえ。

山本　そうなんですよ。あと、他の法律であるだとか、いわゆる一般的な契約の概念からすると、そのやっぱり整合性は取れないっていう話になると思うんですよね。

鈴木　プライバシー侵害も契約上の問題になると思いますよ。だって本人の承諾なく第三者提供で出ていくわけですからね。

産業界の妥協ポイントはどのあたりか

山本　そういうことを業界団体が言う中で、JIAA(32)が、いろんなお話を検討会の中でされていましたが。

高木　ええ、参考人として4団体の方々(33)が出てこられて、意見を述べられたんですが、大変注目できると思ったのがこの…。

(32) 一般社団法人 インターネット広告推進協議会

(33) **第9回 パーソナルデータに関する検討会**
http://www.kantei.go.jp/jp/singi/it2/pd/dai9/gijisidai.html
新経済連盟、一般社団法人モバイル・コンテンツ・フォーラム、アジアインターネット日本連盟、一般社団法人インターネット広告推進協議会の4団体。

鈴木　ＪＩＡＡですよね。行動ターゲティング広告をどう規律するかは、本来もうひとつの大きな課題として議論すべきところだったわけです。何も行動ターゲティング広告を否定するのではなく、禁止事項を明確にする中でいかに認めるかが論点だった。ＪＩＡＡは相当あやしいことを言うんじゃないかって思ってたけども、きわめてまっとうで、正直おどろきました。

山本　まあ、そのあと、いろいろ団体の中でぐつぐつと煮えたぎるものがあったのかもしれないですけど、ただそのお話としては非常に、まともにお考えだったのかなあと思いますし、あとモバイルコンテンツフォーラムさんや、新経済連盟さんですかね、実際にお話を伺っていく中で見ると、もうちょっと産業界として統一的な見解があるのかと思ったんですけど、意外となくて、特定の人物が調べ切れなかったり、団体内の調整が終えられずにモヤッとした話で終わっちゃったりとか、もったいなかったのかな、と。

鈴木　確かに。

山本　もう少し、個別具体的なところも含めて論点のすり合わせや内外の制度の違いなんかをうまく調整できていれば、産業界においてはどのあたりが妥協ポイントなのかっていうところも明確に見えたのかなというふうには思うんですけど。

鈴木　でも立法化に向けての準備が遅かったですよね。立法化にリアリティを感じることなくいたのではないかと思います。それからパーソナルデータ検討会では時間がなくて非常に限られた中で早口で述べるほかなかったですね[34]。あれはかわいそうでした。あと1分、みたいにせかされていましたから。

山本　あー、そうなんですか…。

鈴木　あの短い時間で意見を言い尽くすのはつらそうでした。やっぱり場外でもっと率直に意見交換をする機会があってもよかったかなあと。まあ、先方も裏からばかり行かずにですね、表でといいますか、半表でといいますかね…。

山本　ええ、よくわかります。

鈴木　…もう少しやったほうがよかったなあと思いますね。

高木　実は、総務省で、スマートフォンのプライバシーの取り組みを2年くらいやっていまして、私も参加している会がありまして。そちらでＪＩＡＡさんの取り組みのご説明があったので知っていたのですが、今年3月に、ＪＩＡＡの行動ターゲティングのガイドラインを改訂されていると。それはヤフーさんも入っているところで、改訂されているのですね[35]。

山本　入ってますね。

高木　その改訂内容っていうのはたいへんすばらしくて、行動ターゲティング

(34) 4つの団体がそれぞれ持ち時間10分で意見陳述をした。その中でも特に、アジアインターネット日本連盟は、3名で登場し、代わる代わる担当部分を読み上げたため、ものすごい早口でまくしたて、かつ、事務局から早く終わるよう注意を受けていた。

(35) **「プライバシーポリシー作成のためのガイドライン」と「行動ターゲティング広告ガイドライン」を改定、一般社団法人インターネット広告推進協議会、2014年3月24日**
http://www.jiaa.org/release/release_guide_140324.html

のための履歴情報も、個人情報と同じように扱うと。現行法でオプトアウトで提供できるってことも踏まえて書いてあって、つまり、アメリカのやっている行動ターゲティングの自主規制もまさにオプトアウトの徹底で、まあ、いいだろうとされているので、同じルールで日本も行きますよっていう内容です。

山本　そうですね。はい。

高木　それがそのまんま今回の検討会で披露されて、そうだなと思ったんですが、全然、大綱に反映されていないんです。

山本　されてないですね。加えてその、アメリカ型で徹底したオプトアウトの場合は事後救済の扱いになるので、当然、ＦＴＣやＩＣＯ(36)など委員会の権限が強化されなきゃいけないとか、さまざまなハレーションを起こす部分だと思うんですよね。そのあたり、どこまで議論に組み入れられるのかなあと思ったんですけど、先ほどありましたけど、民間団体に丸投げしてみたりですとかね、ちょっとどこを着地点にしようとしているのか、少なくとも第三者委員会に関してはわからないです。

鈴木　そうですねえ。今後、顔認証システムがどんどんあちこちに普及してくるでしょうね。そうするとどうなんでしょう？　やっぱり防犯カメラってカメラですよね。あれと見た目が同じものを顔認証ではセンサーって言ったりする

(36)　英国、Information Commissioner's Office（情報コミッショナー事務局）

んですけど（笑）。そこでは顔の写真をカチャッと撮って、数秒から0コンマ数秒で消え去っていくわけで、センサーっていえばセンサーなんですが、写真っていえば写真のような気もする、瞬間的過渡的な肖像権（笑）、というものがあるのかどうなのかって問題のような気もするんだけど、ちょっと無理でしょうね、その構成は。でも、結局、消費者に、その中身はわからないんですよ。ついでに言えば、カメラの存在すら気がつかないケースも出てくるでしょう。ステルス型も普及しかねないですね。

　これがいろいろ大変なわけですよ。まず気がつきようがなければ本人に自衛手段があるわけもない。また、カメラではないセンサーですと言われたら信じるしかない。検証する方法も知見もない。こういう場合には法規制の出番だというほかないのではないでしょうか。現行法は、取得に関しては、17条の「適正な取得」しかないですよね。まったく不十分ですからやはりここは改正論上の論点になるべきところなんです。

　また、第三者機関も使いようで、事業者側も潔白証明してもらえると積極的に捉えることもできるだろうと。そのほうがね、むしろ炎上を小火《ぼや》のうちに消し止めてビジネスがしやすいってところもあるだろうと。だって、そもそも取得の仕方があやしいんですから。情報の非対称性があって、不透明で説明責任を十分に尽くしていないわけでしょう。それで消費者が無知だからってニュアンスの言動が出てきたり、取材に応じないとか、適法だから説明しないって言ったら普通誰だって怒りますね。最近は自販機にもついてますからね？　あれもあのまんま放置していていいんでしょうかね。

山本　いやー、そうですね。以前、リカオンっていう会社が売っていた万引き防止の謎システムが[37]ですね、顔写真を勝手に撮ってるってことで炎上したりしてました。その話も含めてまさに、自動販売機であったりだとか、たばこの自動販売機はまさに運用されていて精度を上げていくためにどうすればいいかとかやってるわけですよ。あと最近だとコンビニに入れようって[38]いう話も出てきている中で、あと牛丼屋とか…、文字どおり顔認証そのもののシステムを検討していたりします。どのお客様がどれくらいの来店頻度かってことを調べる目的だと言いながら、それってあのー、勝手に撮っていいんですっけ？っていう…。

高木　日本では、「どのお客さんが」っていう人の識別については、まだやると言っているところはないですね。やりたいのでしょうけど。いま出ている話は、報道によると、年代と性別を判定するだけとのこと。でも、利用者には区別がつかないんですよね。利用者にはカメラがあるというだけなので、人とし

(37) **bot達が評価するリカオン**
http://togetter.com/li/655136

私刑に走るリスクも「顔認証万引き防止システムLYKAON」に批判続出 - NAVERまとめ
http://b.hatena.ne.jp/entry/matome.naver.jp/odai/2139670310746247901

て識別されているのか、年代と性別を見られているだけなのかはわかりません。

鈴木　っていうか、ユニークなIDを発行しているか否か、しているかもしれないって疑いだしたらきりないですよね。

山本　将来的にできるようになる情報は取るんだと言ってましたけどね…。

鈴木　はい。で、可能なだけにね、やってないっていうことの立証は、第三者にしてもらわなかったら、もうラチあかないでしょうと。

山本　いままでじゃそれまったくやってなかったのかっていうと、そうでもなくて、コンビニだとか、あの紀伊國屋書店だとか、買った人の年齢をピっと押してるわけですよね。

鈴木　ま、人間系でね。

山本　ま、それは人間であって。

鈴木　許されていい。

山本　私も勝手に50代ってやられてですね、非常に腹立たしい…。

鈴木　腹立たしいですね。

山本　それは置いておくにしても、ある程度いままでの常識の範囲内で「これくらいの年代層の方がお客様としていらっしゃってます」っていうデータと、あと、将来的には顔からその個人特定までできる可能性があるよみたいなこと

(38)
コンビニの天井やレジに「顧客分析用カメラ」、売り場は変わるのか、日経情報ストラテジー、2014年5月26日
http://itpro.nikkeibp.co.jp/article/Watcher/20140519/557622/

も匂わせながらやるものとでは、ずいぶん隔たりがあると思うので、そこはその、もうちょっとやり方を考えないとダメなんだろうなというふうには思うんですよね。単純に、立ち入り検査できるようにするっていうのもそうですし、誰が何をしているのかをつまびらかにする仕組みっていうのをどっかで用意しておかないと…。

鈴木 そう。やるほうもつらいんですよね。

山本 いやあ、そうだと思いますよ。

鈴木 はい。そのあたり握れないかな…と思うのですよね。もちろん、国家権力は怖いですよ。で、彼らが行政調査で入ってくるような権限を安易に認めるのは非常にまずいという考え方は当然にあるんだけど、そこは独立行政委員会として設計してある。ほかの権限は持っていないんだと。江戸の敵を長崎で討つっていうようなことはできないんだと。多様な許認可権を持っているから余計に怖いわけで、この第三者機関は、個人情報だけの専門機関なんだというところにある程度の信頼を置いて、また産業界の委員枠も置くなどして、ここは設計してみませんか、というところなんですが。また逆に、こうした公権力のチェックがないと、事業者が単に俺を信じろと。そもそも悪いことなどするわけないだろうと。そう言うだけ。消費者は信じるだけ。

山本　んー、やあ、そこはもう…。

鈴木　「当社のブランドを信じろ！」っていう。あー、なんか聞いたことあるセリフですが。

山本　それもそうですし、ある意味その、面白消費者庁みたいなですね、なんでもできる感じの省庁がうまく音頭を取って、実態調査ができる仕組みが欲しいなあとは思うわけですよ。

鈴木　あと、データにしろ、サーバにしろ、データセンターにしろ、それから事業者にしろ、もう、海外に出ていっちゃいますからね。第三者機関が精一杯伸ばした手の指の先から逃げていくわけです。法律をやぶる気まんまん系の事業者も逃げていきますよね。で、外からサービス提供してきたりする。国外から、ということになると、やはりその国との執行協力体制の構築などもきわめて重要になるんですよね。

山本　いやー、そうです。だから今回の制度改正がめざしたものって、そういうところだったんじゃないですか、本来は。

鈴木　そう。お互いにね。アメリカのＦＴＣあたりから言われたら日本の第三者機関が受けて、日本国内のアメリカ系企業を調査したり、その逆があったり。まずはＥＵ、アメリカ、日本の少なくとも三極で、執行協力体制をつくらなければならない。

その大前提として、データプライバシーや個人データのルールの調和が重要になるわけです。執行協力するには、その国においても違法でなければならない。自国で適法な事業者に対して、他国のためだけに執行するというのはやはりできない相談です。そうするとやっぱり、ルールのでこぼこは直していかなければならない。その上に執行協力体制を構築していくわけです。もう早急にその交渉をしていかなきゃならない。

そういうときに、利用目的のオプトアウトとかね、日本だけ特別に大穴をあけるような提案をしてくるというのは、いったい現状をどう認識し、どこに向かおうとしているのか。もっと率直にその趣旨を伺いたいところです。データもビジネスも越境している時代にね。規制緩和は正義ですとばかりにガラパゴスな法規制に向かうところに将来はあるのだろうかと。そこに将来を見据えた戦略または戦術はあるのかどうか。その緩和策の先にある見通しを伺いたいですね。

山本　産業界の中ではその、非常に話がふれているっていうか、確たるところは少し柔らかいんですけど、まあ積極的に発言されているのが三木谷さんなんですけども、彼の話を聞いてると、「諸外国に日本人のデータを取られまくっている。ここで変に規制をやって、日本の企業だけが縛られている状態ってのは適切なのか」と。

高木　ほう。

山本　要は日本企業が日本の法律に縛られて、個人情報の利用や取得に関して制限がかけられている中で、たとえばアメリカやほかの国々、サーバを置いているのはアイスランドなのかわかんないですけどそういった会社が、ウェブ上だけで日本人の情報を収集している状態っていうのがあります。

　で、それについてはスマートフォンのアプリである以上、日本の法制下では制限されるべきものなんだけども、でも現実問題ではできないじゃないか、と。それがその取られ放題になっている状態で、日本の企業だけ足枷がつけられている状態だと、日本の会社がなかなか羽ばたけないんじゃないか、みたいなことを言うわけですよね。

　総務省なんかでは、かなりそのあたりを意識した資料(39)をつくっているのを見ると、大綱、法改正の次はそのあたりに対応していこうという意欲は感じ取れます。

高木　それ、だけどむしろ、アメリカの会社のアプリのほうが適切にプライバシーを扱っていて、プライバシーポリシーが書かれていたり、同意もしっかり

(39) 総務省はスマートフォンでのプライバシーポリシーについてのガイドラインや実証研究を積み重ねてきているが、2015年1月7日、新たに「スマートフォン上のアプリケーションにおける利用者情報の取扱いに係る技術的検証等の実証実験の実施」を行っている。
http://www.soumu.go.jp/menu_news/s-news/01kiban08_02000154.html

これに先だって、総務省の「利用者視点を踏まえたICTサービスに係る諸問題に関する研究会」は「スマートフォン　プライバシー　イニシアティブ　-利用者情報の適正な取扱いとリテラシー向上による新時代イノベーション-」を公表している。
http://www.soumu.go.jp/menu_news/s-news/01kiban08_02000087.html

取っていたりして、むしろ日本の会社のほうが…。

山本　日本のほうが、はるかにめちゃくちゃなところはありますよね。

高木　それは実態を見ていない発言ですよね。

山本　で、単純にアプリだとかそういうものに関しては、産業界からすると、ものすごくアメリカ側が自由だと思っているんですよ（笑）。これ、かなり誤解があってですね、たとえばアメリカやシンガポール法でやったほうが日本よりも規制が少ないと思っているわけですね。ただ、実際に蓋を開けてみると、向こうのほうが圧倒的に大変なことをちゃんとやらなきゃいけないわけで、日本のほうがむしろザルだってことについての認識がなかったりするんですよね。

高木　それで思うのが、どうもその、現場の人たちはもう理解していると思うんですよ。端末IDの話もアメリカがああいうふうに変わっていって、UDIDを使えなくなっていく中で(40)、日本にいる現場の人たちは知っていると思うのです、こういうことをやっちゃいけないっていうことは。ところが、ロビー活動する上の人たちとか、法務の人たちとか、団体に出ている方々とかが、そういうのをご存じなくて…。

山本　そうなんですよ。

高木　どっかで聞きかじったレベルの話を、お互いありもしない話を、こう…。

(40)
ご注意！　プライバシーへの懸念の高まりを受けてAppleはデバイスIDにアクセスするアプリを拒絶し始めた、TechCrunch JAPAN、2012年3月26日
http://jp.techcrunch.com/2012/03/26/20120324apple-udids/

Appleのデベロッパに広告識別子の規則遵守が義務化、違反者はAppStoreから拒絶される、TechCrunch JAPAN、2014年4月12日
http://jp.techcrunch.com/2014/04/12/20140411apple-developers-must-now-agree-to-ad-identifier-rules-or-risk-app-store-rejection/

山本　事実認識のラグが、誤解みたいなものがかなりあって、経営者の方と個人情報法制の話をすると、日本っていうのはこれから規制緩和しなければならないにもかかわらず、強化しようとしているんじゃないかっていう疑心暗鬼が若干あって、そこはちょっと言い方は悪いですけども、新経済連盟でフューチャーアーキテクトの金丸さんがいろいろ書いていらして[41]、それを見ていると、その、ものすごく言いたいことはわかるんだけど、それって事実関係が違うんじゃないですかっていうのがいくつかあるんですよね。

鈴木　ほお、そうですか。

高木　こんなんもありましたけどね【図4-5】。

山本　ああ、素敵な話ですね、これは…。

高木　おっとっと…。

山本　ああ、それ以上下にスクロールすると、危険な画像が…。

高木　おっと…。

「日本がビッグデータ後進国になってもいいのか」ヤフーが警鐘を鳴らす理由

www.huffingtonpost.jp/2014/01/21/bigdata-yahoo_

「日本がビッグデータ後進国になってもいいのか」ヤフーが警鐘を鳴らす理由

The Huffington Post | 執筆者：伊藤大地

投稿日: 2014年01月22日 06時47分 JST | 更新: 2014年01月22日 08時43分 JST

781 いいね！ 154 シェア 250 ツイート 157 Bookmark 0 メール 7 コメント

このままでは日本でビッグデータを使ったサービスができなくなる。結局、使っているものはすべてアメリカのもの、そんな未来でいいのか——。ヤフーで1月21日に行われた記者説明会で、ヤフー株式会社・執行役員社長室長の別所直哉氏が熱弁した。

図4-5「日本がビッグデータ後進国になってもいいのか」ヤフーが警鐘を鳴らす理由
（The Huffington post　2014年1月22日）

山本　それはちょっと微妙な、ちょっと…（笑）。あの、わかるんです。言いたいことはわかるんですけど、でも事実と違うじゃんっていうのは、どうやって理解していただけるんだろうかっていうのは…。

高木　社内で議論しなさいよって言いたいんですよ。してないでしょ、この人たち。

山本　いや、してはいるんじゃないですかねえ…ただその…。

高木　トップの人たちだけで話していて、現場のことを聞いているのかと。

山本　いやあ…。

鈴木　意外と現場とは手を握れるんですよね。こういうルールが合理的だよね、ビジネスできるし、利用者と摩擦回避できるし、と言うと、そうだよねって。大概どこに行っても。

山本　いや、あの、ちょっとそこは、その、途中でかなりヤフーは路線を変えたのかなっていう気がするぐらい、4月から5月にかけて、急にこう、態度が硬化したなっていった部分はあると思うんですよね。

鈴木　そうですね。で、僕はね、この人ある程度わかって言ってんのかな、と。

山本　うーん。

鈴木　そんなに愚かじゃないと思うのに、ちょっと無理筋なことをね、大上段

(41) **パーソナルデータに関する検討会での議論に対する意見、フューチャーアーキテクト株式会社 代表取締役会長兼社長 金丸恭文、2014年4月24日**
http://www.kantei.go.jp/jp/singi/it2/pd/dai8/siryou4_3.pdf

「第三者提供する際の個人の特定性を低減するためのデータ加工は過度なものであっては、ビジネス上の有用性が失われてしまう」ため、「一部の悪質な事業者のためにまっとうな事業者の負担が過度に重くならないよう、利活用と保護とのバランスをしっかりとることが必要」だとしている。ただ、「グレーゾーンに関する情報が保護されるべきか否かは、（略）最終的には民法の規律に基づき裁判で判断されるもの」だとしても、関連法規が整備されていなければ本来は法で規定するべきセーフゾーンさえも曖昧になり、海外との法的な枠組みが協調的でなくなることを考えると踏み込むべき事実関係が誤認されているようにも思われる。

に構えすぎですよねえ。何かあるのかなーって思って。

山本　けっこうその、素敵なんですよね…なんか、フッフッフッフ…（笑）、あの、落ち着いて話すと、かなりまともな方なんですけども…。

鈴木　そうですよね？

山本　はい。なんかモノを書くとちょっと、人格がこう…。

鈴木　変わりますよね？　まあ、車運転すると変わる人みたいですね。

山本　ある種のレーサー体質なのかもしれないですね。高揚感というか。

鈴木　なんですかね。何が起きているんだろう？

山本　ちょっとそのあたり、何が本音なのか、いまひとつよくわからない部分はあるんですけども、たとえば日本は規制がこれから強化されるんだっていう議論は明らかに考え方としては違うってことを現場から吸い上げられてないのかなっていうのはありますよね。

鈴木　そうですよね。いや、現場的にはアメリカと同じ対応して、それで摩擦が起きないんだったら、こんないいことはないじゃないかみたいな。

山本　で、さっきちょっと申したんですけど、自主規制って簡単に言いますけど、逸脱された業者に対する適切な指導ができなかったら個人情報保護法以外で、やっつけられる可能性が出てきちゃうんで、むしろリスキーだと思うんですよね。

鈴木　あとね、ルール守らない奴が得をするってなったらね、守ってるほうが本当にばかばかしい感じになって、業界内秩序だって、そりゃ乱れてきますよ。それに業界団体ってね、加盟率が１００％のところなんてほとんどないんですよ。鉄とかはあるのかなあ。それから業界団体がないという産業界もある。だから業界の自主規制って言ってもね、まだらになるほかないとは思うんですよ。

山本　逆に、なんか業界横断的な、個人情報に関する業界団体が1本立ち上がるっていう話が見えているんだったら、まあなしではないのかな、と…。

鈴木　そうすると。ＪＩＰＤＥＣのＰマークですよ[42]（笑）。

山本　あーそれはですねえ…。

鈴木　それはなかなか大変なことになるのではないかー、と。

山本　どうですか？

高木　ダメでしょう。

山本　一刀両断ですね（笑）。

高木　ダメ。

山本　まっぷたつでしたね、いまね（笑）。

鈴木　実は現行法も、認定個人情報団体制度っていうのを設計していて、個人

(42) 1998年にプライバシーマーク制度が創設されてから、2015年1月現在までにおいてJ－SAで1件、J－PDECで1件（ベネッセ）の「取消」しかなく、またその取消等不利益措置の基準の詳細が公表されておらず、個々の基準の理論的根拠も説明されることはない。何を認証しているのかのコンセプトが問われている。「注意」と「勧告」にいたっては、その通知される文書のタイトルが異なるだけで処分の効果の内容に実質的差異はないなど制度の設計及び運用の所々にスキル不足が目に付く。

情報保護法指針っていうルールをつくれるようになっているんですよね。各業界ごとにルールをつくって、それぞれ主務大臣から事前にOKもらってますからね。自分らの業界用にカスタマイズした、よりわかりやすくした指針にしたがって活動できるし、それを守っている限りは違反を問われない。法解釈の中でこれでいいですよねって、主務大臣のつくるガイドラインより、もう一段、業界向けに詳細化したルールをつくって適用できる仕組みがあったのに、ほとんど使われていなかったんですよ。

山本 言われてみれば、確かに使ってなさそうですねぇ。

鈴木 というかね、ルールメイキングできないんですよ。一部を除いて、そんな起草スキルがある人材が業界団体等にプールできていないんですよね。

山本 ある意味モザイク型にですね、複数の業界団体が利害に合わせて自主規制を組み合わせても、今後、越境データがありますよと。国の外に出たときに、どう整合性を取っていくんだっていう話になっていくじゃないですか。

鈴木 そうですね。いまだって国内だって経産省と総務省の越境データなるものがありまして（笑）。ＩＴ業界とかにね。

山本 素敵な話ですよね…。

鈴木 で、総務省系の団体と経産省系の団体があって、会員がほとんど重なっているという。いやあ、両方に会費払うの辛いわあ、みたいな…（笑）。

ただね、今回唯一、勉強したのは、情報法制では特にそうなのかもしれないですが、技術者の意見をしっかり吸収しないとまずいっていうことですよね。そういう意味では従来どおりのやり方、役人と企業の法務部門と法学系の有識者中心にルールをつくっていくっていう世界からはもう決別しなきゃならない。そういう意味で、技術系に限らずさまざまなバックボーンをもつ人が集まってルールをつくる、その仕組みづくりは試行錯誤でもトライしなきゃならないところにきているということはわかりました。

たとえば、第三者機関規則っていうね、強制力を伴うところの必要的な手続きとして、いまでも聴聞手続き[43]とかってあるじゃないですか。必要的にやんなきゃならないっていう。ああいうルールを下敷きにして、マルチステークホルダープロセスなどにもトライしてみる。そこのマルチには、事業者、消費者、役所って切り口だけではなくて、法律、技術、ビジネスモデル構築といったところの専門家も入っていかなくてはならないのだろうなと。

山本　でも、そうなると第三者委員会に関する建付けも大綱案をさらに踏み越えて大きく前進させないといけないって話になるじゃないですか。

鈴木　ええ、当然そうしないとならない。そこは、「等」で読むんですよ。そ

(43)
聴聞とは、行政機関が、行政処分や法律に基づく命令の制定を行なうに当たり、処分の相手方その他の利害関係人や有識者の意見を聴く手続き。元来アメリカで発達した制度で、我が国には第二次大戦後導入され、許可の取消しなど相手方に不利益を与える処分については、行政運営における公正の確保と透明性の向上を図り、国民の権利、利益の保護に資するとの見地から、一般的に行なわれるべきものとされるに至っている（行政手続法13条1項1号）。（有斐閣『有斐閣法律用語辞典［第2版］』参照）

うした記述もないところで踏み越えちゃうと、省庁間協議を潜脱したって怒られちゃうだろうと。だって大綱の前に省庁間協議やってますからね。あれはなんだったんだってことになる。そのギリギリのところでがんばっていただきたいなあと。申し訳ないですが。

山本　まあ、そうなんですけどねえ。

鈴木　だから「等」ですよ。

山本　やっぱ「等」なんですねえ。

鈴木　「等」ですよ。この「等」がね、いいほうに転べばいいんですけどね。まあ、これからのがんばり次第ですかね。だから産業界ももっと冷静にちゃんと理性的な人が集まってね、やっぱり最後はオールジャパンの今後を考えて、手打ちする、握るということがないとね。みんなで同じ船に乗ってますからね。えらい人がえらくありますようにって祈る気持ちですね。

そういえば、ＪＥＩＴＡ[44]がね、数年前から結構いいこと言ってたんですよね。で、昔だったらＪＥＩＴＡ一発決めだったのに、どこ行ったんだＪＥＩＴＡ[45]みたいな気持ちもないわけではないんですけど。経団連とＪＥＩＴＡの組み合わせで、しっかりとね、オールジャパンのことを見ていただける機能をね、回復する…。

(44) 一般社団法人 電子情報技術産業協会

(45) ＪＥＩＴＡに集う富士通、ＮＥＣ、日立、沖、東芝、それから三菱、松下などが通産省などといっしょにＩＴ関連政策の智恵を出し合って、業界の利益ばかりを主張するのではなく、国益を踏まえて落としどころを探り、しっかりと着地できていた時代があったように思う。時代背景は異なれども公共的問題に対する企業の役員や政策担当者の心構えや責任感はもっと継承されるべきであった。

山本　そこは、ちょっとむずかしいんじゃないでしょうか。いまの経団連にそこまでの大きいものを背負わせると、荷物ごとつぶれちゃうのでですね…。

鈴木　でもなんか、政治献金を復活するらしいですから、また発言権がぐっと強くなるってないですか？　税制問題とか、労働問題はなんかいい感じですよ。中味の評価はできないけど。力強いあたりは感じることができますよ。まぁ、ＩＴ関係は昔からちょっとアレだけど。

山本　んー、なかなか微妙なお話を…（笑）。

鈴木　そうですか…。

産業界もっとがんばれ、その他もがんばれ

山本　まあ、一般論で言いますと、お金の問題というよりは、考える能力の問題になってきちゃってるところがあって、決してその、無能な人たちの集まりじゃないんですけど、ＴＰＰ問題もありましたし、消費税増税もあって、守らなければならない範囲がどんどん増えてきている。いろんな産業界を取り巻く議論を網羅的に判断できるような知的なリソースを一時期に比べてだいぶ削減しちゃったっていうのはあると思うんですよね。

鈴木　そうですか。

山本　そこはその、じゃあ経団連がはなからダメな存在かっていうとそうではなくて、本当はそういう機能を持ちうる存在だったにもかかわらず、なかなかそれを昇華させる場が、民主党政権を挟んでなくなってきた中で、どこまで改善すべきなのか、いま模索中なんだと思います。

鈴木　でも役人ＯＢの人たちは、それは通産省、経産省の仕事だったと…。

山本　来た！　来た！　来ましたね、経産省シンクタンク論！(46)

鈴木　大所高所からの視点や内外の情報をいろいろ入れてレクしたもんだと。

山本　この会場に総務省や経産省の人がいないといいんですけどねえ（笑）。

鈴木　ええ、そうですね。まあ、昔はそうだったとおっしゃってましたけど。まあ、マルチステークホルダーは昔の感覚で言えば、「日本株式会社」みたいなね。産官協調モデルのようなものかなと。非公式にいろいろ一緒にやってました。うーん、あれはよかったかもなと。経団連の復権とともに、少しそこらへんの建付けがもう一回、復活すればいいなっていう思いも心の片隅にはあるのですが、それを言うと、お前は単に郷愁に浸っているだけだと揶揄されますが。そうですね、似て非なるものでしょうね。これからは、しっかりと制度として明示的、自覚的に組み立てていくべきなんでしょうね。

(46) 省庁再編や景気低迷、新産業育成の失敗のたびに、エネルギー政策からベンチャー、貿易産業まで、責任官庁としての守備範囲が不明な経済産業省「不要論」が勃興する。そうすると、経産省の必要意義を模索し議論する過程で、経産省は事実上の国営シンクタンクであるという主張がたびたび表出することになる。２０１１年は、かの池田信夫さんが経産省不要論へのカウンターとして経産省シンクタンク論をぶち上げられ、また、３・11以降は原子力行政の問題も経産省の枠内からはみ出て国家マターになったため、さすがに下火になってきている。
経産省は必要か、池田信夫ｂｌｏｇ、２０１１年８月21日
http://ikedanobuo.livedoor.biz/archives/51735870.html

山本　んーちょっとそこは、そのいきなり機能強化というか機能回復してくれと言われても…。

鈴木　無理ですかね？

山本　むずかしいのかなあっていう気もするんですけどね。

鈴木　今回も「意見ありませんかね」って非公式にいくつかの会員企業に伺ってみても、要するにビッグデータっていうキーワードでいくと、「うちら、やってないしねえ」っていうような話になっちゃう…。

山本　そうなんですよ、実際、越境の話を、これは厚生労働省の話になるんですけど、問題だって話をしてたんですよ。それは単純に遺伝子データが海外に出て、たとえば中国の事業者が日本の国民に対して、「あなたの遺伝子サンプルを送ってくれれば、何の疾病にどれくらいの確率でなるか診断して返して差し上げます」(47) みたいなサービスをやるわけじゃないですか。ただそれっていうのは、そのサンプルは日本人顧客に提示したその遺伝子データだけを解析したとは誰も保証ができないわけじゃないですか。細胞さえ取れてしまえば、ほぼすべての遺伝子データを解析できてしまうわけですから。

　なので、その人はその遺伝子データ、自分の送った遺伝子データがその病気になるかならないかの確率だけ返してくれるもんだと思って送ったことによっ

(47) 6章「見えない人は余計なリスクを感じる」参照。

て、実はすべての遺伝子データが、その人の個人のものだと紐付けされて流れていくことになるので、これは本来は規制していかなきゃいけないもんなんですよっていうことを、厚労省は思ってるわけですよ。ところが、それが経産省になった瞬間に、「そういうのも国際競争力の枠組みの中で、日本もそういうことをやっていかなければいけないのである！」という議論になるわけですよ。遺伝子データで新産業だ、と。非常にアンビバレンツな…じゃあ、何をあなた方は守ろうとしているのかっていう、そもそもの話に立ち戻っちゃうところになるので、むずかしいんですよね。

鈴木　はい。

山本　私の知る限り、昔の経産省だったら絶対そんなこと言わなかったわけですよ。国家にとって、個人に関する情報は宝であり資源ですから。

鈴木　そうですよね。力強かったなあ。どうしちゃったんですかね…。

山本　日本は日本のちゃんとした仕組みをつくって、海外とどういったかたちで比較するかの調査をしましょうっていう言い方をしたと思うんですよね。だから経産省の中では、海外と国内の制度の違いだとか、どういったものがナショナルプロパティ、国民の財産かっていうところに立ち返って制度設計するってところを考える力が減ってきたのかな、と。要員が足りないのか、そういうところまであまり頭を使わないのかわかんないですけど、ちょっとそこが惜しいのかなと。

鈴木　まあ、確かに何が国益かっていうのが非常に見えなくなってきています。昔は、といってもＩＴ関係しか知りませんが、対外的には、国産メーカー、メインフレーマー、電電ファミリーあたりに金が落ちることが、ざっくり国益と一致していてシンプルだったですよ。相談先もきわめて明白でした。

一方で、国も自治体も財政が逼迫していて、ＩＴ予算も効率的に使わなきゃダメだと。１８００近い都道府県市区町村がバラバラにシステムをつくってたんじゃ、効率が悪い。そうすると、自治体がいっしょになって発注しませんかって話になると、たとえば自治体クラウド[48]をつくろうってことにもなるわけですよね。発注をフェアに入札でやっていくと、多くは外資にいっちゃうかもしれない。

山本　あー、そうなんですよね。

鈴木　そうすると心情的にはね、国内事業者にお金を回したいじゃないですか。それがかつては国益だと信じていた時期があったし、それは郷愁として残ってますからね。情緒的に（笑）。いやいやしかし、費用削減効果が重要だと。シビアにいこう。フェアにいかねばならんのだと。

(48) 自治体クラウドは、クラウドコンピューティング技術を電子自治体の基盤構築にも活用して、地方公共団体の情報システムの集約と共同利用を進めることにより、情報システムにかかる経費の削減や住民サービスの向上等を図るものをいう。また、東日本大震災の経験も踏まえ、堅牢なデータセンターを活用することで、行政情報を保全し、災害・事故等発生時の業務継続を確保する観点からも、自治体クラウドの推進が求められている。（「総務省自治体クラウドポータルサイト」参照）。
http://www.soumu.go.jp/main_sosiki/jichi_gyousei/c-gyousei/lg-cloud/

ただ、医療情報の医療クラウドと自治体情報の自治体クラウドに関しては、普通のクラウドに乗せて国外にいくつもコピーが出回るような…。

山本　出回っていいのか？

鈴木　そう。出回っていいの？っていう話が出てきたときに、たとえば、国内センターに限定するという制約を設けるようなことになる。そうすると今度は費用削減効果がしっかり見えてこない。そういう悩ましさはあるのかなー、と。そうすると、国益とは何か？めざすべき価値の順位付けをどうしたらいいのか。いや、クラウドと一口に言ってもいろいろでしょうと。発注の条件、仕様の問題で解消できるところもあるよねってところはこれから精査しなきゃなんない。そういう意味では国益の考え方が昔と違ってきているかもしれません。だから経産省の考える国益も理解しづらくなってきている。部署や立場によってだいぶ温度差もあるようになってきたのかもしれません。

山本　ちょっと話の骨子のところに戻すんですけど、データはナショナルプロパティだっていう認識があんまりないのかなって気がしていてですね、そういう観点を踏まえてこの法改正どうすべきかみたいなものは、重要な論点なのかなって思うんですけど。

鈴木　今回の検討は、経済成長の文脈でやってきました。まあ、日本らしく、

(49) 医療クラウドとはクラウドコンピューティング技術を医療機関や関連研究機関等の情報基盤構築にも活用して、病院等の情報システムの集約と共同利用を進めることにより、情報システムにかかる経費の削減や患者等のサービスの向上等を図るものをいう。たとえば、インターネット経由で医療データや医療用アプリケーションを利用することができる医療プラットフォームなどがある。

ビジネスレイヤーでしか議論できないんですね。ビジネス以外のナショナルセキュリティ上の課題になって、たとえばスノーデン[50]の話を始めたら、その途端、もう思考停止でしょう。事業者団体はみんな手を引きますよね。「いや、私たちが考えることじゃない」というスタンスになるのは目に見えています。

EUは、個人データ保護の話をスノーデン事件をベースにアメリカと対峙してやりあっているところがあります。そこにはナショナルセキュリティの問題があって、その上にビジネスレイヤーが乗っていて、状況によって力点は異なるけども、常に両方を見ているっていうところがあるんじゃないでしょうか。ビジネス上の問題が後退して、ナショナルセキュリティのほうが前に出たりっていうところも当然にあると思う。

一方で、日本の個人情報の議論は、常にビジネス主体、消費者保護という観点も弱い、ナショナルセキュリティとか、人権保障とか、人類普遍の原理といったあたりの目配りが本当にないんですね。企業や経営層がということですよ。いや全体に弱いんですが。これがね、越境データ問題の交渉の不整合のひとつの原因をなしているところだと思うんですね。

山本　いやそうだと思います。高木先生にも法改正はどうあるべきかのところは、ひとこといただきたいんですけど。

(50) エドワード・ジョセフ・スノーデン（Edward Joseph Snowden、1983年6月21日—）アメリカの中央情報局（CIA）及び国家安全保障局（NSA）の局員として、政府による情報収集活動に関わっていたが、NSAによる盗聴の実態と手口（PRISM計画）を内部告発し、現在ロシアに亡命中である。証拠となる大量の機密情報がコピーされ一部メディアを通じて公表されたことから世界的に注目された。特にEU及び日本など同盟国に対する情報収集の事実も発覚したことからEU首脳らから米国に対する厳しい批判がなされた。また、この事件を契機にEUはアメリカに対して個人データ・プライバシー保護の在り方を見直すように強く迫っている。また、アメリカIT関連企業がNSAへの協力を余儀なくされ多くの利用者情報を秘密裏に提供していることから、アメリカ国内においても憲法上の問題が提起されている。

高木　ええ、そこは、アメリカやEUと同じようなルールになるように、法定するべきだと思いますよ。民間団体がまったく自由に決めるっていう話ではなくてですね、共同規制っ[51]ていう言い方もありますけども、日本では無理じゃないかと、さまざまな理由から、という話もあるわけで、法定してしまえばいいとは思うんです。法律で書き切れないなら、政令に委任して、規則に委任にしてっていうやり方もあって、そういうことを今回の改正ではやるのではないかと思われますが。

山本　なるほど。

高木　ただ、そうすると産業界が「やめろ」って言うわけですよ。「将来何が変わるかわからないから、そんな日本独自のルールを決めちゃいけない」っていうんですよ。いや、そこはちゃんと海外と同じようにルールを作ればいい。でも、そういうふうに産業界は非難する。なぜか？　それは、4月の事務局案[52]がやっぱりひどかったんですよ。準個人情報の義務の発想、ピントハズレでした。本当は、海外でどういう事案があって、それがどういうルールで行なわれているかっていう整理を、まず最初にやらなくちゃいけなかった。当然、そこには、オンラインプロファイリングだとか、トラッキングだとか、行動ターゲティングっていう事案が入ってくる。過去10年にアメリカもEUもやってきた

(51)
共同規制とは、公権力による直接的法規制と産業界等民間団体による自主規制の混合的形態であり、特定の公共的問題の解決のために官民が共同して管理、対応する法的枠組みをいう。責任の分担は様々であるが、民間の専門性等を活用して法律の枠内でルールを作り自主的に規律し、それを公権力も尊重するが、それに限界がある場合、目的達成のために必要がある場合など一定の場合に後見的に公権力が介入し担保する制度である。（詳細は、生貝直人『情報社会と共同規制』（勁草書房）が参考になる。）

(52)
3章114頁参照。

ことなのに、それを一切整理しないで、突如、準個人情報の検討から始めているっていうのは、まったくやり方が間違っているわけで、そりゃあ、産業界から「あなた方に適切なルールがつくれるわけがないんだからやめなさい」って言われるのは、当然だと思います。それは大変不幸なことだと思います。

山本　あのタイミングで事務局をｄｉｓるつもりもないんですけど、なんであれを出してきたのかよくわかんないんですよね。

鈴木　焦ってたね。年内に法律つくっちゃわなきゃダメだから、論点を早出しで詰めておかないとても年内に間に合わないと。せっつかれてましたからね。

高木　手順としては普通の手順だったみたいですよ。だけどやっぱり、現行法がどういうふうにつくられているかってことも熟知していないと、できるわけがないんですけども、熟知してない人がつくったと思いますよ、私の意見としては。

山本　いや、だとするとあまりにも、大混乱すぎたんで…。

高木　あれでどうしてできると思うのか、信じられないですよ。普段から議論して論点を蓄積していて、よくわかっている人が法律を書けるはずであって、そういう体制になかった。

山本　そういう体制になかったがゆえに準個人情報のような、ああいう微妙な内容が出てきてしまったと。

鈴木　毎回、法律の起草作業はそうですよ。２年交代の役人の中でつくる以上は、知見も2年以上貯まらない中でやっていくわけですから、これだけ複雑になってグローバルになってくると、確かに優秀な官僚はいっぱいおりますけども、官だけでつくれるかっていうと、ほとんどの立法作業が限界にきているんじゃないかなと。やっぱり、10年選手が必要になりますよね。たとえば、10年前に法案を起草したときに、逐条解説を書いて、10年間いろいろ実践して情報収集もして、ずっと考えてきたような人たちを従えて仕事しないと。当然キャリアが指揮するわけですけども、キャリアにはキャリアの仕事があるんですけども、現場で張り付いてきた人のスキルを集めるところがないと回らないでしょう。そうした人的リソースを貯めていくような仕組みをつくっていかないと、改正作業もEU等との交渉にも無理が出てくるだろうなと。

山本　人材プールをしっかりとっておかないと。

鈴木　ええ、その意味でね、第三者機関をつくって、人材のプールをスタートしないと、毎度フレッシュマンだけでね、毎度国外の10年選手に仲間外れにされ続ける、すでにそうなっているんだけど。(53)

山本　フレッシュマンの群れを率いる向井さん、みたいな感じになるわけです

(53)　アメリカ及びEU等の個人データ・プライバシー保護に関する規制当局のスタッフは10年近いキャリアをもった専門家が多数集まっており、プライバシー・コミッショナー会議をはじめとした国際的会合等で頻繁に意見交換を重ねるなど人的ネットワークが形成されている。日本は、こうした国際的ルール・メイキングの議論の場から外されているのが現状である。

ね。

鈴木　そうですね。だから向井さんが主導してくれたところでマイナンバーもでき、個人情報保護法改正のトリガーも引けたので、やっぱり役人に上に立ってもらわないと前に進まないのだなあという実感はありますよね。

そういえば、高木さんがまっ先に準個人情報の事務局案に噛みついたわけですよ。B先生らが反対意見を撃ち込む前に…。

山本　なんか、気がついたら光の速さで高木先生が噛みついてましたよね[54]。あの速さはすごかったですよね（笑）。

鈴木　そう。ヒアリングを受ける立場で中からガーッと文句を言っていた。これは早く外の人にも論点をお知らせして議論せねばならないとあせったわけですよね。しかし、「こんなことブログに書いたらいけないでしょう！」って向井さんに言ったら、「ええやん、書けば」ってね（笑）。あっさり。いいのかと。鷹揚にもほどがあるなあと。なんかマイナンバーのあたりから、いい意味でね、霞ヶ関の常識というように感じていたものが次々と壊れていく。

山本　非常に素敵な…。

鈴木　なんていうか、すごいですよね。自分の部下がつくったものを、オープンに批判せよと。しかも高木さんは週に何日かは、内閣官房、NISC[55]の人で

(54) **高木浩光@自宅の日記　2014年4月22日　緊急起稿　パーソナルデータ保護法制の行方　その1**
http://takagi-hiromitsu.jp/diary/20140422.html

(55) 内閣官房情報セキュリティセンター（NISC、現・内閣サイバーセキュリティセンター）

すからね。

山本 いやあ、すばらしいですねえ。

鈴木 中の人が何批判してんだみたいな。昔だったら速攻パージですけどね。

山本 いやあ、高木さんのその生命力すごいですよね（笑）

鈴木 すごいですよね（笑）。

山本 サバイバル能力といいますか…。

鈴木 そうですよねえ。でも高木さんは、ちゃんと許諾とるんですよね(56)、守秘義務も守ってね。

山本 すばらしいですね。

鈴木 すばらしいですね。リーガルですよね。私よりリーガルです。

改正のポイントは？

山本 まあ、その話も踏まえて、パブコメ出しましょうという話を、最後にしようかと思うんですけど。あの、事務局が混乱した理由のひとつに、大量のいろんな意見が交錯する中で焦って…ってお話があったかと思います。多くの情報を網羅的に整合取れるようなやり方を無理に編み出そうとして出てきたのか

(56) 前掲注54の冒頭に「昨年7月からブログには書かないことにしていたが、緊急事態であるので、政府のパーソナルデータ保護法制（個人情報保護法改正）の議論の状況について書いておきたい。本当は論文や講演の形で示していくつもりだったが、それでは間に合わない状況が発生中であるので、周知の目的で取り急ぎかいつまんで書く。副政府CIOの向井治紀内閣審議官とお話ししたところ、「ブログに書いたらエエやないですか。どんどん書いてください。」とのことであったので、それ自体書くことを含めて許可を得たところで書くものである。」とある。

などういうのもあると思うんですけど、その、パブコメをどう出していくのか？どう立場表明をしていくのか、それをどう政策に反映させていくべきなのかみたいなことがあるのかと思うんですけど、いかがでしょうか。

鈴木　私の考える改正のポイント。8項目書いてきました。

まず、第三者機関が個人情報保護法を主管すること。たとえば、公取委が独禁法を持ってることによって、独禁法は日本法になかったさまざまな改正をチャレンジングに重ねてきましたよね。同様に、第三者機関が個人情報保護法を主管するようになれば、第二の改正、第三の改正ができるようになるでしょう。ですから、法の主管を消費者庁から第三者機関に移すっていうのが今回の改正で一番重要なことだと思いますね。個人情報保護法全部とその特別法である番号法をしっかりもって体系的、整合的に解釈の基準を打ち出していくことができるはずです。

次は、個人の尊重の理念と個人の権利利益の保護を目的条項に書き込むこと。これは何を言っているかというと、プライバシー保護法に切り替えろと。現行法は、プライバシー保護法になってないんですね。プライバシーに係るデータの保護のための法律なんだということを目的条項でしっかり確認して、理論的な基礎を1本、全体に貫くようにしないとだめでしょう。プライバシーと書いてしまってもいいでしょうが、それが無理なら、「個人の尊重の理念」と「個人の権利利益の保護」といった言葉があれば、あとは各条項に「機微情報の保護」や取得・利用・提供の「本人同意原則」や「開示請求権等」が採用されることで、実質的にはプライバシー権に係るデータの保護法であると、あとは研究者が論文や著書で書いてくれるでしょう。

ちなみに本人同意原則を徹底しろっていうことを言うと、利活用が不当に制約されると身構える人が多いんですが、たとえば、義務条項の第1項に個々の義務の原則を書けと、まずは1本芯を通せと。だってプライバシー侵害の実質的影響を基礎に判断せよと主張してきたんでしょうと。特定個人の識別情報という形式的判断基準だけではなく、カルテか名刺かとか対象情報の性質とか、どういう文脈で使うのかとか、もっと実質的にプライバシーインパクトを評価すべきと言ってきたわけでしょうと。法全体をプライバシー保護法にせずにそれだけを主張しても破綻しますよ。

プライバシー侵害の不法行為法だって被害者の承諾があるわけですから、プライバシーだという以上は、第1項で全部同意原則で最後まで貫くことが肝要です。開示請求訴訟もできるようにしないとなりませんね。ここがEUとテーブルにつくときに非常に重要です。十分性が「ある」っていう主張の足場がようやくできますからね。

その上で、第2項あたりに、例外条項をきめ細かくつくっていくわけですよ。例外条項といっても、ご都合主義で入れたら破綻します。プライバシー保護の例外として当然に合理的なものでなければなりません。また、この例外条項は基本的な事項のみを書いて、詳細な判断基準は、第三者機関の規則に委ねたり、それをさらに基準策定の必要的手続きとしてマルチステークホルダープロセスを聴聞手続きのように法定したりという工夫もできるでしょう。

そしてきっちりと例外条項の運用実績をつくってから、交渉に臨むべきだと思いますね。ＥＵやアジア諸国ってね、日本と違って、法律の文面だけが立派で実はあまり執行していないという例が、たぶん山ほどあると思うんですね。だから法律の文面上の比較だとＥＵの水準に達していないいんだけど、執行面までトータルに評価すべきというところに持ち込んで、日本は潔癖に過剰反応が出るくらいにルールを守るんだと、我々はしっかり例外条項をつくらねば回らない国なのだってことを主張しつつ、その例外条項がある中でもプライバシー保護が達成され、消費者を保護しながらビジネスもきれいに回っていると、そこは実績を積んで論証できるように準備を進めながら、それからＥＵと対峙していかないと。一方で、ＥＵのクッキーのオプトイン規制って大丈夫かとか、忘れてもらう権利って検閲っぽくなっておかしいだろうとか、きちんと打ち返すべき事項についてもロジックを固めておくべきように思います。そこは、交渉も見据えて戦略的、戦術的に考えながら検討しておきたいところなんですよね。

事業者団体あたりは本人同意原則というだけですぐに抵抗するわけですよ。そうすると、この法律がプライバシー権じゃなくなるんですよね。そうなると交渉も何も理論に軸がないから、お前ら、もう論点ごとにバラバラに希望だけ言ってる、単なる論点ごとの場当たり的な条項の寄せ集めじゃないかって言われるでしょう、文面段階でね。これじゃもう交渉テーブルになんかつけやしないので、いつまでたっても越境データ問題が解決しない、ということになります。

山本　そのあたりのEUリスクってどう考えます？

鈴木　EUリスクはね、罰金が世界の売上の5％でしたっけ？　で、いま日本の自動車メーカーは最高益だって言っているでしょう。そうすると目立ちますよね。向こうだって人権保障っていう大義名分から、真正面から来ていますけど、グーグル叩いて金稼いでいる面もないわけではないでしょう。そうすると、すぐ横に叩かれ弱そうな、まだまだ金持ちの日本企業がいるわけですから、

「こいつからももらっちゃおうっかな」って思うのはありうることだと思いますね。

山本　思いますよね。

鈴木　グーグルに対して行なっていることは、すべて国外国内の事業者、平等に適用できる。忘れてもらう権利をグーグルが実装したら、「ほら、お前らも右に倣え、やってなきゃ問題にしちゃうよ」っていうこともありますよね。そういういくつかの違反をたまたま日本は見過ごしてもらってますけども、EUの自動車産業もいま、きついですよね。そうすると、日本車をいじめた分、EU域内のメーカーが助かるんだったら、これいいかなと思うことだってあるかもしれない。

山本　おっしゃるとおりです。

鈴木　そのあたり私は、十分に読み切れませんし、論者によってEUリスクをどれくらいに見積もるかは、ばらつきがあるとは思いますが、EUリスクをゼロと認識するのはありえない。EUリスクはあると思いますね。

山本　どっちかっていうと、ネット界隈だとEU無視の方向に動きとしていま、あるわけですよ。

鈴木　でもEUが日本にいちばん多く投資してくれているわけですよ。アメリ

(57) 懲罰的損害賠償とは、悪性の強い行為をした加害者に対し、実際に生じた損害の賠償に加えて、さらに賠償金の支払を命ずることにより、加害者に制裁を加え、かつ、将来における同様の行為を抑止しようとする制度。我が国には存在しない。（有斐閣『有斐閣法律用語辞典［第2版］』参照）

(58) 集団訴訟とは、アメリカで発展をみているクラス・アクション（class action）の訳語で、代表当事者訴訟、集合代表訴訟ともいう。ある行為や事件から同じような被害を受けた者が多数いるとき、一部の被害者が全体を代表して訴訟を提起することを認める制度。我が国の民事訴訟法でも共同訴訟・選定当事者訴訟の制度があるが、クラス・アクションは更に進んで、多数被害者の個別の委任を要せず（もっとも、脱退することは自由）に全体を代表し、全体の被害について請求することを認めようとする。日本への導入論が盛んであるが、手続的に検討すべき点も多い。（有斐閣『有斐閣法律用語辞典［第2版］』参照）

カ以上に。もう、蜜月どころの話じゃないと。

山本　検討会に出てきた意見書とかを見ていると、アメリカのほうは見ているんですよね。

鈴木　そうですね。でもアメリカだって、懲罰的損害賠償[57]や集団訴訟[58]があって、重厚な司法救済がある中での行政規制ですから、それにＦＴＣもがんばっているし、州法もある。カリフォルニア州なんて結構先鋭的な州法をつくってきますよね。それを、自分らの都合のいい緩いところだけもってきて、アメリカは緩い、ビジネス優先だって都合のいいモデル[59]に仕立てて言ってもね。じゃあ、日本でも集合訴訟[60]をもっとしっかり強化しますよ。それらとセットですよ。だってアメリカ流なんでしょう、ということになります。

山本　いやほんと、クラスアクションだとか、ＦＴＣみたいなね、強い存在を用意するのがいいのかっていう議論にはなかなかならないんですよ。ルールは緩くつくってあるけど、守らないと強烈な制裁が加わるぞ、という話になるからルールは遵守されるわけなんですが、日本だとそういう議論にならない。ルールは緩くつくれとしか出てこない。だから、アメリカ型にもＥＵ型にも制度の質が追いつくことにならない。

鈴木　ならないんですよね。

(59) **「日本のＩＴ、完敗の恐れも」ヤフー、「パーソナルデータ」活用規制に危機感、ＩＴｍｅｄｉａニュース、２０１４年１月21日**
http://www.itmedia.co.jp/news/articles/1401/21/news116.html

(60) いわゆる集合訴訟は、消費者裁判手続特例法（消費者の財産的被害の集団的な回復のための民事の裁判手続きの特例に関する法律）において導入された。同法は、一つひとつは少額だが多数に共通して生じるという特徴を持つ消費者取引被害について、集団化することによって、裁判手続による回復を可能にする制度を定めたものである。（詳細は、町村泰貴『消費者のための集団裁判』（ＬＡＢＯ）が参考になる。）

山本　いいとこどりをしたい。

鈴木　いいとこどりをしたいんですよ。だから、ゆるゆるにしておきたい。行政規制は緩和、司法救済の強化は反対。しかしこれでは越境データは解消されるどころか、日本にはゲノムはおろか自動車のビッグデータも流れてこなくなる。ヤフーのように国内市場だけ見ていればいい事業者はガラパゴス規制歓迎でしょうけどね。

高木　そういえば、意見書出しているのが、ネット企業だけですね。

鈴木　そう、だからネット企業に鼻面引きずり回されて、オール経団連的には大丈夫ですかと。ＥＵに進出して、ＥＵ企業としてローカライゼーションして、ＥＵ企業としてＥＵ法を守ってるから大丈夫っていうのは違っていて、ＥＵ企業になった日本企業と国内の本社との間でデータ交換を頻繁にやっているでしょうと。各国のデータセンター間で大量にデータ流通が起きているでしょうと。そのあたりはつつかれ放題なんですよね、いじわるされると。だからＥＵリスクの見積もりをどう取るかは議論ができるところですけども、ＥＵリスクを認識しないっていうのは、明らかに間違いなんですよ。

山本　いや、明らかにおっしゃるとおりですね。ちょっとここの8項目については、解説つきでどこかにアップするような感じで考えていいですか。ちょっと個別論点、すべてここでお話すると…。

鈴木　長くなりますね[61]。

プライバシーフリークとして今後もがんばります

山本　そういったものを踏まえて、パブリックコメントをですね、有効に活用していきたいというところだと思うんですけど、高木さん、どうですか。

高木　今回のパブコメの対象は、案じゃないのです、大綱はもう決定されています。決定された大綱に対する意見なので、大綱をこう修正するべきっていう意見を出すのではなくて、そもそもこのアイデアはよくないだとか、こういうことをやるべきだっていう、自由に意見を言っていいんですね。パブコメっていうと出しても無駄だって思う人も多いと思うんですね。通常は、役所のまとめた案があって、パブコメを募集しても、案に反映されることなんてほとんどないわけですが、異例なことに、今回は本当に国民の意見が求められていると思います。実際検討会の最終回でも、事務局の審議官が、副政府ＣＩＯがですね、何度かそう発言されていましたね？

鈴木　はい。

(61)
改正のポイント8項目の続きは参考資料を参照
鈴木正朗、ビッグデータ時代の個人情報保護法改正のあり方、２０１４年７月
http://www.slideshare.net/oidfj/openid-bizday-7-suzuki

高木　ぜひ、パブコメも含めてみなさんの意見をください、と。そのくらい、今回は決められなくてあやふやな大綱になっているわけですから、どうしたいんだってことを、みんな、言うべきです。それで、いろんな意見の出し方があると思います。感情的に、抽象的に、「こういうの許せない！」っていうのもありだと思うし、そうじゃなくて、大綱の中身を分析した上で、これは認められないとか、こういうふうにしたほうがいいとか具体的で建設的な意見もぜひ出してほしいところです。そのためにはまず大綱を理解しなければいけないですよね。新聞レベルの通常の報道では、さっき冒頭にありましたように、理解することは無理なので、我々もできるだけ情報発信して、ここはこう読むのだ、と言っていきたい。今日もそのひとつですから。

山本　はい。まあ、プライバシーフリークとして…。

高木　ええ。

山本　がんばっていこうと…（笑）。

高木　私もブログ、5月の連休明けに書き始めたものがまだ完成していないので…。

山本　おお、なんと！

高木　「その3」というのを早く出さないといけないいんですけど。

山本　それは社会的損失ですね。

高木　まず現行法がよく理解されていないところがあって、それを踏まえた上で、実はこうすればよかったんじゃないかっていう対案はあったと思うんです。決して無理な規制をしようとしているわけではなく、諸外国と合わせるためにってことをですね…。

山本　そうですね、はい。

高木　これは決して一般の国民の方々だけの話ではなくて、業界の方々も、あるいは業界団体の方々も、いままでは、とにかく準個人情報案がひどいので、つぶさないといけないから、すべて反対っていうことを言われていたと思うんですが、もうそこは終わりました。ちゃんとなかったことになってますから、準個人情報のところは。それはいったん忘れてですね…。

山本　しかるべき議論をするべきだと。

高木　ええ、ええ、ええ。そういうことはできるはずじゃないですか、と。ただ、業界団体で活動されている代表者の方々がですね、社内での議論もしないで、自分の思い込みで、事実を知らないで、考えている以上はダメでしょう。

山本　それは、旅館業法の話も、素敵な話がありましたよね[62]（笑）

鈴木　ステルスなロビー…。

(62) **毎日新聞　ヤフー：寄稿ニュースで波紋　利害関係明記せず記事化（2014年7月4日）**
http://mainichi.jp/feature/news/20140704mog00m040014000c.html

旅館業法の怪（別所直哉）- 個人 - Yahoo!ニュース、2014年6月26日
http://b.hatena.ne.jp/entry/bylines.news.yahoo.co.jp/naoyabessho/20140626-00036781/

山本　ステルスな感じのロビーがありましたけど。一方で、国民の側はといえば、個人情報保護法の改正で云々って言うけど「僕、そんな知られて困ることやってないしー」みたいな。

鈴木　ありがちですね。

山本　国民一人ひとりの感情としてはそれもあるとは思うんですけど、もうちょっと、個人情報を守りながら素敵な社会生活を送っていくにはどうするかを考えていくべきかなと思っております。

そのあたりをうまく説明できる機会が、プライバシーフリーク・カフェ以外でもいろいろ出てくるといいなというふうに強く思いながら、今回は締めたいと思います。

第5章

漏洩が問題なのではない、名寄せが問題なのである

プライバシーフリークカフェがイベントで鼎談を重ねている間、ついに炸裂した重大問題「ベネッセ個人情報流出事件」。この事件が投げかけた波紋は大きく、漏洩させた被疑者が個人情報をいかに金に換えたか、そして個人情報の管理にはどんなリスクを孕むのかが浮き彫りになった。

名簿屋、そして名寄せ。

プライバシーデータを巡る議論は、ついに本丸に近づいていく。本来考えるべき真の事象は、「あなたの知らないところで、あなた以上に、あなたは何者であるかという情報が、無断で第三者の手に渡る」問題にある。

それは突き詰めていくと「私たちの社会はプライバシーとして何を守りたかったんだっけ」という、人間と情報の関係を社会がどう規定し、デザインするのか、実はあんまりよく決まってないという真実に至るのであった。

いままでプライバシー関連の根幹であった「他者に知られたくない自分」ではなく、「自分でさえも知らなかった自分」の情報が流通してしまう未来について、プライバシーフリークたちが語る。

ベネッセ事件の功—名簿屋問題を考える

山本　はい、ということで第3回プライバシーフリーク・カフェ開催いたします。よろしくお願いします。今回も、この3人、新潟大学の鈴木先生と、技術者の高木浩光先生、そして私、山本一郎でお送りしたいと思います。

　さて、先月今月もいろんなことがありました。その中でも一番冴えたものは、ベネッセ事件がだいぶ続報が報じられて状況がわかるようになってきたかなあ、と。

高木　ちょうど前回、第2回の次の週に[1]報じられましたか、ベネッセ事件は。

山本　はい。突然、ベネッセ大爆発という非常に素敵な話が出ましたけども、実際、事件の概要そのものはもうかなり報じられてきています。

高木　なんか今日も、ドコモの記者会見が[2]さっき4時からあったそうで…。

山本　ええ。法人のデータが、1000人分くらい出ましたっていう話で終わるのかどうかっていうのが非常に微妙なところかと思うんですけれども、出せるものはわかったところから出すし、お詫びできるものはお詫びしようってことのようです。悪い話は先に発表しようという姿勢がよかったのかなあというふうには思いますけども、一方でこのあと、「あれで終わるはずないよね」っ

（1）
時事ドットコム、2014年7月9日。「ベネッセホールディングス傘下のベネッセコーポレーション（岡山市）から、約760万件分の顧客情報が外部に流出した問題で、警視庁が同社からの被害相談を受理し、捜査を開始したことが9日、同庁への取材で分かった。」

（2）
報道発表資料　法人のお客様の保守運用に係る管理情報の流出に関するお詫び　2014年9月9日
https://www.nttdocomo.co.jp/info/news_release/2014/09/09_01.html

ていう声も界隈で出てきております。誰が出したのかとかですね、どういう経緯で受けたのかとか、細かいことがわかってくると、いろんなところに飛び火がするんではないだろうかと。

高木　ほかにもいっぱいあると？

山本　まだ全部はわかっていないんだということのようです。いちばん困るのは、露見した方法、露見した理由が推測されていますけど、現状でわかっている内容についてつじつまの合わない部分がいくつかあって、もっといっぱいデータが漏洩した可能性があるんじゃないだろうかと。要は、ほかのドコモさん発と思われるデータがどっかで見つかって、そこからたどっていくと、こんなところに企業情報が、みたいな話があるようでして。ほかにもどうも金融情報が漏れたところがあるのではないか、それはNTTグループだけではなくですね、ほかのものも一緒に載せられてですね、名が出てきています。

高木　それは全部、名簿屋絡みですか？

山本　出口では名簿屋も絡んでますけども、それ以上に名簿屋の元のところの仕入れのところに、非常にフォーカスがあてられているのではないかっていうふうには認識しております。

高木　名簿屋の仕入れのところとは？

山本　名簿屋っていうのは単体では存在しませんでですね、必ず個人に関する情報を取りにいく仕入れ担当の人々っていうのがおってですね、個人に関する情報を取りにいく人たちのグループというのがいくつも併存しています。そこが、個人に関する情報の仕入れ元となって、各グループから寄せ集められた情報が名簿屋に集約されて、大名寄せ大会が発生するって、そういうような仕組みになっています。つまり、名簿屋が管理している個人情報の出元は一カ所ではないということですね。

高木　え？　えーと、グループでやっている？

鈴木　名簿屋がグループになっている？

山本　名簿屋に情報を売る人たちのグループっていうのが見えてきている。

鈴木　ほおおー。

高木　わざわざ盗むために派遣されていくような。

山本　そういう感じです。ベネッセやNTTドコモだけの話ではないんですけど、捕まった派遣社員の方も、ご本人はそれなりにスキルフルな方で、また一部ではホワイトハット的な活動もされてたりとか、界隈ではそれなりに知られている人だったんですよね。

高木　え…？　そうなんですか？

山本　ちょっと魔が差したとか、単独犯とは思いづらい事情が見えてきております。…ってことはですよ？　彼になんか提供した人もいるんじゃないだろうかとか、ここを狙ってくれと水向けした人もいるんじゃないかとかですね、いろんなことが思い浮かぶわけですよ。

高木　提供？

山本　情報を集めるために使うツール類だけでなく、あそこに行くとこういうことがわかるとか、そういう会社に登録すると機密情報を扱う仕事があてがわれるとか、誰々と協力して情報を取ってこれるはずだとか、そういう情報でアシストされているようで、そういう一味を追っかけている最中に、それこそドコモさんの話があり、某Ｓｌｅｒさんが出るかもしれないんですけれども。

鈴木　ほう。

山本　大手のＳｌｅｒさんの子会社の、サポート部門でちょっとややこしいことがあったんではないだろうかとか、情報の処理で一部の業務に問題になった部分があったんじゃないかとかですね、さまざまな類推が広がってて、相互不信が生まれていますね。それを早いうちに全容解明して問題になる部分は解決をできるような仕組みを考えていかないとダメですねというのが、いまの名簿屋界隈のいちばんの問題といえます。

高木　う〜ん。どうなんでしょう。いま始まったことなのか、昔からずっとあったのが最近になって問題視されるようになったのか？

山本　我々が見えている名簿屋っていうのは、今回報道で出たパンワールドさんとか、6社ぐらいの大手と言われているところがあるんですけれども、彼らっていうのは、いわゆる販売窓口にすぎなくてですね。より大きな名寄せをやっているグループがあるんじゃないかっていうのがなんとなくわかってきています。というのは、ひとつの名簿屋では完結しないはずのデータが、売られて出ているんですね。それは、カード情報だったりだとか、要はその人の生活にかかわる情報だけではなくて、経歴であるとか、離婚歴とか、本当に個人的な情報などが、海外のどっかにある「日本人の情報」としてデータベースの中に確保されているんじゃないかという疑いが強くなってきているんです。

最近だと国外の2カ所の国や地域から、まあ国や地域っていうのもどうかと思うんですけど、攻撃があるんですよ。そのシンジケートが、ひとつの攻撃可能リストみたいなのを試して照会して「ここだったらこんだけのデータが取れるぞ」っていうものを、また別のところが、そこで確かめられたデータだけ抽出してアタックをかけているという、そういう攻撃者側なりの試行錯誤のようなものが見えてきているんですけどね。いわば、リスト型攻撃を行なうための元帳みたいなものです。
そうなると、いわゆる個人に関する情報を単に奪われましたというだけじゃなくて、裏側にあるだろう名寄せをやっているグループに対して取り返しのつかないぐらいに盛大に日本人の個人に関する情報が漏れているという可能性が出てきちゃったんで、これはちょっと抜き差しならないんじゃないかっていうのが、ベネッセ問題から始まったここ2カ月ぐらいの議論ですね。

鈴木 そういう話が真実であるとすればですね、いままでの法規制の在り方というか、規制の重点を見直さないといけないということになりませんか。企業のセキュリティ対策がまずいから漏れましたっていう世界だけだと、たとえばベネッセさんみたいなところの取り締まりを強化するってことになるけども。そんな話よりも、まずは窃盗団みたいな連中にフォーカスする、犯罪者集団的なところの取り締まりに注力せざるをえなくなりますよね。

山本 おそらく、ベネッセ事件の功罪って、まあ、もちろん功なんぞあってはいけないのかもしれないけど、出てきてくれたことでわかったことってたくさんあってですね。ベネッセも決してまぬけな会社ではないので、いろんなダミー情報[(3)]を流していたわけですよ。ところがですね、送られているダミー情報の中に2つ問題があってですね。ひとつは、官公庁でしか流通していないはず

(3) ベネッセは比較的しっかりした情報流出や漏洩の対策を講じてきたまともな会社であり、万が一何らかか顧客情報や取引情報が外部に流出してしまったときに、流出経路を辿ることのできるような電子透かしや、実在しないダミー情報を一部混ぜていたとされている。

のデータが含まれていますっていうのがあります。まあ、簡単に言うとですね、ダミー情報の中に法務省のデータが一部混ざってたんじゃないかっていう、疑義が一個あります、と。

高木　ほう！

山本　もちろん、まだ疑義の段階なんですけれども。もうひとつはですね、意図的に仕掛けたはずのダミーデータに対して、まったくアタックが来ていないんです。だから攻撃者側は、ベネッセから奪取した個人情報を見て「これはダミーだ」ってわかっているんです。足がつきそうなデータを抜き去っているんですよ。ダミーデータを除去することで、精度を上げている。で、ベネッセの情報を持ち出したとして捕まった人は、データ自体がダミーかダミーでないか判別できるポジションになかったんです。おそらく知らないと思います。なので、攻撃者側がベネッセで入手した以外の個人に関する情報と突き合わせた結果、ダミー情報をはじいて攻撃している可能性がある。

鈴木　そのダミーデータの話ですけど、ニュースの中で出てきて「おや？」って思ったんですよ。ダミーデータをはじいているっていうようなことがチラッと出てきていて、それはいったいどうやってやっているんだろうと。ダミーかどうか、真偽の判断は入手した方はわかんないはずなんですよ。

山本　うーん…。

鈴木　それは、やっぱり、ほかの類似情報と突き合わせているからできることですよね。

高木　複数の名簿を入手すればできそうですね。

山本　まあ、合わせていって、おそらく、ある種のＭＤＭ、マスターデータがあると思うんですよね。確からしい名簿を残し、そうでないものを抜いていっているってことですよね。

鈴木　で、あとは入手した情報の中から有意的な情報を追加していけばいいわけですね。

山本　そうです。タイムリーに追加して、鮮度を保って、おそらくバージョンを管理しているＭＤＭデータっていうのがあって、きちんとクレンジングをして、ここであれば確からしい情報が取れるに違いないということで、重点的に何度も何度もアタックが来ているっていうような状態です。そうしますと、われらがヤフーとか大手サービスが標的になるのも理由が予測できると思います。

鈴木　まあ、いまの話で考えていくとね。これからマイナンバーを本格的に導入しなきゃならないときでしょう。国のほうも責任をもって、その名寄せを容易にする識別子あたりのところをしっかりとね、取り締まるところをやっていただかないと。
それから今回いやらしいなと思ったのは、ベネッセ事件の功罪の罪のほうですけれども、これでまた情報漏洩の問題の話に引き戻されちゃったでしょう。

山本 おっしゃるとおりです。

鈴木 情報漏洩の話って非常にシンプルでわかりやすいんですよね。

山本 おっしゃるとおりです。

鈴木 情報プライバシーの話がみんな情報セキュリティの話にされてしまいます。脅威っていうと漏洩としか言わなくなるんですよね。いまや、ビッグデータの時代だということになって、ようやく名寄せの問題にも注目が集まるようになってきたのに。それがまた漏洩問題一色になってしまった感があります。でも、今回の漏洩事件では、めずらしく闇名簿屋の存在に注目が集まっている。そこの一次仕入れのあたりで、何やら名寄せをしているらしいということが見えてきた。

山本 そういえば、鈴木先生がフェイスブックで話題にしてましたけども、BSの番組で微妙な解説がありまして。個人情報と本人確認情報を混同しているっていう…。

鈴木 BSジャパンの『日経みんなの経済教室』(4)ですね。先立って、9月5日

(4) **BSジャパン、日経みんなの経済教室、2014年9月7日18時30分放送「#45 個人情報」**
http://www.bs-j.co.jp/keizaikyoushitsu/45.html

の日経新聞「経済教室」(5)に個人情報の問題について書いていたんですけども、ありがたいことに番組でその原稿を取り上げてくれたんですね。ところが冒頭から個人情報の定義の解説が思いっきり間違っていたっていう……。

山本 素敵な間違いだったと。

鈴木 解説する記者が(6)、「本人確認で利用されるものが個人情報です」って言っちゃったんですよ。

山本 ええ。まったくナンセンス。

鈴木 メールアドレスとか、携帯IDみたいなIDの類は個人情報ではない、氏名、住所など、本人確認できる基本4情報のようなものだけが個人情報であると、番組では言うのですね。履歴データは個人情報の定義の外側にあると、だから法改正して保護するんだっていう解説になっていたんです。あー、いまだに記名式Suicaが適法だという理解が横行しているのかと。名前等を消せば匿名化っていう世界の中で彼らは生きているんだと思いましたね。これで報道が成立して、それを牧歌的に産業界の経営層や管理職が信じていたら、そりゃ炎上するし、国際的には、とてもとてもビッグデータなんてできないですよね。

山本 そういう素敵な話を見ていたので、これから語られるべき問題というか、

(5) 日本経済新聞2014年9月5日 鈴木正朝新潟大学教授「経済教室 個人情報保護と利用（下）国際水準との調和を急げ」

(6) 日本経済新聞 経済解説部 松林薫 記者

どういうものが保護されなければならないかみたいなところって、前提となる知識がまちまちで、なかなか議論が進まないのかなと思いますね。いま、名寄せされたときに起きる問題っていうのはこういうことなんですよ、みたいな部分は、かなりロジカルに説明したとしてもなかなか理解が追いつかないところがあると思うんですよね。

高木　そうですねえ。

山本　で、後ろ側に、こういうでっかい名寄せシステムがある可能性が強いんですよっていう話は、犯罪組織が活用する元データにある限り脅威は去らないので、ひとつひとつの流出を事件だと騒いでことさらに言ったところで何の解決にもならないと。もちろん流出したこと自体は、解決されないといけないことなんだけども、じゃあ本質的に社会におけるプライバシーがどうやって守られるべきなのか、何が守られる必要があるのかみたいな議論に、早く向かわないといけません。

鈴木　まあ、世間は、常に「漏えい」問題ですね。「漏えい」。あとは「氏名」。氏名が重要。このシンプルなところにすぐ戻っちゃって、たとえば、名寄せによる弊害がどういうものかっていうところなんかは、もう少し理解を共有したいところですよね。

山本　世論として、「何が守られているべきなのか？」みたいなところが見えてこないので、議論としても、どうしても堅いところとやわらかいところの差が大きくなっちゃうっていうのがあって。「なんか、こわい」っていうのだけだと、なかなか、法律とはならない。

高木　NHKの朝イチで特集してましたけれども、ベネッセの事件が出ているとき、ツイッターでの反応を見てますとですね、「ダイレクトメールなんて捨てればいいじゃない」っていう声が、やっぱり出てきちゃうんですよね。

山本　まあ、そういうことでしょうね…。

高木　そこから先にどうしても進めない…。

山本　ええ…。

高木　むしろ、戻っちゃった感じがする。

山本　そうですねえ。

高木　ベネッセ事件が報じられてすぐに懸念したとおり、大事件のおかげで個人情報保護法改正に関心が高まったのはいいけれど、違う方向に関心が向いてしまっている。

山本　「別に知られてもいいじゃない、悪いことしてないし」みたいな、そういう話になると、「いや、あなたはいいと思ったとしても、それ以外のところにこういう波及があるんですよ」みたいなことを、ちゃんと説明していかないとわかんないのかなっていう話があるんですね。このあと、まあ、後半で出てくるんですけども、機微情報のところでも、「あんたはいいと思っているかもしれないけど」っていうことがたくさんあります。

「適正な取得」(法17条)の問題

山本 前置きが長くなってしまいましたが、そろそろ本題に入りましょう。

高木 はい。では、本題に入っていく……というか、もう入ってますけれども。

鈴木 ええ。

山本 適正な取得。

高木 ベネッセ事件に政府はどう対応するかですが、パーソナルデータ大綱(7)に名簿屋をどうすると書いてあったかが、前回はこのへん飛ばしました。

山本 飛ばしましたね、はい。

鈴木 この名簿屋規制の話ですが、大綱は全17ページで構成されていますけども、その最後の17ページのところに書いてあるんですよね。

高木 「いわゆる名簿屋。販売された個人情報が詐欺等の犯罪行為に利用され

(7) **パーソナルデータの利活用に関する制度改正大綱**
http://www.kantei.go.jp/jp/singi/it2/info/h260625_siryou2.pdf

ていること、不適切な勧誘等による消費者被害を助長するなどしていること及びプライバシー侵害につながり得ることが、社会問題として指摘されている。このような犯罪行為や消費者被害の発生と被害の拡大を防止するためにとり得る措置等については、継続して検討すべき課題とする。」となっていまして、「継続して検討」ですから、今度の法改正ではやらないっていうのが、このときの方針でした。

鈴木 6月24日の大綱では、まさに「継続的検討課題」という項で示された4つの中のひとつに置いてありますから、2015年の通常国会に提出する改正法案の中には盛り込まないという整理です。(8) 二次改正、三次改正など、将来対応する課題だと示しただけということです。

で、名簿屋規制の必要性については、消費者団体の長田委員、(9) それから私から意見を言ったところです。長田委員は当然ながら消費者保護の観点から主張された。私のほうは、公然と名簿が売買されている、それがネット上で容易にわかると。で、公然と換金できる状態にあって誰でも容易にそこにアクセスできるということは、企業のセキュリティ対策上も、これはきわめて脅威であろうと。だからそういうところを抑えていくほうがいいのではないかと、どちらかというと産業界寄りの視点から問題提起したと。その結論が、この「継続的

(8) その後、ベネッセ事件を受けて、改正法で対応することになった。

(9) 長田三紀　全国地域婦人団体連絡協議会事務局次長

検討課題」ということです。

第三者提供（法23条2項）の問題

高木　で、大綱にはもう一カ所書いてありまして、個人データの第三者提供についてのオプトアウト規定のところ。

高木　23条2項のところですが、「事業者がオプトアウト規定を用いて第三者提供を行う場合には」、第三者機関に届け出るようにすると。第三者機関はその届け出られた事項を公表するようにすると。こういう措置が大綱に入っているのですが。

山本　はい。

高木　これは、5月末の第10回で、事務局案として「第三者提供におけるオプトアウトの適正な執行について」で入ってきたものですけども。

山本　これってちゃんと機能しますかね？

高木　いやあ、しないと思いますけどね。

山本　さすがに条件があんまり思いつかなくてですね、どうやったらちゃんと機能してくれるのか。

鈴木　仕組みですか。

山本　そう、執行する仕組みと運用する仕組みについては綿密に考えないと、話芸で終わってしまいそうです。気がついたときには「こう規約に書いときゃいいんでしょ」みたいな感じになっちゃうと…。

高木　この案の趣旨は、こういうことらしいですよ。つまり、現状はオプトアウトで提供している事業者は、オプトアウトを受け付けている旨を知らせないといけなくて、それはウェブサイトに書いておけばいいと。そんなの、どこにそういうサイトがあるのかわからないじゃないかという批判に対して、じゃあ、届出制[10]にして、第三者機関のサイトを見に行けば全部の名簿屋のサイトが並んでいるっていう状態を、まずつくるっていうのが、この案の発想だったようです。だけど、人々は自分の情報がどの名簿屋にあるのかなんて、わからないわけでして。

鈴木　確かに。その第三者機関の登録サイトに行って、「鈴木正朝」って自分の名前等を入力して、私の情報を持っている名簿屋は、A社とD社とF社だっていうように、わからなかったら、とてもオプトアウトなんて機能しないですよね。

高木　そうですよね。

(10) 届出制とは、一般に、法律、条例等の立法行為により、一定の届出がなければある種の行為をすることができない旨が定められ、その結果、全体としてみると、一般的にある種の行為が禁止され、届出の受理があった場合にそれが解除されることとなる制度。集団的示威行進についての届出等がその例である。許可制とは、法律、条例等の立法行為によって課せられている一般的禁止を行政庁の許可によって解除する制度。火薬類の輸入の許可（火薬類取締法24条）、農地の転用の許可（農地法４条）、風俗営業の許可（風営法３条）、旅館業の許可（旅館業法３条）等がその例。（有斐閣『有斐閣法律用語辞典［第２版］』参照）

鈴木　そんな仕組み、つくれるのかって。

高木　何百という名簿屋が並んでいるときに、全部について自分でオプトアウトの連絡をするのかという。

鈴木　チェックボックスにして、オプトアウトしたいところをチェックして、あとはポンとエンターキー押して終了とやれるくらいの便利なシステムでもあれば話は別ですが。まあ、そういうのをつくろうということになるとまた一千億円とかいう話になりますかね。

山本　やっぱり、名簿屋の仕組みっていうか、実態としてどう名簿屋さんが動いているのかっていうのがわからないと、運用できないと思うんです。実効性のあるかたちでは機能しないと思うので、「どの名簿に何が載ってるか、全部出しなはれ」っていうところからやらないといけなくてですね、そうすると登録制度ではだめでですね…。

鈴木　そうですね。

山本　名簿屋に対して「あんたの持っているものはコレコレですよね？」っていうところまで、立ち入りできないと、運用の枠組みとしてはワークしないだろうという話になると、じゃあ、名簿屋規制っていうのは別の法律でやるのか、みたいな話になるわけですよ。たとえば東京都だけが暴れて、とある舛添さんが、うちの都だけはやるんだとか言っても絶対できないですよね。で、じゃあ、国にやってくれって話になったとき、誰がどの官庁のどの役職に振る可能性があるのかと。当然、オブザーバーで捜査機関が全部入ってやります、という話になれば、また議論は最初から紛糾することになります。そして、国内に関して名簿屋の認可制にするとして、持っているものを全部出せと言ったところで、その実態は金融庁のファンド規制(11)と一緒になりますよ。あれと一緒のやり方でやるんだったら、何人そこに必要なの？　みたいな話をしてたんですよね。名簿屋の認可制を敷くだけで、すごい労力がかかることになります。臨店検査、やるんですかね。

鈴木　あとね、本当に悪賢い奴は、いつの間にか国外へ出ていって、個人データも国外に持ち出して、国外からサービス提供したりするでしょうね。

山本　もちろんです。

鈴木　迷惑メール屋さんと同じで、本格的にやろうと思ったら国外に行っちゃう。迷惑メール規制法が機能しない。同じことになりかねないですね。

山本　ちょっとこのあたり、本旨と若干逸脱しますけれども、基本的には着地主義みたいなかたちになって、ある特定の方にダイレクトメールが送られて、そこはセンシティブな家庭です、と。どの名簿屋から出たメールなのか、もし

(11) 続発する未公開株詐欺が一般投資家を対象に被害が拡大していることなどを受けて、未公開株を取り扱うことの多いベンチャーキャピタルなどを対象にファンド規制をかける案を金融庁が発表した。それに対してベンチャー界隈が猛反発。問題が起きているからといって、安易に規制をかけたり取引の内容の公的な開示請求が乱舞すると一般の普通な業者が非効率になり迷惑する。個人に関する情報を守らなければならないからといって、名簿屋だけでなく大口の個人情報を扱うECサイトやポータルサイトに情報提供を幅広く求めるのは民間への圧迫が大きく、また当局の作業も膨大になり、たくさんの要員を必要とする。

くは住所なのか、確認させろという話になりますね。で、確認した結果、未登録でしたというところに対しては、それを利用したダイレクトメールを送った業者から踏み込んでいって、お話聞きました、どこの業者からこの住所を買いましたか、みたいな方法で追っかけて、ぶん殴りに行くといった話になるわけですよ。

鈴木　そうですね。

高木　それは、なんかいかにも警察的な発想で…。

山本　そうです、もう、着地主義ですよね。

高木　なんか…どうなんですかね、たとえば、届出制だったらですよ、届ければいいわけですからねえ、届けてないマヌケなところだけしか…。

山本　摘発できないです。

高木　それに届け出たところで…っていう。これ、古物商…。

鈴木　そうですね。古物営業法そっくりですね。

山本　まあ、あんまり機能しないですよね。

鈴木　古物は有体物だからね。コピーがいくつも出回ることないしね。

高木　どなたでしたか、こんなことをおっしゃってましたよ。「事業者の負担ばっかりかけるような規制はけしからん」と。

山本　んー。どっかで聞いたことあるセリフですね（笑）。

高木　「それより名簿屋をなんとかしろ」と。それで、「トレーサビリティを確保するために、どの情報はどこから取得したかを全部記録して管理するべき」と言っている人がいましたよ…。

山本　それも、どっかで聞いたことのあるフレーズですね。みなさん、ひとことでトレーサビリティっていうんですけど、トレースする側になってほしいですよね。

高木　そう。これ、余計に大変じゃないですか、と。

山本　そうなんですよ。

高木　自分の首を絞めるようなことを言っているのに、と思って聞いたんですけどね。

山本　彼らと「トレーサブルにできる仕組みにしようね」って議論をするとですね、「それは我々の責任ではない」って言うんですよ。「え、でも今トレーサブルっておっしゃいましたよね？」みたいな話をすると、「それは我々の仕事ではない」。「じゃあ捜査機関の仕事ですか？じゃあ、情報出してくださいねって言わざるを得ませんよね？」って言うと、「いや、そんなことは民間の負担が増えるだけで許せん」みたいな堂々巡りの議論になるわけですよ。ぐるぐる回っていると、いつかバターができるんですけども[12]（笑）。そういう状態になっちゃうので、簡単にトレーサブルって言うんじゃなくて、より実効性のある個人情報の管理をしろっていう話になるのであれば、もうちょっとやりようがあるんじゃないですかと。前に鈴木先生がおっしゃってたみたいに、なんかこう、中間に公的データベースみたいなものをつくって、どういう感じで個人情報が動いているのかが視認できるような仕組みが何かつくれないですかね？って話になったじゃないですか。それが最善なのかどうかは別としても、何か仕組みを考えないとやられ放題ってことになりかねません。

鈴木　んー。あと、やはり買い受ける側にも何か規制が必要ですよね。「変なところから買い受けてダイレクトメール出すのはだめですよ」「きれいなところから買ってください」と。で、買うこと自体はある程度許容していかないとだめなんじゃないかなとも思うのですよ。

山本　ええ。ええ、そうですよ。おっしゃるとおり。

鈴木　ええ。ええ。えっと、氏名住所くらいは流通していいじゃないかっていう話はあるじゃないですか。やっぱり世の中コミュニケーションで成り立っていて、ある種の商行為だってそのコミュニケーションのひとつとも言えなくもないしね。たとえば町の小さな呉服屋さんが、過去に来店して住所氏

(12)『ちびくろサンボ』に、獲物を取り合ってぐるぐる回る虎たちが、やがてバターになってしまうというエピソードがある。

名を書いてくれたお客さんにだけダイレクトメールを出したって売上が伸びていかないわけですよ。やっぱりそこの商店の商圏というのでしょうか。たとえば半径20キロくらいに住んでいる19歳の女性に来年の成人式をめざしてダイレクトメールの1本も打ちたいじゃないですか。

山本　はい。

鈴木　そうしないと商売をやっていけない会社が山のようにあるでしょう。その程度の連絡手段くらいは許してもいいのではないかと。ある種の、宛名付きのラベルを買ってダイレクトメールを出したいというニーズには、やっぱり応えるべきところはあるのではないかとも思うのですね。

山本　アメリカなんかは、データブローカーに対する州単位の規制や枠組みがあります。で、たぶんそれだけだと完結しないので、しょうがないので、まさにおっしゃったような、買った人責任。利用した人は、適法と思えないデータブローカーから買ったときには責めを負いますよ、みたいなことでなんとかやってるんですけども。おそらく次のフェーズで、いま、おっしゃったような一個上のレベルの話が出てくると思います。

鈴木　ＦＴＣは、「透明性と説明責任を果たしてくれ」みたいなことを言っていますよね。データブローカーの側は、「一応、俺たちも頑張ってるよ」みたいな。「アクセスするなら権利かどうかわかんないけど本人からアクセスしてくれればちゃんと応えるから」と。で、オプトアウトの機会も提供しているから適法な事業だよねというようなことを主張しているところもありますよね。たぶんこれを本当にしっかりやっているのであれば、ホワイト名簿屋だと。それ以外は闇名簿屋と。このあたりの相場観で社会的に了解が取れてくると法規制もだいぶやりやすくなっていくのかなと。

山本　はい。

鈴木　でも相手が微妙な連中だと消費者も怖いからアクセスなんてできないですよね。アクセスすることで、アクティブ情報だとみすみす教えちゃうだけのことになる。やっぱりそこは、何らかのかたちでホワイト名簿屋は見た目も白く見えてないと、誰も怖くてアクセスすらできない。

山本　そうです。

鈴木　そこはまたマーク付与制度になるのかわかりませんが（笑）。で、アクセスして自分の名前があるかどうかを確認する。あった、と。じゃあダイレクトメールやめてくれと申し出る。名簿屋はそれを消去するか停止する。

山本　ええ。

鈴木　まあ、そういう仕組みを組み上げられるかどうか。ホワイト名簿屋ができるかどうか。

山本　むずかしいですねえ…。

「トレーサビリティの確保」はこんなに難しい

高木　さっきの、トレーサビリティを確保すればいいという意見、ちょっと変だなと思うのは、先ほど、山本さんがおっしゃったように、名簿屋はどうやら名寄せをしていて、さまざまな名簿を束ねていっている疑いがあるわけですが、そのときの、個人情報の取得ってどの部分を指すんですかと。

山本　ええ、ええ、ええ、ええ。

高木　もしかして、トレーサビリティ確保と言ってる人は、氏名、住所情報だけが個人情報であると思っていませんか。その考えでいくと、最初にある人の住所氏名が入ってきたところはどこから取得したかのトレーサビリティを問題にするけれども、あとからなんらかのＩＤで紐付けて…と、その人の属性の情報が追加されていくとき、これは個人情報の取得じゃないって思ってませんか。しかし、本当はこれも個人情報の取得なわけでして。

山本　…です。

高木　その事業者にとって個人情報となるかたちで取引するわけですからね。そうすると、トレーサビリティなんていったら大変なことですよ。たとえばネットショップで買い物した瞬間も新しい個人情報の取得をしているわけです。この商品を買ったっていう個人情報を取得している。それを全部、トレーサブルに記録していくんですかっていう話で。

山本　まさにそういうことですね。

高木　だからたぶん、勘違いされていると思うんですよ。最初に住所氏名を取得するところだけやっとけばいいんじゃないかみたいな。

山本　どうやって紐付けるかは、名寄せグループが名寄せの確たる中心においているのは旅券番号、おそらくですけど、もしくは国家公安委員会の出している、免許証または地方運輸局の船員手帳。適法と言い張っている側も、いままさにおっしゃったような個人に関する情報の取得なんだけれども、そうだと認識していないという強弁の下に集めて自社で寄せているものがある。要は利用目的の明確化と遵守がなされてないんじゃないのっていうのがあると思うんですけどね。

高木　古物商の規制の類推で同じように規制すればいいっていう発想は、有体物だからうまくいくだけだという話がありましたけれども、まさに情報っていうのは、単にコピーできるから有体物と違うんだっていうだけじゃなくて、入ってくるときにマージされて一体化されていくので、とても有体物と同じようには、できそうもないですよね。

鈴木 おっしゃるとおりですね。

山本 だから常に新しくなっていく、その鮮度を保つためには何ができるかっていうのは考えなきゃいけない。あと高い精度で保ちたいっていうニーズが入っているはずで、そこの部分がはっきりしなかったら、じゃあ何が正解で何が正解じゃないか、わからないわけですから、悪いことをしていない、まともな事業者さえもが個人に関する情報を利活用できないっていう話になってっちゃうんですよね。がんじがらめにしすぎてしまうと使いづらくなっていっちゃうので、そこをどうにかしないとねっていう話。

鈴木 鮮度の話を説明すると、まあ、みなさん事業者の方ばかりなので釈迦に説法ですけど、ダイレクトメールを100万人分とか50万人分とかバーンと発送するわけですが、1通あたりの郵券代が82円、封入するパンフレットの制作費がかかる。デザイン代や印刷費や紙代がかかって、封入代もいる。1通あたりも結構なコストなんですよね。ところが、これを送ると、しばらくすると段ボールで返ってくるんですね。あれはちょっと切ないですよね。

山本　切ないですね。

鈴木　デリバリーを伴うサービスをしているところは、たとえば通信教育の教材とかですよね、お客さんのほうが「引っ越したから今度はこっちに送ってくれ」って必ず住所変更手続をしてくれるので、ダイレクトメールを打っても戻りハガキがほとんどない。ベネッセなんかは、そういう意味では、ほぼ、99・9％アクティブな鮮度のいい情報なんですよ。一方、オンラインサービスを提供して、クレジット決済しているような商売がメインだと、現住所は関係ないんですよね。お客さんも自発的に住所変更してくれないし、インセンティブがなければお願いしてもなかなか現住所を教えてくれなかったりする。こういうところは大量の戻りハガキを覚悟でダイレクトメールを打つしかないわけですよ。

山本　ええ。

鈴木　となると誘惑として、「鮮度の高いところから宛名住所を買いたい」となりますよね。段ボール単位の戻りハガキや封書、その数に1通あたり200円くらいのコストを掛け合わせた無駄をするくらいだったらその金に上乗せしてでも買ってもいいというところはあるでしょう。到達しないダイレクトメールほど虚しいものはないですから。

山本　おそらくその手間もあるので、犯罪的な観点でやってる場合について言うと、オンラインで完結するものって、ひとつ大きなモチベーションなんですよね。なので、この前のＬＩＮＥ ＩＤ乗っ取りからの「プリペイドカード買ってね」話はたくさん出ていて、ウェブでもずいぶんにぎわったと思うんですけど。あれは、犯罪を起こす側と悪用したい側の心理をものすごく突いていて、まあコミュニケーションコストはありますけど、全部、ウェブで終わるようにちゃんと設計したうえで、何が新鮮な情報で何がそうでないかもちゃんと管理している。なので、追っかける側もトレーサブルだと言いながらも国境をまたいだところで行き詰まってしまう。ＬＩＮＥがいくらがんばったところで、日本のいまの法律だと全部は取り締まれないんじゃないかって疑心暗鬼になって、なかなか先に進まないですよね。それに、鮮度の話で言うならば、日本人の中のこの属性の鮮度を上げるためにこの会社を狙えばいいというのが、なんとなくわかってきているんではないかというのがあってですね。みなさん、[13]ＬＩＮＥ詐欺、あるいはＩＤ乗っ取り食らった方いらっしゃいますか。[14]

鈴木　「いま何してますか？　忙しいですか？」って、もらった人の方がいいんじゃないの。

山本　もらった人はいますか？　身の回りにいらっしゃる方は？

(13) ここでは、プライバシーフリーク・カフェの聴衆に向かって語りかけている。

(14) ＬＩＮＥのアカウントを乗っ取られた知人から「いま何してますか？　忙しいですか？」で語りかけられるのが定番だった。

鈴木　…だいたい1割強くらいですねえ。被害率としてはかなりの高さですね。

山本　はい。結構な割合で、ID・パスワードの使い回しっていう古典的な問題だけじゃなくて、この人だったらこのパスワード使うに違いないっていうアタックリストがつくられていて。で、「この前このIDとパスワードで突破できたんで、次は別のサービスでも試してみよう」っていう、「試す業者」っていうのが、どうもその、ある特定の地域にいるらしくてですね。調べていくと「試すもの専用IP」っていうのがあるんですよ。

鈴木　なるほど。

山本　入れるかどうか確認するためだけに、アタックする。

鈴木　昔、電話の時代もありましたよね。

山本　ありました。だから昔からのノウハウっていうのはいまでも生きていて、それこそがその個人情報をそろえるためのツールでありノウハウになっているという可能性が高いですよね。そうなってくると、どういう対策を打てるようにするのかをちゃんと考えた上で、法律改正を実効性のあるものにしていくのかって考えないといけません。さっき申し上げたように、まともな業者が使いづらくなったら意味がないんで、まともな業者に対して、どういう使い方であれば経済的利益が担保できますか、みたいなところをきちんとヒアリングするべきだと思うんですよね。実はそれができているようで、できていなくてですね。で、この前、新経済連盟で、こういう系の話をしませんかっていったとき、「利用の実態にきちんと即した対策であれば、どういう大綱であっても受け入れる」って言ってたんですよ。

高木　うーん。

山本　ちょっと言い方としては、レトリックはむずかしいんですけど。彼らが「受け入れる」って言ってくれているものは、基本的には「一般の利用に関しては、レギュレーションが合理的であればいいですよ」と。個人情報保護法が岩盤規制(15)だなんて意見書を出すのは、議論としては先鋭にする必要があるかもしれないけれど、「ちゃんと実効性のある個人情報の使い方さえ明示してくれるのであれば、どんな内容でも大丈夫です」っていう回答なんですね。

鈴木　うんうん。

山本　で、どうもそれが、やや、ある特定の会社さんの、ご意向によってですね…。

鈴木　B先生の。

山本　B先生のお話もありつつですね、若干後ろ向きなふうに思われがちなんですけども、もしそういうふうに経済界が思ってくれているのであれば、使い

(15)　岩盤規制とは、既得権益を有する業界団体等が規制官庁や族議員等とともに改革に強く反対し、緩和や撤廃が容易にできない岩盤のような時代に合わない不合理な規制のことをいう。1980年代以降、経済成長の観点から多様な分野で規制緩和が行われ一定の成果をあげたが、医療・農業・教育・雇用等の分野で強い抵抗にあった。昨今は、過去の成功体験から「経済成長＝規制緩和」との短絡で語られることが増えており、必要性のある規制もまた岩盤規制と主張されるなど、事業者エゴの正当化のためにも使われることがあるので注意が必要である。

やすくて、トレーサブルって言い方はどうかと思うんですけど、ちゃんと何かあったときに追っかけられる仕組みをどう用意するかも、ちゃんと踏まえて議論したほうがいいんじゃないかっていうような話になってくるんですよね。それであれば、建設的な議論にしやすいと思います。

日米欧のルールの調和

鈴木　いままでちょっとすれ違いだったのは、我々は常に全体の産業を見てたわけじゃないですか。ネットビジネスだけじゃなくて、自動車にせよ、遺伝子創薬にせよ、保険にせよ。まあ、そういう形で少なくとも日米欧3極くらいのルールの調和は必要だよねと。執行協力必要だよねと、モワっと言ってきましたけども、今日は、犯罪対策に近い話になっている。

山本　ええ。悪用の実態からすると犯罪に利用されるのが一番多いわけですね。

鈴木　となると、必ずこの手の話は国際化しますから、サイバー犯罪条約が必要だったように、アメリカにお願いしたりEUにお願いしたりする必然性が出てきちゃいますので、各国間で取り締まりのルールを調和させないと、協力の前提が成り立たなくなります。

山本　ちょっともう一個議論させていただきたいんですけど、いまデータブローカーの話をしていますけれども、実はメインプレーヤーってアメリカにはいないんです。みんなキプロスだとか、アイルランドとか、法律の規制の緩いところへ逃げているんですね。

鈴木　タックスヘイヴン[16]みたいですね。

山本　ええ。なんというか、データヘイヴンなものがある。要は彼らからするとデータ資本主義って言っているぐらい。データをどこかに蓄えて、そこの国の法律に適したデータの蓄え方なんだから適法でしょっていう言い方をするわけですよね。たとえばバイバーというＳＮＳがありまして、楽天が買収しましたけども、彼らはキプロスにいるわけですよ。で、キプロス法上は個人情報の規制だとか、利活用がかなり柔軟にできますよ、と。

鈴木　アメリカでは、アメリカ企業がアメリカ外のサーバーに保存していたデータについて、アメリカの捜査令状だけで開示可能とする地裁判決などが出てきています。サーバー設置国の主権は黙殺ですよ。いま、某ＭＳ社が争っていますけどもね。

山本　いやまさにそういうことですよね。まあ、ちょっと言い方は悪いですけど、ねじ伏せにいくかたちですよね。

(16) タックスヘイヴン（軽課税国）とは、一定の課税が著しく軽減、ないしは完全に免除される国や地域のことである。租税回避地とも呼ばれる。タックスヘイヴンで得た所得は、源泉地国の法律で無税か名目的課税措置のみ行なわれるので、利益を配当として社外流出しなければ、そのまま再投資・運用できるなど日本の租税を回避することができる。これに対処するため、日本では１９７８年度改正租税特別措置法でタックスヘイヴン対策税制が規定された。

鈴木　そうですよね。

山本　で、アメリカ人の情報を海外に流出させるかたちで管理するやり方っていうのは許されるべきなのかっていう観点があるんですよね。要は事業自体はアメリカにあったとしても、データの保存元はアイルランド、もしくはルクセンブルクにありますって言われると、すぐに何かしようにもできないわけですよ。

鈴木　そうすると、データを置かれている国にしてみればですね、きわめて不快ですよ。いきなりアメリカが直接手を突っ込んで、自国内に設置されているサーバー上のデータを持っていくわけですからね。本来はそこに執行協力や挨拶があってもいいところでね、そこをいきなり土足で入ってくるってね、かなり抵抗あるわけですよね。やはり国際的にルールを明確にしていく方向に行かないと。

山本　EUなんかは、フランスで反アマゾン法(17)ができて、無料配送禁止って話になったら、じゃあ1ユーロ配送でいいじゃないですか、みたいな話になるんですね。そういう戦争の起き方になってるわけですよ。要はいかに精密な法律を国内で構築したとしても、海外でやられたときに何もできませんよね、と。

鈴木　そうですよねえ。

(17)
反アマゾン法とは、文化（国内約3500店舗の中小の書店）の保護を目的に、ネット通販業者の書籍販売における送料無料配送を禁止するとしたフランスの法律である。実質的にアマゾンを狙い撃ちにした法律であることからこのように呼ばれている。書籍の再販制度のあるフランスでは、送料無料配送は「ダンピング」に相当し中小の書店経営を圧迫しているという考え方がある。

山本　たとえば日本だと、グーグルはグーグルプレイの中でお客様情報を抱えていますと。日本の法律で商慣行上問題だと思われるディール、取引があったとしても、日本国内で完結しませんから、当然、サービス元のある国に訴状を持っていってどうにかしないといけないっていう話になるわけですよ。ただ、なんでいまそれで大きな問題にならないかというと、グーグルはグーグルなりにきちんと地域に溶け込もうという考え方、プリンシプルがちゃんとあるので、日本の法律に従ったかたちで運用するっていうことに対して非常に協力的だって前提が、そこには一応あります。日本を尊重してくれはする。でも、どっちに主導権あるかっていったら、向こうにあるんですよ。

鈴木　まあ、そうですね。この間、例のグーグルサジェスト機能の東京地裁の仮処分の決定(18)に対して、アメリカの本社が、1回目、完璧に黙殺しましたよね。行政規制の話だけではなく司法権でも現に起きています。六本木の現地法人にもっていっても彼らには削除の権限もないし、データ自体もっていないという。「本国に行ってください」と言わざるを得ない。やむなく名宛人はアメリカ本社ですよ。そうすると、アメリカ本社からしてみれば、うちらはアメリカ企業で、アメリカ国内にいてアメリカからサービス提供してデータもアメリカにあるんだと。なんで他国の裁判所の決定に従わなければならないんだと。まあ確

(18) グーグルの検索機能の利用者が、自分の名前を入力すると身に覚えのない犯罪歴が表示されるとして、米グーグル社に対して削除の仮処分を申し立てたところ、東京地裁は2012年10月それを認め、プライバシー侵害を理由に検索候補の削除を求める仮処分を下した。しかし、米グーグル社は「機械的に抽出された単語を並べただけではプライバシーの侵害には当たらない」と主張し決定には従わない旨を表明した。なお、その後、当該利用者は、表示の停止を求めて訴訟を提起し、2013年4月15日に東京地裁において名誉棄損及びプライバシー侵害を根拠に米グーグル社に対して表示の停止と慰謝料30万円の支払いを命ずる判決を得ている。

かに形式論ではそうだけれども、実質的には明らかに日本市場でビジネスしているわけでね。日本は本当にエンフォースメントが弱いですよね。法制度の問題なんだけども、なんか気合いもなさそうに感じますね。

山本　弱いですね。

鈴木　一方、韓国は果敢にアメリカ本社にも執行をかけたりする。[19] 日本の個人情報保護法制度では、日本を市場とする他国の本社まで執行が及ばない。そもそもクラウドに対応していないということもありますが、法制度が整備されたからといってそれを行使するかはまた別問題で、何事につけ弱腰だとねえ…。

山本　まさにそういうことで、やっぱり名簿屋問題もそうですけども、ビジネスにどう適正に利用してもらうのかっていうときに、国の中だけの議論で完結できない。じゃあ、もう片方に対してどうやって執行力を担保してトレーサブルなところに持っていくんですかっていうと、やっぱり、ひとつの解決策をロールモデルでつくってですね、一回右へ倣えする必要があるんじゃないのっていうふうになっちゃいますよね。ここまで犯罪がグローバルになると、規制の仕方を世界と調和させていかざるを得ない。

鈴木　まあ、いままでずっと産業界は規制緩和。個人情報保護法みたいなものは岩盤規制だと見立てて、データ産業が失速するのは法規制が悪いかのような

(19) **アップル・グーグルの位置情報収集、韓国が世界初めて制裁、中央日報、2011年8月4日**
http://japanese.joins.com/article/482/142482.html

口ぶりで責めてきたけれども、やっぱり一部には規制強化も必要なんですよね。

山本　適正化ですよね。

鈴木　適正化。強化っていうと無駄に身構えられちゃうので、適正化とか、ルールの国際的な調和とか表現すべきでしょうね。

山本　必要な規制をしっかり敷いて、実効性のあるスキームをつくるということだと思うんですよね。

鈴木　そうですね。そうするとまあ、あの米国型とかEU型という単純で妙な整理[20]をしないでね、まあ、EUのおかしなところは追随せず修正を求めて、EUとアメリカのいいところは取り入れて、日米欧三極で交渉を始める、まずはテーブルに着かないと、いつまでたっても、この問題は解決できないかもしれないですよね。

そもそも名簿を売ることが侵害

山本　このあたりで、ぜひ高木先生のご意見も…。

高木　いまの話は、犯罪の観点からでした。個人情報を内部で盗み出して売るところが不正競争防止法違反で犯罪だと、個人情報というか、営業秘密が不正

(20)「プライバシーフリーク」発言を検証する、日経コンピュータ、2014年3月19日
http://business.nikkeibp.co.jp/article/opinion/20140312/260977/
「米国は基本的にデータが常に流れる「water on」の環境を整備し、問題があると一部穴をふさいでいる。欧州連合（EU）は一定条件を満たせない限りデータは流さない「water off」の考え方。」とある。

に使われるのが問題だっていうロジックですよねえ。もうひとつ前の話は、ダイレクトメールがウザいっていう話でした。その2点ばっかり注目されるけれど、もっと肝心なことは、個人についてその人がどういう人だってことが勝手に分析されていること。分析された情報が他へ売られることが問題なんじゃないの？と。

山本　や、それも、もちろん。

高木　それがプライバシーの問題であるわけで。名簿屋がそういうのを販売してれば、プライバシー権侵害だって訴えたら勝てるんじゃないですか？どうですか？

鈴木　ええと、勝てる…んじゃないですかね。まあ、過去の判例って過去の事案に基づく裁判所の判断ですから、特定個人が識別されたものが、問題になってたんですよね。で、これから起きてくるのは、ＩＤだけど履歴情報とかっていうのがどんどん入ってきますから…。

高木　いや、特定個人が識別されなければ侵害じゃないってことでいいのかという話をされようとしてますが、その論点もあるんですけど、いまはその話ではなくて、特定個人が識別された名簿の販売の話です。氏名や住所の4情報だけ売られている場合は、勝てないように思えるのですが、そうじゃなくて、

「夢見る老人リスト」[21]とかですね

鈴木　カモリストですね。

高木　「アダルトグッズの購入者リスト」っていうタイトルの名簿が売られているわけであって、それに載ってる人たちは、訴えたら勝てるんじゃないですか？

鈴木　勝てるでしょうね。

高木　なぜ誰も訴えないんですか？

鈴木　それはたぶん訴訟経済的な話で、たぶん損害賠償の額が、5000円から10万円、よくて30万円という話でしょう…。

山本　TBCのときで3万5000円ですからね。

鈴木　そう。スリーサイズとか身体の特徴が入っている上に、ウエストを何センチと太ももを何センチ細くしたいとか、そういうコンプレックスに関わるような情報が入っていても、3万5000円。

高木　あの2007年の東京地裁は漏れたことに対しての責任を問われているわけですよね。

山本　まさにそうです。

高木　信頼して情報を入力画面に書き込んだのに、記録ファイルが丸見えに

(21) 名簿屋の中には、販売している名簿の一覧をウェブサイトで公開しているところもあり、その中に、「夢見る老人リスト」というタイトルの名簿を販売している業者がある。一方、警視庁の「振り込め詐欺にだまされないために」(http://www.npa.go.jp/safetylife/seianki31/newpage4.html）には、「押収した名簿の特徴 これまで警察が犯人グループから押収した名簿の中には、「夢見る老人（高齢者）データ」「高齢者（戸建て）データ」「大手企業退職者」「リタイア層女性データ」「未公開株購入者」「先物取引経験者」「高額マルチ個人投資家」等の題名が付けられているものもあり、特に高齢者や投資等の経験がある方が狙われている状況が窺えます。これらの名簿には、個人を特定する氏名や住所、電話番号等が記載されているほか、「ルス」「若い」「話中」「入院中」「もう株は買わない」等、犯人グループが名簿を基に架電した結果をメモしていると思われるものも見られます。」とある。

なっていて漏れちゃいました、という事案だったので。

山本　はい。

高木　それとは別に、同様の情報を名簿屋が売っている。取得の手段は別として、売っていること自体についてのプライバシー権侵害訴訟はどうですか？

鈴木　誰が見ても流通してはならない情報を販売するってことについては、不法行為責任を問いうるでしょうけどね。でも、50万円くらいの訴訟費用をかけて、10万円にも満たない額を取りにいくような感じでしょう。これが今後、集合訴訟にでも乗ってくれれば、別の展開も期待できますが、現状のままでは、とても時間と費用をかけてやろうとは思わないでしょうね。普通の人は泣き寝入りするんじゃないですか。それゆえに、個人情報保護法がね、行政規制というかたちで必要だったということなんじゃないのかなと…。

高木　未然に防止するために。

鈴木　それから、違反している事実を主務大臣に告げれば、違反事業者に対して行政指導や行政処分をしてくれるかもしれないという期待があるということですかね。

山本　ただその、集合訴訟っていうのは、仮にここでデータブローカーみたいなものが日本でやらかして、集団訴訟みたいなものが出ましたっていったときには、やはり、TBCの3万5000円っていう金額じゃ済まなくなる可能性もあります。あの、今回、名簿屋のところで何がどこまで出たのか、実際のところよくわからないんですけども、ほかと組み合わさってこういう人たちのこういう情報が出ました、なんでお前持ってるの？ってなるんですよね。ある特定の車種を持っているランク以上の資産を持っているであろう人たちにだけ、ベネッセの情報に基づいた不審な情報が出たんじゃないかって言われているものについては、明らかに他の個人情報との間で名寄せが行なわれています。そうなってくると、3万5000円じゃ済まないんじゃないか。

高木　名簿屋のサイトの説明を見ると、「個人情報保護法に従ってちゃんとやっています」って書いてあるところに、「売った先にも取り扱いに注意するようにお願いしています」などといったことが書いてあって、要するに売った先にプライバシーを侵害しないように言っているというのですけども。

山本　はい。表に出て営業している名簿屋さんも、みんな書いてますね。

高木　だけど、売ること自体が侵害じゃないの？

山本　まずいですよね。

高木　…ってことを、まず判例をひとつつくらないと、話が始まらないんじゃないですか。それで、なぜ誰も訴えないかというと、自分が入っているとは誰も思ってませんから。

鈴木　ええ。

高木　みんな知らないわけですよ。知らないから訴えようがないですよね。そこを解決するのが事前の行政規制の目的だと思うんですよ。

山本　おっしゃるとおりでございます。で、それ、たぶん勇者がいるんだと思って。ルビコン川を渡って揺るがない男が(22)必要だっていう話だと思うんですよ。

鈴木　はい。あと、ファンドも必要ですよね。

山本　ええ。

鈴木　戦うためにはそれを支える活動資金は必要なので。

山本　金は必要ですよね。

高木　それで、この大綱の記述も(23)、最初の事務局案では、ここの「詐欺等の犯罪行為に利用されている」と、「不適切な勧誘等による消費者被害を助長する」っていうダイレクトメールのことだけを挙げていて、後ろの「及びプライバシー侵害につながり得ることが社会問題として指摘されている…」ってとこは書いてなかった。

山本　はい。

(22) ジュリアス・シーザーのたとえ

(23) **パーソナルデータの利活用に関する制度改正大綱**
http://www.kantei.go.jp/jp/singi/it2/info/h260625_siryou2.pdf

高木　書いてなかったのを、消費者団体の委員が何度も指摘をされて、やっと入ったという状況なんですよ。

鈴木　消費者団体の意見書にありましたね。

高木　なんでわからないの？　って思うわけですよ。まずそこでしょ？　と。

裏逐に書かれていた理念はどこへ消えた

高木　それでですね、最近私が何をしているかっていうと、実は、10年前の立法時に、どういう経緯で現行法がつくられたかっていうのを調べていまして。用意しておいたのがこちら。『個人情報の保護に関する法律案《逐条解説》内閣官房個人情報保護担当室』。

鈴木　裏逐条解説。略して「裏逐」ですね。

高木　これは当時の内閣官房の個人情報保護担当室が、法案の段階で作成した内部向けの逐条解説です。情報公開請求で二関辰郎弁護士が取得されたものを、私もいただきまして、[24] 隅々まで読んだのですが、「適正な取得」の17条のところに、大変興味深いことが書いてありました。

山本　ほお。

(24) 二関弁護士の賛同を得て、以下のウェブサイトで公開している。
https://staff.aist.go.jp/takagi.hiromitsu/misc/jpappi/

高木　ここですね。「特に、他人に知られることを望まないような類の個人情報が、本人が全く認識し得ない状態で取得されたり」…「明確にこれを禁止するものである」と書いてある。…アレレ？っていう。

山本　ぜんぜん、また…。

高木　取得手段の不正の話とは別に、「他人に知られることを望まないような」情報を「本人が全く認識し得ない状態で取得」することと自体を、「個人の権利利益を著しく侵害すると考えられる」って言っているという部分。

鈴木　なるほど。

山本　まあ、ヅラとかですよね。

鈴木　ヅラとか、ヅラとかですね。

高木　そういった情報もあるので、そういった類の情報は本人が認識し得ない状態で取得すること自体を禁止するって書いてあるんですよ。

鈴木　当初はね。

高木　ええ。ところが…。

鈴木　今度は表逐条解説ですね。『個人情報保護法の解説』（ぎょうせい）。2005年の改訂版です。

高木　ええ。これが、先ほどの裏逐をベースに法案をつくった方々が書かれた本で、これを見ると、さっきのことがですね、全然書いてないんですよ、そんなこと。

山本　書かれてないですね（笑）。

鈴木　まったく書かれてないですね（笑）。

高木　「適正な手段により取得されることが重要」としか書いてなくて、条文繰り返し読んだだけじゃん、みたいになってて、さっきの部分がざっくり削られているんですよ。

裏逐

【趣旨】

本条は、個人情報取扱事業者に対して、個人情報の適正な取得を義務付けることにより、個人の権利利益の侵害を防止しようとするものである。

【解説】

個人の権利利益侵害を防止するとの観点からは、個人情報が適正に取得されることは不可欠である。特に、他人に知られることを望まないような類の個人情報が、本人が全く認識し得ない状態で取得されたり、違法な手段によって個人情報が取得され、事業の用に供されることは、個人の権利利益を著しく侵害すると考えられるため、明確にこれを禁止するものである。

表逐

【趣旨】

本条は、個人情報取扱事業者が個人情報を取得するに当たっては、適正な手段で行なうべきことを定めるものである。

【解説】

本条は、個人情報の取得手段の適正性を規律するものである。個人情報の適正な取扱いに対する本人の信頼を確保し、個人情報の不適切な取扱いによる本人の権利利益侵害を未然に防止するとの観点から、個人情報の取扱いが始まる最初の段階から、それが適正な手段により取得されることが極めて重要である。

鈴木　裏逐は各方面への説明のときの資料ですよね。議員さんに質問されたときなんかも、後ろからヒュっと出さないとだめじゃないですか、説明を。それがぶれないように、きっちり固めるために内部資料でつくっているんですね。

高木　うん。

鈴木　まあ、これを最初から見ていると本が書きやすいっていうね（笑）。アンチョコみたいなものでして。

山本　なるほど！　ちょっと、いい話ですね（笑）。

鈴木　そうそう…。手続き面を定めた条文なのに、なぜか実質に渡る部分に踏み込んで解説していたと。

高木　うん。

山本　そういうことですよね。

鈴木　で、表本を書く人は、「おやっ？」と思ったんでしょうね。これはちょっと言い過ぎているかもと。

高木　うん（笑）。

鈴木　これは間違えるといやだから消しちゃおうって安全策でいったのがこれ、表逐条のほうなんでしょう。

高木　これ、趣旨のところもですね、変わっているんですよ。裏逐ではですね、「個人の権利利益の侵害を防止しようとするものである」って書いてあるんですよ。

鈴木　うん。

高木　それすらなくなっている！「適正な手段で行なうべきことを定めるもの」って、条文を繰り返しただけになってる。

鈴木　…これはねえ、ちょっとねえ、あの、全般にそうかもしれませんが、起草者の思いより後退してヘタレが過ぎるというかですねえ。結局ガイドしていないですよね。いま振り返ってみると、1条に目的があって「権利利益の保護」って書いてあって、3条には「個人の尊重の理念」って書いてあるじゃないですか。すごい立派なことが書かれてあるのに、個別義務規定の解釈には、ほとんどその理念に及んでいないっていうか、もう少し踏み込んで解説してもよかったんじゃないかとも思いますね。

山本　しょっぱい感じですね…。

鈴木　そうそうそう。だから、裏遂のほうの趣旨がよかったんですけど、表になったら安全策が過ぎてですね、形式論になっちゃったんでしょうかね。その結果、本当にこう、カッサカサに乾いた法律というか法解釈論になっていくわけですよ。

山本　ただその、もし、さっきの部分が、実態論も含めて重視すべきとなったときに、ウェブ会社に限らず取得している情報って山ほどあるんですよと。たとえば、家電メーカーさんに委託された量販店が、壊れたエアコンを直すときになぜか家の間取りまで情報を持ってきてますよ、とか。それというのは、当然知られたくない情報のひとつに入る可能性がありますね。

鈴木 うん。なかなかね…。

山本 一人暮らしのお宅はともかく、日中妻子を置いて留守にするような家であれば、知られたくない情報の最たるものじゃないですか。だから、別にビジネスに限らずですよ、いろんな会社がいろんなものを取っていますよと。それは実態だと思いますが、実は利用者にとってそれって知られたくない情報を類推できるものであるといった瞬間に、結構な反動があるんじゃないでしょうか。

鈴木 萎縮しちゃうってことですよね。

山本 ええ。

高木 EUでは取得も本人同意が原則ですよね。

鈴木 そうです。

高木 日本の17条は、オプトアウトすらさせないんですよ。

山本 ないですね。

高木 「私のは取得しないでください」っていうオプトアウト。まあ、これは前回も話しましたっけ？ 顔の識別なんかの場合は、識別のオプトアウト。

山本 ええ。

高木　アメリカの自主ルールで行なわれている、行動ターゲティング広告でのオプトアウトなんかも、履歴を取得するトラッキングのオプトアウトですから、取得のオプトアウトなんですが、これが日本法にはないわけですよ。これでEUの十分性に適合するの？　っていう。ただ、OECDガイドラインには適合しているのだそうで、そういう説明がどこかに書いてあります。(25)

鈴木　まあ、いまの話を解説するとですね。個人情報の取り扱いにはざっくり5つのフェーズというか局面があります。第1に取得の局面。個人情報を取ってくるっていう。第2に利用の局面。第3に提供の局面。第4に開示等、苦情処理の局面。第5に利用停止・消去の局面です。で、現行法って「取得の制限」がきわめて緩いんですよね。現行法は17条ひとつだけ。「嘘ついたりだましたりしないでね」っていう最低限のことしか書いていないんです。オプトアウト手続きは、23条2項の第三者提供のときだけ。販売したり誰かにあげるっていうときにだけあるんですけれども、いま、高木さんがおっしゃったのは、取得の段階から、もう少し本人関与を強化すべきではないかということです。具体的には、取得に際しての本人同意原則を定め、例外として、ここでもオプトアウトを認めたらどうかということでしょう。この17条だって強化すれば、闇名簿屋対策に使えるようになるでしょうし、あと、NICTがJR西日本に

(25)　OECDガイドラインは、7項の「収集制限の原則」で、「個人データの収集には制限を設けるべきであり、いかなる個人データも、適法かつ公正な手段によって、かつ適当な場合には、データ主体に知らしめ又は同意を得た上で収集されるべきである。」としており、取得についても本人同意を原則としている。このことについて表逐にも裏逐にも言及がないが、行政機関法の旧法である昭和63年法（行政機関の保有する電子計算機処理に係る個人情報の保護に関する法律（昭和六十三年法律第九十五号））の逐条解説書（逐条解説 個人情報保護法、総務庁行政管理局行政情報システム参事官室監修、第一法規、1989年）では、取得に本人同意を規定しなかった理由として、94頁に、「なお、OECD理事会勧告も「適当な場合には、データ主体に知らしめ又は同意を得た上で、収集されるべきである。」として、すべての個人情報についてデータ主体に知らしめ又は同意を得た上で収集することまでは要求していない。」との説明がある。

顔認証のデータを渡すことを発表した炎上案件が[26]ありました。それから、京都大学が勝手に研究のためとはいえカメラで撮影していた件が炎上[27]していました。顔認証システムが入ってきたら、これはもう勝手に撮られてＩＤが生成されたりするかもしれない。こうした問題も「取得の制限」を工夫すれば、対応できるのですよね。

山本　基本的にそうですね。

鈴木　だから、「取得の制限」って今日、非常に重要で、改正の論点として浮上してきました。名簿屋と顔認証が典型ですけど、我々はあずかり知らないところで、自ら防御することすらできずに、いつのまにか個人情報を取られている。それでいいのかという問題が突きつけられているときに、だましたり、脅したりしなければいいという現行17条程度の規制しかないわけです。これをそのまま改正せずに維持していて大丈夫かと。

高木　それで、先ほどは取得段階の話でしたが、提供の段階のオプトアウトについて、最近こういう記述があるのを私、見つけまして。

> 扱われる個人情報の性質や利用目的等から、本人に重大な権利利益の侵害をもたらすおそれのある分野、業種等については、第三者提供に際して事

(26) ここで鈴木は「顔認証のデータ渡すことを発表」と言っているが、厳密には、「顔認証のデータを渡す」としたわけではない。
朝日新聞２０１４年１月６日「通行人の顔、カメラで撮影し追跡　大阪駅ビルで実験へ」
http://www.asahi.com/articles/ASG15410GG15PTIL008.html

前の本人同意を求める本条第1項に立ち戻るなどの特別の施策や運用が図られることが望ましい。

高木　なんだと。最初からそうなっていたじゃないかと思ったんですね。

鈴木　これは表逐条ですね。

高木　ええ。何の話をしているかというと、先ほどは犯罪の対策とかダイレクトメールの対策でしたが、氏名が入ってるとかの問題じゃなくて、どういう履歴がくっついているかが問題なんだっていう話をしています。

鈴木　はい。

高木　それで、私の意見はこうです。氏名、性別、生年月日、住所のいわゆる「4情報」については、これまでどおりの規律でいいだろうと思うんです。先ほど鈴木先生が「どこにもダイレクトメールを出せなくなってしまうと、事業者が干上がってしまう」という話をされていましたので、4情報はいままでどおりとすると。それに対して、4情報だけでなくて、特定の属性情報が付いているものについては、やっぱり、オプトアウト方式で提供していいっていう規律は、おかしいと思うんですよ。そう考えていたところ、逐条解説にこのように書いてある。書いてありました。最初っから。この規定をつくった趣旨につ

(27)　**朝日新聞2014年8月12日朝刊「京大、買い物客らを無断撮影　商業施設で追跡技術研究」**
http://www.asahi.com/articles/ASG8C5CQCG8CPTIL01R.html
「京都大学が京都市内の商業施設に人物照合用の複数のカメラを設置し、約3年8カ月間にわたって買い物客らに無断で撮影を続けていたことが朝日新聞社の調べでわかった。」という記事。「朝日新聞の取材をきっかけに今年3月下旬に無断撮影が発覚し、4月22日に館内2カ所に「カメラ動作中」の紙を貼り出すまで、何も掲示していなかった。」とされている。

いてはこう書かれています。「本来であればすべての本人の同意を得た上で提供」するのが望ましいけど、まあ、現実的に困難なのでー、と。それで「必要最小限度の手続きを取ることを条件に」特則として認めているのだと書かれている。そしてその下。ここに「ただし、」って本当は入れてもいいと思うんですけど、読みますと「取り扱われる個人情報の性質や利用目的等から、本人に重大な権利利益の侵害をもたらすおそれのある分野、業種等については、本条第1項に立ち戻るなどの特別の施策や運用が図られることが望ましい」と、書いてある!

山本 ちゃんと書いてある!

高木 「アダルトグッズの購入者名簿」とか、「本人に重大な権利利益の侵害をもたらす」もの…。

山本 ヅラとかですね。

鈴木 ヅラとかですね。

山本 そこ重要ですよね。

高木 …については、2項を適用しちゃいかんと、書いてある。

鈴木 でもね、書いてあるんだけど、これ勝手に解説で書いてあるだけで、条文見ると…、世間でも23条1項の本人同意が原則で、23条2項のオプトアウト手続きは例外だと、よく口では言っているんですが、条文相互間の構造を見ると、事業者の選択制になっているんですよ。

山本　ああー、なるほどねえ。

鈴木　23条1項と2項の関係は、条文ヅラからは、「原則・例外」とか「2項が特則」ってわかんないですよ。一方、「取得に際しての利用目的の通知等」について定める18条1項と3項の関係は、第2項に「前項の規定にかかわらず」直接書面取得の場合は…ってちゃんと書いてあるので、「原則・例外」の関係がわかるし、適用場面が異なるとわかる。でも23条のつくりは、そうはなっていない。起草者の心はわかったと。ただ、条文としては…。

山本　そうは言ってないだろう、と。

鈴木　23条1項と2項は、事業者の選択になっているんですよね。

高木　1項に立ち戻るべきというのは、パーソナルデータ検討会の事務局にヒアリングに呼ばれて話をしたときも、私、最初からずっと言っていたんですよ。表逐にも書かれていることはそのあとで気づいたのですが、趣旨として同じことを言っていたわけです。2項のオプトアウト方式を適用しない場合の線引きを情報の内容で区分しようと。すると、「でも、どうやって線引きするんですか？」って言われたんです。

鈴木　うん。

山本　うん。

高木　そこは、たとえば、いわゆる「4情報」のみか否かでいいと思うんですよ。それで、実は現行法でもそういう線引きって既にありまして。これは、五千人を超えない事業者は適用除外とする件について書かれた部分ですが…。

鈴木　零細企業は適用から除外するっていう…。

高木　その5千人をカウントする方法について、施行令に書いてあるんですよね？

鈴木　はい。

> 個人情報の保護に関する法律施行令
>
> (個人情報取扱事業者から除外される者)
>
> 第二条　法第二条第三項第五号の政令で定める者は、その事業の用に供する個人情報データベース等を構成する個人情報によって識別される特定の個人の数（当該個人情報データベース等の全部又は一部が他人の作成に係る個人情報データベース等であって、次の各号のいずれかに該当するものを編集し、又は加工することなくその事業の用に供するときは、当該個

人情報データベース等の全部又は一部を構成する個人情報によって識別される特定の個人の数を除く。）の合計が過去六月以内のいずれの日においても五千を超えない者とする。
一　個人情報として次に掲げるもののみが含まれるもの
イ　氏名
ロ　住所又は居所（地図上又は電子計算機の映像面上において住所又は居所の所在の場所を示す表示を含む。）
ハ　電話番号
二　不特定かつ多数の者に販売することを目的として発行され、かつ、不特定かつ多数の者により随時に購入することができるもの又はできたもの

高木　「次に掲げるもののみが含まれるもの」はカウントしないと。「のみ」というのは、氏名、住所又は居所、電話番号と書いてあります。こういった基準でいいと思うんですよ。「4情報」とは違って、性別や生年月日は入れないの？　とか、電話番号は入れるの？　という細かい違いはありますが。

鈴木　これはどこから出た基準かっていうと、国会の議員さんから質問などあ

りまして、「お前、五千ったって、店が電話帳を持ってりゃ、一気に五千を超えるじゃないか」と。それに「営業車にカーナビつけただけで、もうそれだけで五千超えるから」と。これをカウントすることになれば、結局意味がない、空文化するって怒られて、さっきの氏名、住所・居所、電話番号のみを含むっていう表現をつくったんですよね…。

山本　あー、なるほど。

鈴木　この記述はね、電話帳を想定したものなんですよ。逆に言えば、この手の情報は電話帳くらい流通しちゃってる情報だから、いまさら取り締まったって…っていうニュアンスを若干含むところもあるかもしれない。ただこれは、個人情報取扱事業者に該当するかしないかの判断のフェーズだけの話です。そこでの5千人をカウントする部分の話なので、個人情報の定義とか保護の対象をどうするかとはまた別なんです。

山本　別なんですね。

高木　そこもおかしいですよね。ずっと法律読んでて「なんじゃこりゃ?」って思ってたのは、5千人にカウントするかどうかについてはこの基準を使うけれども、ひとたび、その事業者がなんらかの事業で別の個人データをたくさん持っていて、個人情報取扱事業者に該当してしまったらば、この種のカウントしないはずの個人データも合わせて保護しないといけないわけですよね。

鈴木　そういうことです。

3年以内に見直すつもりが

高木　こういう法律のつくりってよくあるんですか？

鈴木　質問が飛んできたのを返すために、事後的に部分的にあてていったので、まあ、そういう場合は、当初の考えにないものを入れていくことで体系性は崩れたりしますよね。説明も苦しくなるところはあるかもしれません。

高木　ちゃんとここに書いてありますよ？　なぜこれをカウントしないかということが書いてある。「個人の権利利益を侵害するおそれが低く」って、書いてあるんですよ。

鈴木　そういう理由付けなら、個人情報の保護の対象からも、この趣旨で除外すべきというほうがロジックが合うはずだろうと。

高木　はい。

鈴木　おっしゃるとおりですね。

高木　ええ。ええ。

鈴木　おっしゃるとおりです。ただ、現行法のつくりはそうはなっていない。だから立法論になるんですよね。

高木　国会で議論している段階で、本当はあるべき答えに行きついていたんじゃないでしょうか。しかしその時点ではもう全体までは直せないから小手先の修正で…。

鈴木　まあ、そういうことなんですかね。

高木　とりあえず中途半端でも法律を通して、すぐに直すつもりだったのでは？っていう。附帯決議(28)に見直すと書かれたのでしたっけ？

鈴木　そうですね。だから3年内に見直すって絶対に必要なことだと思っていました。過剰反応問題も出てきましたからね。運用をしっかり見て直すべきは直すのが当たり前だと思っていました。ところが10年、立法論は封印されてきました。ということで、そうした流れを追認してきた某先生をかなり辛辣に批判してきたわけだけれども（笑）。大変申し訳なく思っていますが。改正に持っていくためには必要なことだと思っていました。

山本　あー。某先生ですね。

鈴木　ええ、某先生。かなりね、つくっている途中に「あ、これあとで確認してから直さなきゃ」って論点が結構あったんですよ。で、3年内に運用しなが

(28) 附帯決議とは、国会の衆議院及び参議院の委員会が法律案を可決する際に、それに付される当該委員会の意見や希望などを表明するものとして行なう決議のことである。法的拘束力を有しないため、その後まったく忘れ去られる場合もあるが、その後の主張の有力な根拠のひとつとして用いる場合等には事実上の拘束力を発揮することもある。

ら直す前提でつくったと思うのですよね、これ。でも、起草当初の担当官が、全員いなくなっちゃったでしょう?

山本　はいはいはいはい。

鈴木　そうすると、一掃されちゃうと、次の役人は全然わからないんですよ。だって、引き継ぎがほとんどないので。ファイルをドンと置いて3日でいなくなるような世界ですよね。

山本　ですね。

鈴木　改正の勘所がわからない。意見や批判を受け止めて適否を判断できない。落としどころを見極められないとなると、大臣に法改正の必要性など答申できなくなります。

山本　その当時はね。

鈴木　すると、委員の人選を吟味して法改正の意見ができないように調整するわけです。私は某団体から意見を具申する係として推薦されたのに、某庁から「お前は来なくていい」っていわれましたね(笑)。お前の意見は知っているからと。あー、某省でもありました。当初の委員名簿案から削除とかね。

山本　いい話じゃないですか。

鈴木　ええ。もし起草メンバーがそのままいたならば、調整作業に果敢にチャレンジしたと思いますね。ある意味、人事の問題、構造的問題でしょうかね。結局、法改正はしないという方針の下に、10年間スルーされ続けて、過剰反応問題も、ポスター貼ったり、セミナーやったり、リーフレットつくったりみたいなところでごまかされてきました。いや、法律にも問題あるだろうと。少しは直せよっていう話は10年間黙殺でしたね。しかし、法改正反対のスタンスだった先生方がですね。政府が法改正の方針だという流れが見えたとたんに、なぜか全員改正論者になっているっていうね…。

山本　いい話じゃないですか！

鈴木　うん、いい話だなあって（笑）。専門家への信頼が地に堕ちていくわけですよ。

山本　そういう素敵な話を我々は求めておるのです（笑）。そのあたりの話をちょっと、後半、ぜひ、お話させていただきたく。よろしくお願いいたします。

第6章

見えないと、不安。

あなたに関する情報は、あなただけのものか。

究極のパーソナルデータである遺伝子に関する情報について、プライバシーに関する論考は哲学の世界に突入。「見えないと、不安」だが、体質に固有の疾病リスクが統計処理され、見えて、知ったとき、人は果たして安心するのか。

たとえば、情報を精査した結果「あなたは35%の確率で、50歳になるまでに膵臓がんになります」と言われたときに「ああ、私の人生の疾病リスクが判明した。安心した」となるだろうか。

そんなわけないよね。

さらに、おそらくは名寄せされて、似た遺伝子データを持っている人たちの疾病記録を統計的に処理した結果としてあなたの健康の未来予測が出たとする。だがそれは、あなたの、あなただけのパーソナルデータだろうか。

あなたを生んだのは両親だ。両親の遺伝子を受け継いであなたが生まれ、兄弟があり、血縁がいて、地域に似た体質を持った人々が暮らしている。あなたの身体も精神も間違いなくあなたのものだが、それをつくり上げた遺伝子は「あなただけのもの」か。

プライバシーフリークたちの旅の着地点、それは個人と情報、そして社会との関わり。

この社会をより安全で安心なものにするために、情報をどう、個人のために使っていくべきなのだろうか？

見えないと人は余計なリスクを感じる

山本　はい、ということで後半戦の最初は、いま物議を醸しておりますオモシロ動画について、ぜひお話を。

高木　オモシロ動画。

山本　オモシロ動画。あの、とあるサービスの広告がお披露目になっていまして。「屋上で目隠し」という…。

高木　なんかこういう宣伝の動画がありまして。(1)

山本　ぜひ、みなさんと鑑賞したいと。

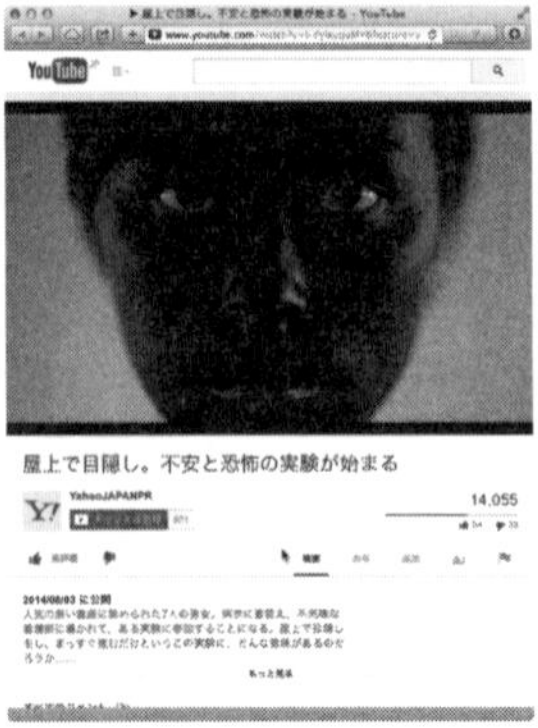

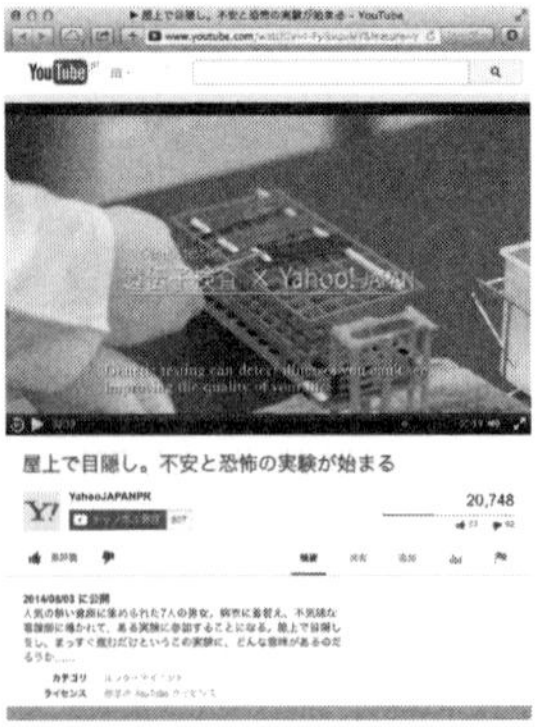

高木　まず、ギョッとする映像から入ってきて、実験に参加させられる人たち

(1)
「屋上で目隠し。不安と恐怖の実験が始まる」(ヤフー株式会社、YouTube上の広報ページ)
https://www.youtube.com/watch?v=l-FyikvquMY
本書に掲載の画面ショットは、最終閲覧日2014年8月14日のもの。現在は非公開となっており、観ることができない。
はてなブックマークでの反応はこうだった。
http://b.hatena.ne.jp/entry/www.youtube.com/watch?v=l-FyikvquMY

が出てきます。

山本　いいですねえ。不安な表情ですねえ。

高木　これ何だったかっていうと、ですね…。遺伝子検査の宣伝なんです。

山本　某Y社さんの。(2)

高木　そうですね。ちょっとよくわからない広告だったですよね？

山本　ええ。よくわかんなかったですねえ。

高木　なぜか消えてしまいました。

山本　さすがにあの内容でしたし、批判殺到で消えてしまいましたねえ。

高木　いまや残念ながら見れないんですが、なんなんですかねえ、これ。言っていることはですね、「屋上で目隠し」。「まっすぐ進め」。

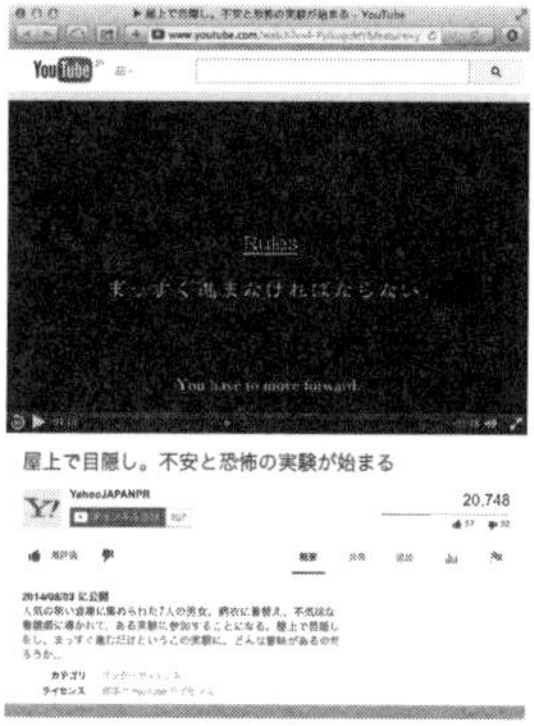

(2)
Yahoo! JAPANヘルスケア
http://medical.yahoo.co.jp/hdl/

山本　うん。

高木　「不安と恐怖の実験が始まる」。

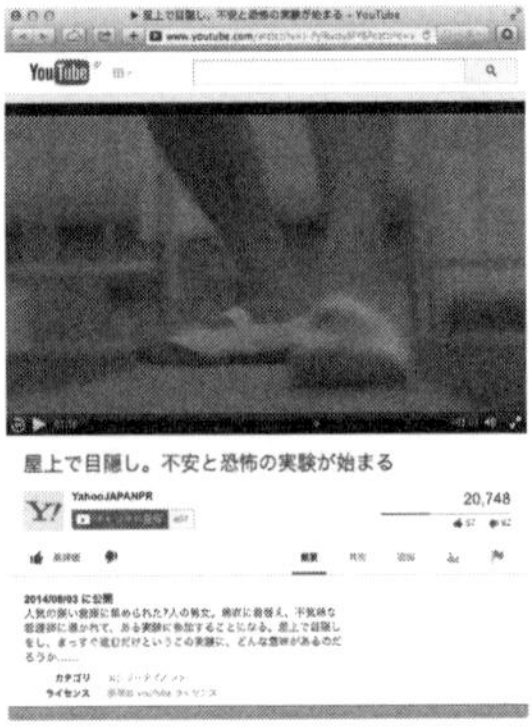

山本　ですねえ。これ単体だと面白いんですけどね。

高木　この実験が不安…なんですかね？（笑）

山本　そうだと思います（笑）。

高木　これ、実験だって言っているんですよ。

山本　いやあ、ねえ。

高木　遺伝子を分析してあげますよ、と。で、遺伝子情報は分析機関が研究目的に使用しますっていう規約になっているので、確かに実験なんですよね。モニターに無料でやってあげますよ、と。その代わり、2年以上、自分の健康状態についてモニターとして報告しなくちゃいけないっていう、すごく大変なやつですけれども。

山本 スーパー面倒な感じですよね。

高木 それが、「不安と恐怖の実験」なんですかね？

山本 いやあ、本当の意味で不安と恐怖の実験なんじゃないですかね。

高木 どうしたらこういう広告がつくられるのか、よくわからないのですが（笑）。

山本 あの、まあ、思わず本音が出たっていうか、その、「こういうサービスをやれば、こういう目隠しされない人をつくれる！」ってやったと思うんですけど、まず、「お前らのやってる実験が不安じゃねえか」みたいなものが（笑）。

高木 で、このＣＭを企画…。

鈴木 プランニングした広告代理店が…。

山本 そう受け取ったんでしょう。遺伝子が把握できず、人間として将来起きるであろう、がんなどの疾病というリスクを知らずに生きる、それを表現するのに「目隠し」だ！と。で、「それ、いいね！」って言ったんだと思うんですよ。

高木 なんでそれ出しちゃうのか、ちょっと理解しかねるのですが。

鈴木　まあ、正直ですよね（笑）。

山本　本当に彼らはそう思っているってことなんですよ。

高木　えー？

山本　かなり本気で、遺伝子サービスを提供しようとする某Y社さんは信じているはずです。遺伝子検査を行ってあなたの遺伝子的な特性がわかることによって、病気に対するリスクが判明し、その目隠しが外された状態になるはずですよと。

高木　うん。

山本　で、遺伝子的な疾患が起きる可能性というのを知らないまま生きていくということは、目隠しされたまま平均台を渡るのとおんなじですよね？　ということを彼らは、代理店に説明したんだと思うんです。

高木　うーん（笑）。

鈴木　でも、私は違うように受け止めて、「このサービスのこと、お前ら不安だと思ってんだろ」と。「ところが実際は大したことないぞ」っていう（笑）。

山本　そっちですよね。

鈴木　ええ、そう思って見たもんですから、「なんて正直なんだろう」と。

山本　たぶんね、わかってやってると思うんですよね。

鈴木　でも、これ実際は落ちるよね？　何人かは。目隠ししたまま、ビルから。

山本　ええ、落ちると思います、ええ。

高木　あと私思ったのは、こういうシーンがあるんですね。

高木　目隠しされて、番号を振られているんですよ！

山本　いいですねえ。識別子ですね（笑）。

鈴木　端末ＩＤとか、「医療等ＩＤ」(3)とかね（笑）。

高木　クッキーで識別子を振ってですね、それで歩かせるっていうわけですけど…。

山本　すばらしいですね。生体実験に向かう戦争捕虜みたいで。

高木　見えないと不安だっていうキャッチフレーズなんですね。「見えないと

(3) 6章296頁参照。

人は余計なリスクを感じる」ですって。んー、これはあれですかね、プライバシーポリシーとかちゃんと書いてないと不安だっていう…。

鈴木 これは正しいですよね。嘘はない。

高木 これはむしろ、プライバシーフリークとしてキャッチフレーズに使いたい（笑）。

鈴木 使いたいです。

山本 使いたいですよねえ。

鈴木 利用目的をもう少し詳細に、サービス単位で表示してくれ、と。わかってりゃ、不安じゃないから。守ってくれればだけどもね。

高木 「見えないと人は余計なリスクを感じる」。すばらしい。

鈴木 すばらしい。

山本 いい話ですねえ。

遺伝子データは何に使われるのか

山本 そのあたり、ぜひ、深い議論をしてほしいなと思うんですけどね。で、まさにその遺伝子検査に関するところ、どこまでどうするのかっていうあたり、お話を伺いたいのですけど。ヤフーさんの話でいうと、遺伝子データを何に使うんだろう？っていうのが興味あるところでありましてですね、さまざまな議論があると思うんですけど、遺伝子データをどこまで取得していって、どのように活用していくのかみたいなところって、実は決まっているようで決まっていない。

鈴木　そうですよねえ。

山本　以前、ＪＵＭＰが森田朗先生(4)のところでお話されている内容は結構まじめに受け取らなければならない内容が多かったんですけれども、あまり議論として浸透していないまま、ここまできちゃったのかなと。

鈴木　ええ。ＪＵＭＰっていう医療問題を考える組織がありまして、正式には「日本ユーザビリティ医療情報化推進協議会」というのですけども、研究者とか、厚労省の外郭で新薬の承認とかするような大きな団体の理事長とか、製薬協会の会長さんとか(5)が集まって、呉越同舟で考えようと。少子高齢人口減少社会になり、医療保険も年金も財源が細る中、いろんな形で医療の情報化に取り組んで、薬害対応など医療安全を向上させたり、何より社会保障制度を持続させていかなければならないと、医療データの連係もガツガツやっていこうと。そういうことを考えるところです。私もお手伝いに行っているのですが。

(4)　東京大学名誉教授、現・厚生労働省中央社会保険医療協議会（中医協）会長、現・国立社会保障・人口問題研究所所長。

(5)　ＪＵＭＰは、「日本ユーザビリティ医療情報化推進協議会」の略で医療介護における医療等ＩＤや多種間連携の在り方、国民の生涯にわたる健康管理データの蓄積やポータビリティ、検診結果やレセプトデータの有効活用などの議題を検討する組織である。国立社会保障・人口問題研究所所長、中央社会保険医療協議会会長、社会保険診療報酬支払基金理事長、日本製薬団体連合会会長、医薬品医療機器総合機構理事長、医療情報システム開発センター会長、全国市長会副会長、番号創国推進協議会会長、製薬会社の役員、ＩＴ企業の役員、病院長、医師、大学関係者、役人や政治家等などで構成されている。その理事長を務めるのが、前注掲の森田先生である。

http://www.j-jump.jp/

山本　議論するべき問題としては文字通りど真ん中の論点ばかりだと思うんですけど、社会保障制度を維持していくにあたって、税収の拡大は望めないので、医療の効率化だとか、負担率の変更などを通じて、持続的な医療体制を模索していきましょうと。その中でマイナンバー制が出たりとか、あとお薬手帳の廃統合とデジタル化みたいなことがあって、提案されるべき政策はさまざまであり、口で言うのは簡単なんですけれども、さっきのトレーサビリティと同じで。

鈴木　そう。

山本　何をもって効率とするかとかですね、効率を引き上げるためにどういう情報を利活用していくのかっていうのは、実は線引きがまったく決まっていないという問題があってですね。で、いま、いろんなIT系の企業がですね、次なる儲け口はビッグデータであると。そのうちの主要なひとつは医療系ビッグデータであるということでですね。さっきのヤフーというか某Y社さんなんかは特に典型ですけども、遺伝子解析事業というものから、その人の将来に関わるであろう疾病を予測してですね、もしくは効くであろう薬を予測してですね、効果のある治療に限られた社会保障費を集中的に配分できるような仕組みをつくると、一儲けできるんじゃないかと。

鈴木　はい。

山本　まあ、医療系ビッグデータが非常に有望だというのは昔からわかっていたわけですんで、その具体的な部分をどうしたらいいだろうかっていう方法論をいちばん最初に模索した結果、ビジネスとして成立するだろうと見込まれたのが、遺伝子検査であると。それができるとですね、いろんな人種や体質の特性はあるにせよ、ある特定の遺伝子があることによって、発現する病気はこれです、と。特にがんに関しては、結構な確率でわかるはずだと。何歳ぐらいからがんになりやすいかなんていうところが、まず特定できるはずだという議論になります。プラス、ある特別の疾病ですね。ALS[6]であるだとか、そういう疾病については、遺伝的な観点が強いことが判別つけば、発症するであろう確率がわかるようになりそう、と。そうなったとき、その疾病に対して、あらかじめ予防といいますか、改善させることによって目隠しが取れてですね、平均台を渡りきれる人生じゃないですかと、そういう提案でございますね。

鈴木　そうですね。あの、本当に乱暴なことを言えば、行動ターゲティング広告があるじゃないですか。で、行動ターゲティング広告って、クラスタに分類するじゃないですか。医療ビッグデータも、ある種、発想としては似ているところがあります。我々の医療データをどんどん貯めていけば、自分と同じ遺伝的特性や、自分と同じ、たとえば血圧が高いとだとか、糖尿だとか、いろんな

（6）
ALSは「筋萎縮性側索硬化症」の略で、脳や末梢神経からの命令を筋肉に伝える運動神経細胞、運動ニューロンが侵され機能が失われていく病気で、現在効果的な治療手段が見つからず、難病の一つとされている。その中に、家族性（遺伝性）ALSという先天疾患も含まれており、遺伝と病理の関係について現在研究が進められている。

病気の組み合わせがある。そういった体質、病歴を分類していくとですね、自分と同じ状況の患者さんが、５００人、１０００人、１００００人いるかもしれないんですね。その人たちがどのような薬を飲んで、どのような経過をたどったかということが、事前にわかるとですね、たとえば我々は治療方法を今以上に具体的に選択ができるようになるんですよね。要するに治療方法の選択の結果が見えてくるようになる。精度高く推測できるようになる。結果がわかれば素人でも選択することができるようになるかもしれない。医療情報化はね、無駄な治療を排して、また医療がより管理されることで医療安全に資するところもあって、医療費の削減にもつながり得る。そのためにも「医療等ＩＤ」(7)の果たす役割は大きいのですよね。

山本　で、医療費を削減するにあたっては、けっこう厄介な問題もあるんですけど、その、効かない薬を処方して経過を見るんで医療費が増えているっていう部分もある。それを削ることによって少なくとも医療費の削減に役立つだろうというのがあります。簡単に言えば、医師は患者の病状から病気の名前の診断までは、かなり明確にできるようになっています。誤診率も下がってきました。ただ、その患者のその病気に効く処方箋を効率的に出せているかと言うと、実はこれは経験則でしかない。セオリーとして、この病気でこういう症状なら

(7)
医療等IDに係る法制度整備等に関する三師会声明、平成26年11月19日、公益社団法人日本医師会、公益社団法人日本歯科医師会、公益社団法人日本薬剤師会
医療等IDとは、医療等分野専用の個人を識別する番号のことである。医療情報は公益上の理由から集積し活用される必要もあり、その際に必要となる。また、複数の施設、多職種の人員が関わる地域医療・介護連携などでも共通の患者番号があればより効率的になる。日本医師会等三師会は、機微性の高い医療情報を扱う番号には、他の分野とリンクしないもの、すなわちマイナンバーとは異なる番号制度とすべきだと主張している。
http://www.jda.or.jp/pdf/sanshikai20141119.pdf

ばこれこれ、というものがある一方で、その患者さんに本当に効くのかどうかは投薬してみないとわからない、というのが実情なんですよね。

鈴木 大手ですが、一病院で、億単位の削減効果が、実際に出ているのでね。情報化投資のイニシャルコストが2年で回収できたという事例もあります。これを国全体で取り組めたら、結構な数字になるはずだと思うんですよね。

山本 はい。さっきの知られたくない情報の話にも敷衍してくるんですけど、たとえば、私が「ヤフーさん、いいですね、私の医療データを使ってください、遺伝子検査もやります。食べたものも2年間お伝えします」と言ったことによって、私はそれでいいのかもしれないですけど、私と同じ体質を持つかもしれない人が出てくるはずなんですよね。その人は私の情報を利活用された結果「あんた、この疾病起こしますよね？」って勝手に薬が処方されたりするわけですよね。もしくは「こういうものを、あんたは食べなさい」と広告が出てくる。これはターゲティング広告と同じ原理でですね、その人が持っているクラスタの中に入っている人は自動的にそういうものが出てくる、と。で、それって本当に今の法律上、望ましいんでしたっけ？　もしくはプライバシーを考えた上で喜ばしいんでしたっけ？　っていうのがいまの議論なんですね。

高木 医療行為はダメなわけですけれども、広告が医療行為になるって、普通の広告ならば、そうは考えられていませんよね？

山本　うーーーん…。

高木　だけども、「あなたの遺伝子に合わせて出ている広告です」ってなったら、医療行為っぽくなってきませんかね？

山本　まるーく申しますと、そういうことですね。

高木　どうなんですかね？　鈴木先生。

鈴木　まずは、ビジネスと医療行為の線引きをしなければだめですね。本人や家族のための治療に使う場合、創薬などのようにビジネスではあるが公共的な利益につながる場合、純然たるビジネスの場合、とね。医療情報を使うなと言っているわけではなくて、医療情報を集約して分析する世界に行かざるをえないから、いまこそ法律をつくるべきだっていう話を、ＪＵＭＰではしている。財政的にも、経済的にも使わねばならない状況になっている。まあ、経済的理由で人格的な問題を語ることに違和感をもつところもあるでしょうが、金の切れ目が命の切れ目になるのが医療制度です。プライバシーの権利や患者の自己決定権もしっかり見ていくが、生存権を具体的に実現している社会保障制度を支える財政面もセットで考えざるをえない現実があります。その中で、政策を組み立てていく上では、情報の集約分析も必要だっていうところは、どっかである程度、国民の合意形成にもっていかなければならない。そこの説明をこれから丹念にやっていかねばならない重要なときに、何を先走ってひとりで暴走しているんだと。みんなが不安になっちゃったら、合意形成も何もできないじゃないかと。このあたりは、ちょっと腹立たしくなることもありますね。

山本　まさにそのとおりですね。

鈴木　お前ら、何やってんだっていう。

高木　まさか広告に使うとは思わないじゃないですか。

鈴木　広告はありえないでしょう。

高木　ほかにもＤｅＮＡとか…。

山本　そうですね。あとデジタルガレージさんとか、さまざまなところから…。

高木　彼らは広告に使うとは言っていないと思います。

鈴木　ＤＰＩ広告のときもそうでしたね。セキュリティ対策のためにギリギリ認めようかって話をしていたら、すぐに広告させろと突っ走っちゃうんだよね。このパターンは一緒ですよ。

高木　ここで見るとですね、よくある質問(8)の最後のほうにですね…。

高木　「広告表示などに使うことがありますか？」って書いてあって、よくある質問…なんでしょうかね？（笑）

(8)
http://medical.yahoo.co.jp/hdl/gene/qa/

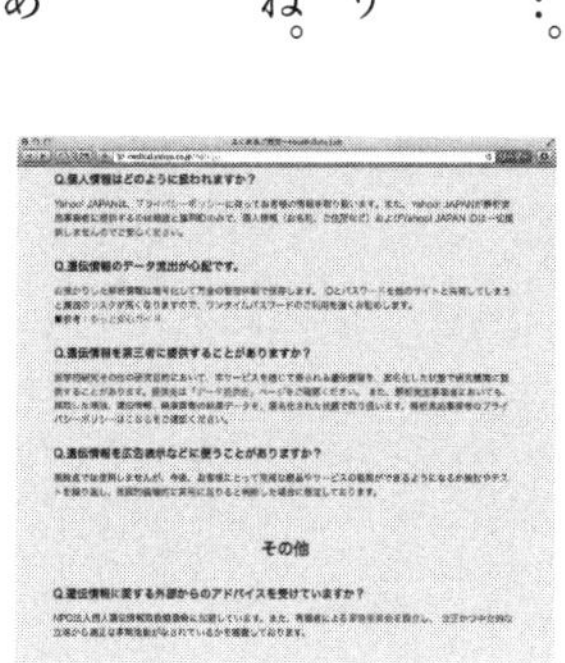

その後、一部の内容が変わり、現在はこれとは異なる内容となっている。

山本 うん、よくある質問なんですよ、きっと（笑）。

高木 「遺伝情報を広告表示などに使うことがありますか？」「現時点では使用しませんが…」。

鈴木 いつものパターンじゃないですか、「現時点では」！

高木 「現時点では」（笑）。

山本 現時点で！ 現時点で！

鈴木 現時点でやらないってことは、後々やるってことですよねえ。甘い利用目的で釣って、あとで変更する気満々ではないかと。だったら最初からちゃんと正直に書いておけと。

山本 やるってことですよねえ。大見得切ったあとの一年後の利用規約の変更(9)でもそうでしたねえ。

高木 ここですね、「今後、お客様にとって有用な商品やサービスの提案ができるようになるか検討やテストを繰り返」すんだそうですよ？

山本 いいですねえ。

高木 おまえ、がんになるから…。

鈴木 サルノコシカケでも煎じて飲め、みたいな。

高木 あやしいものを…。

（9）
ヤフーとCCCがポイント／ID統一、今後は「Tポイント」と「Yahoo! JAPAN ID」に、INTERNET Watch、2012年6月19日
2012年6月、ヤフージャパンとCCCが2013年春以降にポイントとIDを統一すると発表し、ヤフージャパンの運用するYahooポイント（当時）はTポイントに、TポイントのT-IDは（当時）はYahoo! JAPAN IDへと変更することになった。その中で、この時点では「お互いの行動履歴は互いに提供しない」とコメントしていたが、翌年の2013年7月、互いのIDとポイントが統一されてしまう。「互いの行動履歴は互いに提供しない」という話が、わずか一年でID、ポイントが統合され、ユーザーから集められた利用規約はなし崩し的に変更されることになってしまった。
http://internet.watch.impress.co.jp/docs/news/20120619_541150.html

山本　アガリクス[10]も食えと。

高木　疑わしいビジネス、いっぱいありますよね。こういった不安につけ込んだ。そういう広告がバリバリ出る可能性が…。

山本　出る可能性があります、ということですよね。

高木　で、ここですよ。「技術的倫理的に実用に足りると判断した場合に想定しております。」

鈴木　結局、やるんじゃないかと（笑）。

高木　「技術的倫理的に実用に足りる」って何ですか？　技術的って関係ないと思うんですけど。

山本　それはその、別所文学だと思うんですけど（笑）。

鈴木　炎上しなきゃやるってことですよね。

山本　ええ、ええ。

高木　これ、最初は「倫理的に」って書いたんだと思うんですよ。「倫理的にやっていいんだったらやる」と。

山本　ええ、ええ。

高木　だけどなんか、「技術的」とか、こう、付け足したほうが…。

山本　たぶんこれ、一番最初に出てくるのがお薬ではなくて、保険だと思うん

(10) **アガリクス（カワリハラタケ）を含む製品に関するQ＆A、厚生労働省医薬食品局食品安全部基準審査課新開発食品保健対策室**
http://www.mhlw.go.jp/topics/bukyoku/iyaku/syoku-anzen/qa/060213-1.html

ですけれども。いわゆるリスクの低い人に保険を出したいわけじゃないですか、保険に入らせたいわけじゃないですか。

鈴木　まあね、金を返せる人に金貸したいのと同じですよね。

山本　ええ。要はがんにならなそうな人にがん保険を売りたいわけですよね。たぶん、そういったところからスタートするのが倫理的かって話なんで、絶対、倫理的じゃないだろうってなるわけですよ。たとえば、がんのリスクの乏しい人に対して、がんの危険を煽って、奥さんや子供さんの将来のためにもがん保険に入りましょうと広告を打つのが、保険会社が長期で経営を考えたときに一番いい方法になります。

鈴木「それ、保険商品なのか？」って聞きたいですよね。確率論で、みんなでリスク分散してんのに、おまえ、リスク低い人に売って、高い人に売り渋ってるじゃん、みたいな。

山本　このあたり、痛し痒しなところで、たとえばテレビ広告でですね、ＢＳ放送見ている人って基本的にあんまり車に乗らない人が多いんですけどね。

高木　ふーん…。

山本　で、まあ、そういう人たちに対して自動車の損害保険のＣＭガンガン流すっていうのとたぶん似たようなものだと思うんですよ。これは倫理的かどうかって言われてもあんまり関係ないのでいいんですけど、がんになる可能性があるかないかっていうのは、もろ倫理にかかわる問題なので。

高木 それはどういうロジックでダメって言えるんですかね。

山本 それは倫理委員会か何かができるんじゃないですか。

高木 倫理委員会…。

鈴木 それは手続き的な話だけど、ものごとの善悪ですよね。そもそもやっていいかどうかって。なんか最近の日本人はそれをやらないですよね。

山本 そうなんですよね。一番最初にヤフーの話を持ってきましたが、そもそも機微情報ってなんだったっけね？　っていうのが重要な論点だと思うんですよ。機微っていわれると、知られたくない情報は全部機微だっていう話にもなりますし、一方で、ここまでのものであれば社会的合意の下に機微だと言えるでしょうって議論もあるでしょうし…。どうですか？

「社会的身分」は会社の役職も入りますか？

高木 大綱では「機微情報」はこう定義されています。「社会的差別の原因となるおそれがある人種、信条、社会的身分及び前科・前歴等に関する情報」と。

これは決まったフレーズらしいですね？

鈴木　機微情報は、個人情報保護法ができる前に、平成9年に通商産業省が「民間部門における電子計算機処理に係る個人情報の保護に関するガイドライン」を告示していますけども、やはり、ＥＵ指令[11]にある「人種、民族、政治的見解、宗教、思想、信条、労働組合への加盟に関する情報」等を参照しながら影響を受けていたと思います。当時の報告書などを見ればそれが書いてありますね。また、ＪＩＳ Ｑ １５００１を１９９９年[12]につくったときは、ちょうど私も起案作業の一部をお手伝いしていたんですけども、実際、ＥＵ指令を横に置いて、日本国憲法の人権に合わせて表現ぶりを整えたりしていました。

高木　この「社会的身分」っていう言葉が決まった意味をもつとの議論が検討会でありました。つまり、経済界からは「社会的身分だと、会社の役職みたいなものまで入りかねない」という意見が出てきたのに対して、その心配はないです、ということですね。これは最高裁判例で示された意味があって、それのことだっていう。そうすると非常に限定されるものなわけです。ほとんど、いまと変わらない。これが取られることは通常ないのでは。

鈴木　うーん、憲法14条の法の下の平等で出てくる用語ですよね。大学の法学部で勉強していればわかるというか、いくら何でもこの文脈で「社会的身分」

(11) EU個人データ保護指令（個人データ処理に係る個人の保護および当該データの自由な移動に関する欧州議会及び理事会の指令（95／45／EC））仮訳が総務省に掲載されている。
http://www.soumu.go.jp/main_content/000196313.pdf

(12) 2章81頁、注15を参照。

に会社の役職が入ると思う学生は卒業できないはずなんですが、なんで経済界にいらっしゃるのでしょうか。あー、経済学部なんでしょうかね。判例は「社会において占める継続的な地位」などと言っていますが、まあ、端的に言えば同和問題とかね、同和名簿の流通といった問題などがありましたからね。

高木　一方で、医療情報などは機微情報に入れないの？っていう意見もあるわけですけども…。

山本　はい。ここは厚労省さんがこの見解とは別なものを持っていて、いわゆる医療倫理、医者が出しちゃいけない情報だって使命を負っているものについても、保護の対象にするんだと言っているので、そこにラグがありますよね。厚労省ではいわゆる医者が医師法で持っている倫理規定と、この機微情報の間には溝があるわけですよ。なので、厚労省がやっている電子レセプトのビッグデータとは、ほぼここと同じ規定で運用されているんですよね。

鈴木　そもそも論として、前回もちょっとお話したんですけども、１９８０年のＯＥＣＤプライバシーガイドラインをベースに現行個人情報保護法ができていますが、１９８０年のガイドラインに専門家委員会がメモランダムを残しておいてくれたんですね。これ書籍にも載ってますけど[13]、機微な情報があるかもしれないけど、その判断基準はつくりえなかったと。ゆえにＯＥＣＤのガイド

(13)　ＯＥＣＤプライバシーガイドラインの解説メモランダムでは、第7条（収集制限の原則）の解説として「専門家グループは、差別の危険性というような各種のセンシティブな基準について議論してきたが、センシティブと万人に認められるようなデータを定義付けることは，不可能であることがわかった」と明確に述べている。（総務庁行政管理局『世界の個人情報保護法』（ぎょうせい）３１９～20頁参照）

ラインには機微情報を入れなかったという趣旨のことが書いてあるんですね。ところが、ＥＵはその後、機微情報を入れてくるんですね。アメリカは入れなかった。そうすると大きな潮流としては、機微情報がある法制度とない法制度に分かれているとも言えます。日本はない方向でやってきた。ところが、今回機微情報を入れましょうと言った。これまで個人情報は「特定個人の識別情報」っていう外形的、形式的な基準だけで判断していていたのに、情報の内容や質や重要性といった実質的なところに立ち入りますと宣言したことになる。そうすると１９８０年頃に立ち戻って、機微性の有無についての判断基準ってできるんですよね？って問いかけられることになるわけですよ。ＯＥＣＤの専門家委員会が断念したのにね。私が考えるに、「機微情報はある」っていう考え方は成立しうる。だって、犯罪者リストとか想定すれば、誰が見ても絶対に機微性がありますよね。先ほど例に出した同和名簿も機微に決まっていますよね。あと医療カルテも機微だというふうに、社会にはもちろん明白に「機微だ」とわかるものもあるんです。でも、それって取り分けられた情報、すでにリスト化されたものなんですよ。「機微性の判断基準はつくれない、無理だ」って言う人たちは、例の履歴情報がぐるぐるぐるぐる回っている照合可能な状態にある動的な状態[14]のときに機微性の有無は判断できない。氏名単体だっ

（14）次々と入出力され削除されるデータと刻々と変化するその照合先データの中でそのデータの本人への影響度もまた刻々と変化する状態。

て、「上九一色村の第2サティアンから出てきた名簿です」っていう書かれざる情報がそこにあるだけで、とたんに機微性が出てくるわけですよ。

山本　そのとおりですね。コンテクストによって機微性は変わってしまう。

鈴木　でも、見ている情報は氏名だけなんですよ。だから機微って何？って具体論になると小難しくて、判断基準がつくれなくなってくるんですよね。

山本　どう解決するんですか？

鈴木　いまのところ、人種、信条、社会的身分といったカテゴリに分類して、それに該当するか否かでやるほかないですね。私は１９８０年モデルと言っているんですが、取り分けられた名簿の時代を引きずった発想(15)なんだよなあと。ビッグデータ対応という割には止まったままです(16)。まあ、ＥＵもその限界を指摘しつつも未だ暗中模索といったところで、キャッチアップすべきモデルもないので、まずはここから始めようかという感じではないでしょうか。

書かれざる属性情報

高木　名簿のタイトルって本当は、属性情報として全データに並べられて、同じ属性が全部に並んでいるのと等価なので、そういう扱いにしないといけない

(15) 債務者リスト、犯罪者リストのようにすでに取り分けられ媒体に固定化された情報の本人への影響度、機微性は評価し得る。それを前提にすれば一定の類型に分類することも可能であろう。

(16) 大綱でも機微情報を類型的に示す方式を採用している。今日的状況に対応できていない。

ですよね。

鈴木　ええ、その書かれざる部分も本当は属性情報のひとつなんですよね。

高木　名簿屋がオプトアウトの規定に従ってやっていると言っているんですけど、23条2項が要求している表示の義務[17]には、何を表示するかについて、「個人情報の項目」を要求しているんですね。ところが、名簿屋がウェブサイトで表示している「項目」は、「氏名、年齢、生年月日、電話番号」と書いてあって、「アダルトグッズを購入した事実」とは書かないわけですよ。

山本　書かないですねえ。

高木　現行法でも、そんなの行政が指導するべき事案だと思うんですけど。

山本　十分できるはずです。

鈴木　現行法の条文の解釈はガイドラインで告示できますから、そこで「項目とはタイトルも含む」と書けば、現行法でもグッと締められるはずです。

山本　でも実際にはそうはなってないですねえ。議論もさほど進んでいるとは思えません。

鈴木　あの、やっぱり分析的に欠陥を洗い出したような作業[18]は、どの省庁もやってこなかったですからね。本質的議論はしたことがなかった。

山本　うーん。

(17) オプトアウト方式で名簿を第三者提供できる条件として、個人情報保護法は、「あらかじめ、本人に通知し、又は本人が容易に知り得る状態に置いているとき」としている。現行の個人情報保護ガイドラインは、ウェブサイトに表示していれば「本人が容易に知り得る状態に置いている」と言えるとしている。

(18) 経済産業省の個人情報保護ガイドライン委員会でも、現在直面している問題点の検討と解決が主たるミッションとなり、個人情報の該当性判断基準といった基礎的な検討や、全般的に論点を洗い出すような作業をする時間的ゆとりもなかった。

高木　付け加えると、ベネッセ事件で購入した側、つまり子供向けの学習教材を宣伝したいと思っている会社からすれば、名簿屋に対して、「子供向けの学習教材に興味を持ちそうな人のリストがほしい」って要求するわけですよね。それに応じて名簿屋は、そういうものを抽出して、4情報だけのデータを提供する。そうすれば、「子供向けの学習教材に興味を持ちそうな人」という属性情報は提供していませんと言い張ることができる。そういう潜脱ができないように規定しないといけないのですが、なかなかむずかしそうですね。どういう条文にすればそれができるか…。

鈴木　まあ、でも「タイトルも項目に含む」というのは比較的シンプルな…。

高木　タイトルもないんですよ。「こういうのください」って言われてタイトルのないものを売る。

鈴木　まあ、書かれざる属性情報ってやつですね。それも明確にせよと書けばいいんですよ。まあ、みんな無理だって言うけど、しっかり法改正して、根拠条文を整備した上で第三者委員会規則あたりでね、書いちゃえばいいんですよ。

山本　たぶんそれって実態として言うと、たとえば「子供のいる家庭だけ抽出して名簿ちょうだい」なんていうオーダーが入って、そのオーダーが確認されて、それに対して業者がハイハイと言って回答した段階でアウトですよね。

高木　そうそう。そういうふうにしないといけない。
山本　で、本当に実体論ですけど、そこをどう法律で条文にするのか。
鈴木　それはやはり、今回の継続的検討事項の中に書いてある「プロファイリングの規制」と関係しないですか。
高木　そうですねえ。
山本　たとえば、ある特定の遺伝子疾患の可能性がありますと。その属性の遺伝子サンプルを提出した人の名簿ちょうだい、なんて話になるじゃないですか。それって、どうしますか？　それだめですよって言ったところでできちゃいますよね。
高木　現行法の延長だと、発見したら、助言、勧告、命令…。
山本　いやあ、それはそういう問題のありそうな依頼、打診を公的セクターが発見すれば、ですよね。しかし、それはいったいどう発見するんだっていう…。
高木　うーん、それすらできてませんからね。

ビックリドッキリメカの登場が待たれる?!

鈴木　まあ、今回の名簿屋に戻れば、先ほどの、17条のルールがしっかりつくりこまれていないという問題もあったんですけど、「どうやって、わかるの?」っていうところは[19]、報告の徴収権しかないんですよね。簡単に言うと、問い合わせるだけ。回答がなかったり、嘘をつかれたときには罰則を課すことができますけど、どこまで嘘か見抜けない可能性もあります。やはり行政調査に立入調査権を入れないと、法の執行もままならないところはありますね。

山本　そうすると、たとえば読売新聞がヨミドクターやりますってなったときに、彼らがどういうデータを持ってるかっていうデータ構造まで外部から確認できる仕組みがないといけないんですね。

鈴木　ええ。今回の法改正ではようやく立入調査権が入るんで、まあ、たとえば他の金融庁検査などでは、検査官が金融機関に立ち入り、担当者などへの聞き取りや帳簿書類の閲覧などを実施するとか、いろいろありますけど、今後の立入調査権のポイントは、まさにデータ構造とか、データベースシステムを見せてくれというくらいの調査じゃないと、実態の把握はむずかしいでしょうね。単に部屋をぐるっと見回ってきたって、なんにもわからない。

山本　ええ。「なんか外付けハードディスク置いてるなー」以上のことはわからないですよね…。

鈴木　そうそうそう。

(19) 名簿屋を利用して宛名情報を買ってくることについて17条の適正な取得の義務違反を問うことができるかというと、名簿屋から適法に取得したものだと説明されそれを信じて普通に購入したものだと主張されるとそれ以上の追求は困難であろう。名簿屋が23条の第三者提供制限規定に違反して取得していたことを当該購入者が知っていたかどうかを報告の徴収権で立証していくことは現実的には難しい。

山本　でもデータウェアハウスの中まで見られます。テーブルまで見られますってなったときに…いや、それはいいや、すみません、忘れてください。

鈴木　ええ、ええ。

山本　でもまあ、そこまでやれれば、ある程度牽制にはなるし、問題業者の問題行動をカバーできる可能性は高くなると。

鈴木　あとはスキル要件ですね。第三者機関の調査要員が2年交代の公務員じゃとてもできない。

山本　回らないですよね。

鈴木　回らないので、NISCのように、各ベンダー企業やシンクタンク、監査法人、その筋の専門の人たちに出向していただかないと、立入調査なんかできないです。

山本　ああ…。じゃあ、ミニ高木浩光みたいなのがたくさん出てきて、ビックリドッキリメカ[20]みたいな感じですかね（笑）。

高木　（笑）。

鈴木　ええ、最低でも1ダースはほしいです（笑）。まあ、金融庁が外部の人材も登用する中で立ち上がってきましたから[21]ね。5年くらい見ていれば、同じようにしっかりワークするようになるのではないでしょうか。

(20)
アニメ「ヤッターマン」において、放映される回のテーマなどに応じた大量の小型のロボット「ビックリドッキリメカ」がメカの素で生み出され、敵役のドロンボーメカがこの攻勢に敗北し爆発に追い込まれるという定番表現がある。

(21)
金融庁は、積極的に、弁護士資格、公認会計士資格を有する者、公認会計士試験合格者、不動産鑑定士資格を有する者、国内及び国外の金融実務経験者、ITに関する専門知識を有する者、金融に関する研究に従事した経験のある者などを中途採用し、かつ検査マニュアルを充実させる中で、組織としての専門性と金融実務知識と検査スキルを向上させてきた。

山本　そうですね。あれもちょっとマニュアルどうなんだみたいな、いろいろ文句は言われていますけど。まあ、業務の整合性を全部見なきゃいけないといけないわけじゃないんで、そういった意味では話は早いかもしれないですね。

バケツで扱ってきた利用目的

山本　じゃあ、利用目的のところの、どういう性質の情報の流通をどう制限するかっていうところをいろいろ話していかなければならないわけですけども…。

高木　いままではずっと触れないできているわけですよね。

山本　ええ、ええ。

高木　民間の営業の自由に配慮して、だと思うんですよ。

山本　そうですねえ。

高木　この前ブログに書いたんですが[22]、行政機関個人情報保護法は、民間の規制とはまったく違っていて、行政機関については、実は、目的内での第三者提供は何ら制限されていなくて、目的外の提供は本人同意が必要っていう規定なんですね。

山本　武雄図書館とかどうなっちゃうですかね？

(22) **医学系研究倫理指針（案）パブコメ提出意見（パーソナルデータ保護法制の行方その10）高木浩光@自宅の日記2014年9月7日**
http://takagi-hiromitsu.jp/diary/20140907.html

高木　おおっと（笑）。(23)

山本　ええ。

高木　で、その一方、民間は、目的内であろうが第三者提供は制限されていて、本人同意またはオプトアウトが必要となっている。この違いは何か。行政機関というのは、基本的に法定された事務しか行なっていないので、保護対象が「保有個人情報」という行政文書に限るという定義になっている。そのため、目的内であればすべて妥当な行為ということになり、提供は何ら制限されていない。それに対して民間は、目的で制限できないわけですよ。法定された業務をしているわけではないので。目的は全く自由なのです。あらゆることが許される。それこそ遺伝子を広告に使うってことだってありうる。

山本　ええ、ありえますねえ。

高木　だから、目的は自由にした上で、目的内であっても第三者提供は規制しますよっていうのが10年前につくった法律なんです。

山本　ええ、ええ、ええ。

高木　ところが、いま、それに対して、不自由だって言ってきてるわけです。どんな目的でも第三者提供が制限されるのはおかしい、などという意見も上がってきているわけで、目的の変更ができるようにしろと経済団体が要求して

(23)　武雄市図書館の問題はたいへん込み入った話で一言では説明できないため、ここではスルーしている。

……[24]いるわけです。だけどそれは、目的が自由だからこその不自由なんです。じゃあどうするかっていうときに、ひとつの考え方は、利用目的でシロなものとグレーなものとクロなものを分ける。これは禁止、これは自由。グレーなところは本人同意が原則、というようなことを、いよいよ分けるのかという段階と思うんですけど、絶対できないと思います。なぜかっていうと、広告目的はシロには入らずグレーのほうに行くので、業界の人たちが絶対嫌がるでしょう。

山本　嫌がるでしょうねえ。また新たなる業界団体が立ち上がってしまいます。

高木　というわけで、どうするんでしょう。もう、各業界の損得の話で…。

山本　たぶん、そのあたりの話を一個一個詰めて考えている業界ってないと思うので、最初、その、一律でどうのこうのって座組をつくっておいて、まずそれで試してみるみたいな話になると思います。

鈴木　10年間ね、利用目的の規制のところは誰も見てこなかった。いままで、事業者の中で目的外利用で突っ込まれた人ってほとんどいないと思いますよ。

山本　ええ。ネットがこれだけ普及して、ようやくセキュリティクラスタや、個人情報クラスタが育ってきて指摘できるようになってきた。

鈴木　役所も世間も利用目的関連の義務なんてあまり見てないですよ。いずこも漏洩問題ばかりです。

(24) 第4章164頁（「大綱の事務局案が出てきて、そこにこれがスルっと入ってたわけですよ。」）参照。利用目的の変更をオプトアウトでできるようにする案は、経済産業省の情報経済課から検討会に持ち込まれたものだったが、その背後には、経済界の一部がこれを強く求めていた事情があった。「それからどうなった？」349頁も参照。

山本　ええ、ええ、ええ。

鈴木　でもベネッセはしっかり管理していたんですよ。お金をかけてデータベース構築してね。かわいそうに。

山本　ええ。それでも、蟻の一穴でこれだけの堤防が決壊してしまった。

鈴木　利用目的管理機能を持ってないと16条違反だ、みたいなことを言っていたら(25)、ベネッセさんは真面目なんで、たぶん億単位でデータベースの設計の見直しをやったようですよ。でも、やり損というか。

山本　うむ。結果的に墓穴を掘ってしまうという。

鈴木　いらぬアドバイスしてごめんなさい、みたいな（笑）。

山本　ハッハッハッハ。

鈴木　この10年を見る限り、結果的にはやらなくてもよかったみたいで（笑）。条文をちゃんと読めばやらなきゃダメなんですよ。個人情報の取扱いは利用目的でラッピングされていると比喩的に言っているんですが、目的外利用が禁止されているので、取り扱う度に従業員は常に利用目的の範囲内か確認しなければならないことになる。具体的にビジネスを考えてみてくださいよ。直接顧客接点があるところでは、利用目的を明示しますよね。たぶん中規模以上の会社なら、社内の一千か二千のさまざまな窓口など顧客接点がある。営業マンの数

(25)「個人情報を取り扱う従業者が必要な時にいつでも当該個人情報の利用目的を参照する機能を有するDBがなければ、そもそも利用目的を知ることはできず、従って、利用目的の制限（16条）の範囲内で取り扱うこともできない。そうしたDBを開発し実装しない限り、事業者は16条違反を問われるのではないか」と鈴木が問題提起していた。

だけあるかもしれない。そこから個人情報が複数のデータベースに流れ込んでいるような状況です。ところが、その個人情報を使う部署は別なんですね。しかも、そこに時間差があって、個人情報を使おうとしたときに、その氏名や住所は、いったいいつ、どこで、誰に、どのような内容の利用目的を明示したのかわからない。個人情報が利用目的でラッピングをされているのか、常に紐付いていて、参照できるようになっているのかという問題があるんですね。いや、一事業者一利用目的のケースなら[26]いつでもわかるんですけども。

山本　それはねえ、ある程度大きい会社さんにはMDMも入ってて、場合によってはSAPも入っているんですよ。でも、利用目的ごとに個人情報を管理は絶対してないですよね。で、クレンジングしろって言われたら、その利用目的ごとの情報って基本的にゴミっていうか、利用価値が乏しい情報になるので、当然閲覧のところからするとすごく小さい扱いなわけですよね。履歴には残るかもしれないけど。

鈴木　利用目的閲覧機能すらないとなれば、16条の遵守は不可能だよねっていう話は10年前からしていました。16条は利用目的の範囲内で取り扱えっていう義務規定ですよ。15条1項はできる限り利用目的を特定せよ、でしょ。18条は個人情報を取得するときに直接書面で取得するなら利用目的を明示しろと、そ

(26) 本来はサービス単位で利用目的を管理するのが望ましいが、そうしたDBが開発されるまでは、DB単位で利用目的を特定するか、または事業者単位で利用目的を特定してしのぐほかない。中小企業が無理なく対応できるように、利用目的の管理機能が実装されたDBの開発と提供が先行しなければならない。

れ以外は通知または公表せよと。利用目的を自分で決めて、自分で消費者に見せて、以後は利用目的の範囲内で取り扱えと。非常にシンプルで道理に合ったルールですよね。

山本　きちんと運用されるのであれば、非常に合理的ではあるんですよね。

鈴木　ところが実装してビジネスしようと思うと、利用目的の確認すらできないんですよ。

山本　ええ。

鈴木　となるとデータベースの設計から本来は取り組まないとコンプライアンスなどできない。従業員レベルではどうしようもないところもあります。中小企業を含めて、無理でしょう。だからJIS Q 15001でできもしないPDCAの抽象的なマネジメントシステムの要求事項なんかつくってるよりも、工業標準化法に基づく標準化政策なんだから、黙ってデータベースの標準化でもやってろよと。そのほうがよっぽど実効性もあるわって言ってたんですけど。消去の定義ひとつとっても奥深いものがありますしね。開示、変更、利用停止等も中小企業がデータベースを改修して対応するのは無理があります。最初からパッケージに機能としてないとね。そこのベンダー各社を誘導するのが政策だと思うんですよ。

山本　まあ、実体からするとそれはまったく守られないですよね。そこは、何らかの形で歯止めかけましょうってのは、今回やるかやらないか、非常に重要なところだと思っていて…。

鈴木　じゃあ、10年間、なぜ利用目的の制限の条項がまがりなりにも問題なく遵守されてきたかっていうと、15条の1項には、できる限り特定せよと書いてあるのに、ものすごく広いんですよ。できる限り特定せずに済むような運用になってたんですよ。基本的に業種の特定を想定していますからね。

高木　行政機関の場合は、個人情報ファイル簿を作る義務があって、独立行政法人もそうなんですけど、目的ごとのファイルにして、しかもその帳簿をつくって管理しないといけない。これは「昭和63年法」っていう、昔の行政機関の個人情報保護法(27)の時からそうで、行政機関の個人情報はもともと法に基づいて扱うので、ファイルと1対1対応していて、目的も対象も明らかだから、簡単にそれができる。

山本　ええ。

鈴木　昔の台帳みたいに、目的ごとに独立していて、カード型データベースみたいなものですよね。だからファイル化できる。

高木　当初は磁気テープだったかもしれませんね。でも、いまだって、論理的

(27)　行政機関の保有する電子計算機処理に係る個人情報の保護に関する法律（昭和六十三年法律第九十五号）のこと。現行の行政機関個人情報保護法が成立したときに全部改正となり法律名が変更となった。

にはファイルの区別はあるはずで、全部のファイルがハードディスクに一体的に入っているにしても、そのデータの取り扱い手順としては一個一個のファイルごとに扱っているはずです。行政機関では。そこに、民間部門の規定が新たに10年前につくられたときに、民間にそこまで細かく管理させるのは、営業の自由として問題があるから、そこまで求めることをしないで、事業者単位で、事業者でひとつの個人情報データベースという概念になった。そのひとつのデータベースの全体の利用目的さえ決めればいいという趣旨でできた法律だと、解説書(28)に書いてありました。

鈴木　私はデータベースをバケツにたとえて、バケツごとに利用目的を貼っておけと言っています。そうしたら利用目的閲覧機能がなくてもなんとかなると。バケツを見ればわかるから。それから管理部門は、利用目的の起案権限を現場に渡すなと。もう、データベースに利用目的を貼ってあるから、そのデータベースに格納することが決まっている個人情報は、そのバケツの利用目的を確認して、利用目的の明示の際は、申込用紙等の書面にそれをコピペして貼れ、と。現場で勝手に書くなと徹底する。現場でよかれと思って勝手に具体的に特定しても、以後全社的にそれを参照できなくなってしまう。そうすると、嘘ついて違反になっちゃうから、と。仕組みが整うまではそれでしのげと言ってい

(28) 園部逸夫編『個人情報保護法の解説《改訂版》』(ぎょうせい、2005) 115ページに、「利用目的は、個人情報取扱事業者ごとに、また、一連の個人情報の取扱いごとに存在することとなる。」とある。またその他に、『行政機関等個人情報保護法の解説』(総務省行政管理局監修、ぎょうせい、2005) 11ページにも、「基本法制においては、個人情報取扱事業者の負担を考慮して、個人データを利用目的ごとの個人情報データベース等に区分して保有することまで求めていないことから、(略) 保有個人データの全体としての利用目的等にとどまっている」と解説されている。

ました。

山本　あー、なるほど。

鈴木　ただ、バケツ管理を徹底すると、個別のサービス単位で見ると利用目的がちょっと違っていて消費者の方で違和感を覚えるみたいなこともありますが、嘘をつくよりはマシだから、管理できる範囲でやってきたと。業種特定だからしのげてきたという現状があったように思います。

高木　前回も話題にしましたが[29]、それで、利用目的の変更を自由にさせろって意見が出て、経産省提案で大綱に入っちゃったわけですよね。

山本　これがまた、素敵な提案なんですねえ。

高木　つまりこういうことです。バケツ単位で管理しているせいで、利用目的を全体の和集合で扱うことになるので、新しい事業を起こそうとするたびに本人同意を取らないといけないことになり、そんなことはできないと彼らは言っているわけだけど、そこは、サービス単位とか、利用目的単位でファイルにして、行政機関と同じように管理していれば、利用目的の変更が生じることはなく、むしろ管理が楽なんじゃないの？と思うのです。

鈴木　実は管理部門って、法務部なんかは約款も見ているんですよね。で、約款ってサービス単位ですよ。会社は当然ながら個人情報保護法だけではなく、

(29)　4章165頁参照。

顧客との契約も遵守しなきゃダメなんですよね。最近のサービス約款には、個人情報保護関連条項、利用目的条項を書くのが一般的ですから、契約法上も利用目的の制限の範囲内で取り扱う義務が発生し、行政取締規定である個人情報保護法上の明示した利用目的の制限の範囲内で取り扱う義務と両方遵守することになります。しかし、こう、円がね、ズレちゃうと、両方で重なる部分だけが適法となるので、そこしか使えなくなるのですよ。約款上はサービス単位で動いているので、契約管理という観点からも、そろそろ全部をサービス単位に切り替えたほうが、実はコンプライアンス・プログラム的には合理的ですし、消費者にわかりやすい表示にする方向に経産省は政策的に取り組むように言ってますけど(30)、サービス単位まで踏み込めていないのですね。ここで二の足踏んでいると、たぶん消費者へのわかりやすさの追求と政策に不整合が起きるんで、ここは、個人情報保護法の改正案でもサービス単位型で主張すべきではないか。契約と合わせるべきではないかと思いますね。個人情報の流通をよくしたいと思っているので、踏み込めないので(31)しょうが、行政の取締規定だけ見てもしょうがない。情報は民事、刑事も含めた関連法全部が適法でないと動かないんですよ。個人情報保護法だけ見ているからダメなんです。

山本　商用利用の在り方みたいなところですよね。

(30)「個人情報の保護に関する法律についての経済産業分野を対象とするガイドライン」（平成26年12月12日厚生労働省・経済産業省告示第4号）68～9頁に「分かりやすい説明の実施に際して参考とすべき基準」が示されている。
http://www.meti.go.jp/press/2014/12/20141212002/20141212002.pdf

「利用目的の通知」が意味するところ

高木　最近、私、やっと気がついたんですけども、24条の2項にこんな規定がありまして。

> （保有個人データに関する事項の公表等）
> 第二十四条
> 2　個人情報取扱事業者は、本人から、当該本人が識別される保有個人データの利用目的の通知を求められたときは、本人に対し、遅滞なく、これを通知しなければならない。ただし、次の各号のいずれかに該当する場合は、この限りでない。
> 一　前項の規定により当該本人が識別される保有個人データの利用目的が明らかな場合
> 二　第十八条第四項第一号から第三号までに該当する場合

鈴木　利用目的の通知の求めですね。

(31) たとえば消費者とのオンライン取引において個人情報を取得する場合、個人情報保護法上は事業者単位で利用目的を本人に明示するが、当該取引の約款ではサービス単位に利用目的条項が定められていたりする。一方は事業者単位、もう一方ではサービス単位で利用目的が特定されることになる。企業内の起案部署が異なればさらに両者は文面の内容は齟齬を来すケースが増える。個人情報の取扱いの制約を極力減らしてその流通を促進しようと考える場合には、利用目的をサービス単位で特定するよう義務付けることには躊躇しがちであるが、契約内容との整合や消費者のわかりやすさから考えれば、サービス単位を原則とすべきである。同時に利用目的の管理手法を開発し広く啓発すること、利用目的管理機能が実装されたDBが広く提供されるよう標準化等を通じてベンダーを誘導すべきであろう。

高木　ええ。保有個人データの開示に並んで「利用目的の通知」っていうのもあると。

鈴木　はい。29条に「開示等」って出てきますが、そこに、24条2項の利用目的の通知と25条1項の開示と26条1項の変更等と27条1項の利用停止の4つのことを言う旨、書いてあります。

高木　なんでこんな規定があるんだろう？　ってずっと疑問だったんです。だって、利用目的って明示や通知または公表しなければならないんだから、もう出てるじゃないですか。なんで改めて通知を求めるのかと。求めたって、はいはい、ここに出てますよって、URLを示されるだけじゃないかってずっと思ってたし、実際、そういう事例もどこかであったと思うんですけど…。

鈴木　これはほとんど誰も使わなかったですけど。

高木　でも、これの意味を最近、知ったんですよ。

鈴木　はい。

高木　これは、そういう意味じゃないそうです。これは、一方では、「個人情報データベース等」っていう、事業者単位で丸ごとデータがバケツで一体にして、全体の利用目的を公表せよとしているのに対し…。

鈴木　はい。

高木　…その利用目的は、実際には一人一人に対応して存在することを起草者は意識していて、24条2項のこの意味は、要求してきた本人に関しての個別の利用目的。その本人についての利用目的を通知するっていう意味なんだそうです。

鈴木　それは、どこに書いてありますか？

高木　これに……![32]　ありました！　ここです。161ページにですね、「個人情報取扱事業者によって利用目的が複数掲げられ、本人に係る保有個人データがそのうちのどの目的で利用されているのかわからない場合が想定されるため、本人からの求めに応じた個別の通知という本項の規定が設けられている。」と書いてあるんですよ。

山本　へえええ…！

高木　こんなの知りませんでしたよ。なぜ気づいたかっていうと、行政機関のほうの個人情報保護法の解説を読んでいたら、この規定が行政機関のほうにはないのだと。その理由が、元々公表しているからって書いてありました。

鈴木　ちなみに、ここは経産省の江崎さんじゃなくて、総務省の担当官が起草しているところですよね。で、前半部分の起草者と後半部分の起草者が違うので、なんとなく条文の雰囲気が違うなあと（笑）。

(32) 前掲注28参照。

山本　旅館みたいですねえ（笑）

高木　それで、この規定があるということは、これを求められたら、事業者はその人に関しての利用目的を答えないといけないいんですよ。

鈴木　そうですね。だって、25条1項で開示請求訴訟ができると主張されている先生方の理屈[33]にのるならば、24条2項を根拠に利用目的の通知請求訴訟だってできることになりかねないわけですからね。

高木　ただ、そうすると、大変なんじゃないですか？　利用目的をデータ毎に管理していないと。

鈴木　いや、それで、方々の会社に言ってたんですよ。利用目的の通知の求めがあるよと。まずはコールセンターに、「5年前におたくでホニャララのサービスを受けたんですが、そのときの利用目的は何だったか見せてくれませんか？」って来るかもしれない。単なるコールセンターだったら、「あー既に5年前の部署はなくなりましたし、担当者も転職しておりませんし、サービス用のウェブページも閉じて消去してしまいましたし、当時のパンフレットや申込用紙もすでに廃棄して保存しておりませんし、ちょっとわかりかねます。申し訳ありません。」って言うことになるかもしれませんね。ところが、正式に利用目的通知請求の用紙をダウンロードして、そこに必要事項を書いて本人確

(33)　個人情報保護法の開示（25条）を根拠に裁判所に対して訴訟が提起できるか否かについて争いがある。裁判上の請求権はないとする東京地裁の裁判例が2件確認されているが、肯定する裁判例はない。（鈴木正朝「個人情報保護法とプライバシーの権利 - 開示等の求めの法的性質」、61～91頁、堀部政男編『プライバシー・個人情報保護の新課題』（商事法務）参照）

認書類の写しを添えて郵送してくれれば法的な義務になってしまいます。今度も「わかりません。」って言ったら、顧客から今度は主務大臣である経産省に駆込まれて「わかんないって言って利用目的を出してくれません」と相談されてしまいますね。すなわち、24条2項違反になるんですよ。助言、勧告、命令の対象になるんですね。

山本 ほうほうほう。じゃあ、開示通知ドットコムとかつくってですね（笑）、必要なデータを入れれば自動的に送られるサービスをつくったらどうですかね。

鈴木 でもね、15条1項の利用目的の特定の運用が、もうだだっぴろくて、業種特定が基本でしょう(34)。消費者の方には聞く実益がほとんどなかったので、誰も利用目的の通知の求めをしてこなかったのが実態だろうと思います。

濫訴の濫用、みな半笑い

山本 でもよく考えたら、これを使えば消費者団体大暴れじゃないですか？

鈴木 っていうか、これは本人だけができるんで、団体訴権みたいに特定適格消費者団体が(36)行使できないんですよ。まずは請求権として立法される必要がありますし、次にそれが集合訴訟としてできるようにならないと。ハードルが2

(34) 経済産業分野ガイドラインでは、利用目的の特定とは「○○事業」といった業種を示すことが必要だとしている。この業種指定の一応の目安としては、日本標準産業分類の中分類から小分類が参考になると示しているが、小分類でも極めて広い範囲になる。

(35) 不当な勧誘などによる消費者トラブルが後を絶たないことから「消費者団体訴訟制度（団体訴権）」によって、一定の要件を満たした「適格消費者団体」が事業者による不当行為そのものの差止請求ができるようになった。さらに平成28年12月までには「特定適格消費者団体」が被害者に対して金銭的に被害を回復することができる「集団的消費者被害回復に係る訴訟制度」も実施される。

(36) 消費者団体訴訟制度の差止請求はどのような消費者団体でも行なえるわけではない。消費者全体の利益を守るために差止請求権を適切に行使できる専門性などを備えているなどの要件を満たしたうえで、内閣総理大臣によって認定された「適格消費者団体」に限られている。

つ残されています。

山本　素敵な感じですよね。

鈴木　まあ、そこに行くまでにあと15年くらいかかるんじゃないですかね。

山本　それは長いですね（笑）。

鈴木　長い道のりだと思います。

山本　私、引退しちゃいますね。

鈴木　そうですね。産業界は、その改正案が議論される度に大反対すると思いますね。だって開示請求訴訟が集合訴訟に乗って、たとえば損害賠償請求権とかいろいろ集合訴訟に個人情報保護法関係が乗ってきたら、ベネッセだって今回、500円払おうかなって、200億円積んでるじゃないですか。あれは交通事故を起こしたときのケーキと花束みたいなものですよ。損害賠償枠じゃなくて、お詫び料ですから。

山本　手土産ですよね。

鈴木　本格的にこうした損害賠償請求が司法救済に乗ってきたら、あの500円が5千円とか1万5千円とかの金額になりかねない。そうすると、最低でもざっくり10倍になるでしょう？　200億円の10倍用意するのかって話になる。

山本　つぶれちゃいますね。

鈴木　つぶれちゃう。そのリスクがリアルにわかってきたら、今度こそ濫訴の危険性を産業界は訴えるでしょう。現状では、濫訴などありえないのに、すぐに理由中に濫訴の危険があるとかいう。(37)　これを濫訴の濫用といって債権法改正でもみなに小馬鹿にされていますね。個人情報保護法改正の議論でも、どこの弁護士が後ろについているのか、小賢しい理由を付して意見書を書いてきますよ。みな半笑いですが。しかしこの段階になれば、それはそれなりに理由があるっていうことになりますね。

山本　おっしゃるとおりですね。一口に濫訴といっても、具体的に何らかの利益がその先に見えないと発生しないことぐらいは産業界の法務部もよくわかっていると思うんですが。

鈴木　ただ、一方で自由なアメリカ型にしたいっていう馬鹿もいます。確かに、ロースクールを作って、法曹人口増やしたのは、司法救済を手厚くして、それで行政規制は緩和しようという流れでやってきた。そういう10年だった。それは産業界の意向でもあったわけです。だったら、集合訴訟に抵抗するっていうのは道理に合わない。アメリカ型がいいと言ってる奴は、どの口で請求権構成反対、集合訴訟に乗せることを反対と言うんだと。行政規制も緩和、司法救済も緩和かと。お前らは資本主義陣営にありながら、無自覚的に無政府主義者に

(37)　パーソナルデータ検討会においても、開示請求権を設けることの検討において、委員から濫訴のおそれがあるとの指摘があった。第10回パーソナルデータに関する検討会 議事要旨より「(安岡委員)(中略)これらを踏まえて、単純に請求権を導入することに関しては基本的には反対である。ただ、実際にどうしてもやる場合は、参考資料3にも書いているが、濫訴防止の訴訟の要件というものをちゃんと明確にした上でやっていただきたいということが要望である。」

でもなっているのかと。

山本　ゆるゆるじゃねえか、と。

鈴木　そうそう。小泉改革で事後救済型に変えるんだと言った話(38)を反故にするのかと。

山本　逆行してますよね。

鈴木　もう、卒業生も、弁護士の就職も大変じゃねえか、と。

山本　ええ（笑）。

鈴木　つぶれたロースクールもあるぞ！って…。

山本　どこぞの新潟大学みたいな話ですね。

鈴木　ん？

行動ターゲティング広告をどう規律していくのか

山本　まさに個人への、ターゲティング広告なんかもその枠に入ると思うんですけど、あのあたりで、たとえばサイバーエージェントさんとかですね、やっぱり「なんでこの情報を元に個人広告を打たれるんだろう？」ってものすごく興味深いわけですよ。たとえば、あるECサイトで、うっかりベッドを買うと

(38) 第百五十一回国会における小泉内閣総理大臣所信表明演説（平成十三年五月七日）において「明確なルールと自己責任原則に貫かれた事後チェック・救済型社会への転換に不可欠な司法制度改革についても、重要課題として取り組」むと宣言している。
http://www.kantei.go.jp/jp/koizumispeech/2001/0507syosin.html

ですね、「あなたはベッドを買いましたね！」と…。

鈴木　「ベッド好きなんだろ、ベッドを買え！」

山本　「ベッド好きなんでしょう、ベッド買いなよ！」って来るわけですよ（笑）。

鈴木　赤いベッド、黒いベッド…。

山本　いろいろなベッドが来るわけです。

鈴木　それは楽天さんの話でしょうか。

山本　あれもそうですし、いろいろなそういう話があってですね、うっかり不動産のサイトを開くとですね、どっかからクッキーか何かを持っていってですね、まったく違う広告業者が、「あなたは物件探してたよね？　引っ越し終わったのかい？　また物件見ないの？」という連絡が来るわけですよ（笑）。で、そういうのってどういう経路で収集したものなのか、知りたいわけです。

鈴木　はい。でも、利用目的の通知請求だけだと、まだよくわかんないんだけど、第三者提供する場合は利用目的中に書かなきゃダメって書いてあるので、まあ、第三者提供の約束を取り付けていたかの確認には使えて、で、利用目的の通知が若干、意味があるとすると、今後、請求権に構成されてね、開示請求権があったりとか、いろいろ司法救済を検討することになると、証拠に使えますよね。先に出させといて。

山本　せいぜいベッドとかだと、あと引っ越しだったら、住所とか別にいいんですけど、機微情報にかかわってきますよと言ったときに、ターゲティング広告ってどこまで許されるものなのか？　統計的に処理されるものはどこまで許されるものなのか？　いろいろ出てくるわけですよ。

鈴木　本来は、今回の改正の主要論点のひとつはそこだったんですよ。行動ターゲティング広告をどう規律していくか。要するに、消費者保護を図りつつ、どう認めていくかというところにありました。

山本　ええ、ええ。だと思います。

鈴木　もうマス広告の機能や役割が後退していますよね。一億総中流と言われた同質的なマスがどんどん減っているわけですから。全員に向けた広告は誰の心にも響かない。社会実態、ライフスタイルがクラスタに分割されてきた以上、行動ターゲティング広告の必要性があることは、広告主さんたちからも、だんだん理解されてきているところはあります。でも一般消費者はまだついていけていない。他人の嗜好を知るだけに炎上しやすいところがある以上、ルールをしっかり決めなきゃ、業界的にもまずいですよね。そのときにアメリカのルールの相場観が、だいたい見えてきたと。

山本　ようやく見えてきましたね。

鈴木　そうすると、日本は、スマホを全部取られちゃってるわけですから、OSが。向こうのプラットフォームに乗っかるしかない状況にあるだろうと。そうなるとアメリカ型のルールを日本法に移植するほかないと。それがある程度バランスの取れた合理的なものなら、それに乗るのもいいかもねみたいな話を、確か高木さんあたりがしてたよね？

高木　広告の団体のガイドラインの改正、それ前回話しましたね(39)。

山本　はい。ＪＩＡＡの。

高木　ちょっと話が前後しますけど、さっきの話、利用目的の通知を持ち出したのは、もともと本来は、昭和63年法のように、目的ごとにファイルを管理するべきっていう思想があるけれども、大変すぎるから民間にはそこまでの義務付けはしないけど、個別に本人から聞かれたら答えられるようにしとけよっていうことではないですか？　と言いたくて。

鈴木　それちょっと矛盾してますよね。管理してないと答えられないんだから。

高木　そういうのがこの法律にはいっぱいある。ごまかしたっていうか、営業の自由に配慮して過剰規制にならないように配慮して、ひとまずぼかしたところがあちこちあるんですよ。でも、元々の趣旨はこういうところに残っている

(39) 4章181頁参照。

わけだから、そこをちゃんとほじくり返して…。

鈴木　整理しないと。

高木　施行後10年も経ったし、ちゃんと本来の趣旨に向かっていくべきじゃないかと思うんです。

鈴木　そうですね。

高木　そのほうが事業者も管理が楽なんじゃないか、と。

鈴木　実はね。その方がむしろ楽かもしれない。その代わり、データベースの設計の在り方のモデルを示していかないとだめだし、主要データベースの規格化も必要ですね。今度はいつものことだけど、中小零細、5人10人の会社はどうなるかなあ、と。最近は、10年前と違ってクラウドがあるので、それで面倒見られるところがあるかもしれない。ここは10年前よりずっと解決策が見えてきたので、そろそろ踏み込んでもいいのかなと。

山本　なるほど。

大綱に寄せられたみなさんのパブコメ

山本　そろそろこのセッションも最終コーナーに入りますけど、大綱のパブコ

(40) この時点では、パーソナルデータ検討会事務局によるパブコメ募集の結果は公表されていなかったため、提出者が自ら意見書をウェブに公開していたものを集めている。

(41) 忘れられる権利（削除権）とは、2012年にEUが「一般データ保護規則案」中に明文化したことで注目を集めた。個人データの本人の請求があった場合には、個人データ管理者は当該データの削除が義務づけられるという権利である。

(42) **EU司法裁判所、「忘れられる権利」を認める：Googleにリンク削除を求める判決、カレントアウェアネス・ポータル、国立国会図書館、2014年5月15日**
http://current.ndl.go.jp/node/26137

メ案。いろいろ出ました。

高木　ええ。全部拾っておきました。公開されているものは(40)。

山本　わあ、いっぱいあるな、これ（笑）。

高木　IT系、医療系…。

山本　まず医師会あたりからですかね。

高木　医師会のパブコメはこんなんで…、大事な部分にマークしました。「他人には知られたくない情報」…。

山本　「たとえば鬱の既往症等」って書いてありますね。鬱、かわいそう、みたいな。

高木　それを「削除できる「忘れられる権利(41)」を文言として加えるべきだ」。

山本　うーん。難しいところですね。

鈴木　医師会は方々から抵抗勢力の権化のように批判されがちですが、意見は結構リーガルでしっかりしてますよね。やっぱり頭のいい集団だなって思いますよね。どっかの単位弁護士会のなんとか委員会の意見よりきわめてリーガルですよ（笑）。

山本　それは言わずもがな的なところがあるかもしれません。

高木　しかしこれ、EUでグーグルの検索から消せとされた話(42)とは違う話だと

「パーソナルデータの利活用に関する制度改正大綱」に関する意見一覧

IT産業

一般社団法人電子情報技術産業協会（JEITA）
http://home.jeita.or.jp/press_file/20140725160532_8UdTXB3L1z.pdf

一般社団法人　情報産業サービス協会（JISA）
http://www.jisa.or.jp/Portals/0/resource/opnion/20140722.pdf

ザ・ソフトウェア・アライアンス（BSA）
http://bsa.or.jp/links/link20140724/

モバイルコンテンツフォーラム
http://www.mcf.or.jp/newsletter/20140725-4103

アジアインターネット日本連盟
http://aicj.jp/archives/157

思うのですね。散在情報とデータベース情報を区別していないな[43]これは、と思いました。

鈴木　まあ、医療カルテなんかありますから、まあでも医療カルテを散在情報にする読みは…。

高木　カルテは並べられていますから、データベース情報ですので、そういうものについて削除してくれっていうのはひとつかもしれないとは思いますが。

鈴木　普通に「消去権」とか「削除権」とか書いたほうが、「忘れられる権利」とか持ち出してこられるより素直に受け止めやすかったかと。また、データベースに格納されている情報に限定し、消去や削除の定義を示して、削除すべき範囲を明確化して、手順がわかるように、無理のないかたちを示した上で、開示、変更、削除等を請求権構成させてくれと言ったほうが通りやすいですよね。

山本　まあ、話としては受け取りやすいでしょうね。

鈴木　流行り言葉と言いましょうか、いたずらにＥＵの概念や用語を持ってきたりするから誤解の芽がつくられちゃうんですよね。

高木　次いきますか。

山本　はい、次、どうぞ。

経済
新経済連盟
http://jane.or.jp/topic/detail?topic_id=268

医療
日本医師会
http://www.med.or.jp/people/info/public_comment/20140723_dataiken.pdf

金融
全国銀行協会
http://www.zenginkyo.or.jp/abstract/opinion/entryitems/opinion260724.pdf

日本損害保険協会
http://sonpo.or.jp/about/action/youbou/pdf/0003/2014_0724.pdf

消費者
内閣府消費者委員会
http://www.cao.go.jp/consumer/iinkai/2014/166/doc/20140715_iken.pdf

高木　「死者のプライバシーを考慮すべき」。「本人のみならず、親族、子孫等に影響を及ぼす遺伝情報については別扱いにするべき」と。

鈴木　それはそのとおりですね。

山本　まあ、そのとおりですね。

鈴木　遺伝子は血族全般に影響しますから。これはおっしゃるとおりです。それを「プライバシーの権利」の法理のみで捉えられるかどうか、プライバシーの権利の概念からはみ出している問題があるかもしれませんし、血族や生まれてくる子孫など多数の関係者のプライバシーの権利が単に錯綜している問題なのかもしれません。そこは、今後議論したいところですけどね。もし、前者ならゲノム法を構想すべきだろうと思います。

高木　そうですね。そして、「患者の病状」は「センシティブな情報」。でもあの大綱の機微情報の定義だと入らないですよね。

山本　入らないです。

鈴木　でもそこはいま、厚労省の研究会が立ち上がっていますから…。

山本　まさにそうです、はい。

鈴木　厚労省に議論を預けて、ペンディング状態なだけで、入れないと決めたわけじゃないですよね、大綱は。

一般社団法人 全国消費者団体連絡会
http://www.shodanren.gr.jp/database/289.htm

公益社団法人消費者関連専門家会議
http://www.acap.or.jp/taigai/taigai-koryu/pdf/pubcome20140723.pdf

北海道消費者協会
http://www.syouhisya.or.jp/2014.7.24parsonal.pdf

MIAU
http://miau.jp/1406173302.phtml

海外

在日米国商工会議所
http://www.accj.or.jp/images/140717_GOJ_Policy_IETF.pdf

Asia Forum on Cyber Security and Privacy
http://kipis.sfc.keio.ac.jp/wp-content/uploads/2014/08/Public-Comment-Asia-Forum-JP.pdf

高木　なるほど。どんどん行きましょうか。「事業者が自ら個人情報の範囲を決める点に問題があるのではないか」。

山本　それはそうですよね。それはそうなのかな…？

鈴木　これは言っている意味がわからない。個人情報の定義は法律が決めるのであって、事業者は決めないですよね。

山本　いや、いちおう、あれですよ。これは個人情報だって言いたい放題言えちゃっているところが、実態として…。

鈴木　ああ、実態としてね。実態としてはそうですけど、本来は、規制対象情報が事業者の理解によって、事業者ごとに伸びたり縮んだりしたらちょっと…。

山本　いや、それはよろしくない。

鈴木　ありえないですよね。保護対象は法が規定するものですから。

高木　業界が決めるとされているのは個人特定性低減データへの加工方法とか？

鈴木　あれも、政令か第三者委員会規則に委ねるかたちで決めることにしないと、法律にならないですね。事業者団体のガイドラインで、その規制の根幹がバラバラになる制度ってありえないなあ。

高木　それから、被害の救済は誰が行なうのか。でも具体的な被害が発生していれば、普通に訴訟を起こして解決とかでいいと思うんですけど、どういう意

Australian Privacy Foundation (International Committee)
http://www.privacy.org.au/Papers/Jap-Bill-140724.pdf

学術

情報処理学会
https://www.ipsj.or.jp/release/teigen20140724.html

次世代パーソナルサービス推進コンソーシアム
https://www.coneps.jp/contents/PubCom_20140724.pdf

慶應義塾大学国際インターネット政策協会
http://kipis.sfc.keio.ac.jp/wp-content/uploads/2014/08/Public-Comment-KIPIS-JP.pdf

産業技術総合研究所セキュアシステム研究部門セキュアサービス研究グループ
https://www.risec.aist.go.jp/files/about/secserv-ja/pdpubcomm-aist-secserv.pdf

---

味で被害と言っているのかが、ここでもよくわからない。何をもって被害か。名簿屋が持っていれば被害なのか、とか。

鈴木 うん。まあねえ。流通それ自体が、もう被害なのに、利用されていないから被害じゃないっていうロジックをしょっちゅう見ますねえ。

山本 見ますねえ。

鈴木 二次被害が真の被害だみたいな。クレジットカードで使われてなかったら、被害発生してないから損害賠償ゼロだ、みたいなことを平気で言う。まあ、流出して管理の外に出ただけで、それを被害と言うんだって感じなんですけど。

山本 まあ、そういうことです。とりわけ、報道においては「被害」を矮小化したい事業者側の意識はあると思います。

鈴木 ええ、ええ。

山本 まあ、どっかのファーストサーバ(44)みたいな感じですけど。

鈴木 ええ。消えちゃったからいいや、流出じゃないし、みたいな。消えたのも損害だと。

山本 損害だっつーの、と。

高木 それから、「警察との関連が不明瞭な点が多い」。

鈴木 まあ、その通りですねえ。

法曹

日本弁護士連合会
http://www.nichibenren.or.jp/activity/document/opinion/year/2014/140716.html

大阪弁護士会
http://www.osakaben.or.jp/speak/view.php?id=69

報道

日本新聞協会
http://www.pressnet.or.jp/statement/pdf/20140711_iken.pdf

一般社団法人　日本民間放送連盟
http://www.j-ba.or.jp/category/topics/jba101375

防犯

特定非営利活動法人全国万引犯罪防止機構
http://www.manboukikou.jp/pdf/situation122.pdf

高木　なんでこれが出てくるのかなあ、と。

山本　医師会さんって、いつもややこしい話って、いくつもあるんで、捜査情報がプロファイリングやるときに、医師会さんって結構厳しいですよ。

鈴木　うーん。

山本　あるんですよ、そういうの。犯人や被害者の身体的特徴の照会とか。

高木　うーん…。

鈴木　まあ、警察は早く医療クラウドつくってくれって思っているんですよ。

山本　思ってますよ。

高木　えっ。そうなんですか？

鈴木　だって、死体が転がると、その周辺の歯医者さんや、いろいろねえ、令状取って複数聞きに回るのは大変ですからね。でもクラウドがあるとそこに、令状一発で捜査に入ってサクッとわかるかもしれない。

山本　ええ。やりたくてもなかなかできない。手続きを踏めばいいと医師会は言うんですけど、その数時間が惜しいケースはたくさんあると思うのです。

高木　これ、医師会の意見でありながら、医療関係者にとっては、手間が増えるような意見も多いような…。

山本　とはいえ、手間がかかっているからこそ、彼ら医師会の権利が守られて

(43) 日本の個人情報保護法は、グーグルのようにウェブ検索サービスを提供する事業者が保有するデータベースについて、たとえそれが氏名による検索でその個人の情報が表示されるものであっても、「個人情報データベース等」には該当しないとしている。それにもかかわらず、そうした検索サービスがEUで「忘れられる権利」の対象となっているのは、ウェブ検索サービスの実質的な影響力に着目したものと考えられる。それに対して、医師会の意見書が、「削除できる「忘れられる権利」を文言として加えるべきだ」としたのは、日本法における「個人データ」一般を対象としたもので、EUでの事案と同列する話ではない。そのような意味で「違う話」「区別していない」と述べた。

いるということもあると思いますね。決して悪い話ではないし、まじめにやっていただいているとは思うんですがね。

鈴木 そうですねえ。

山本 まあ、ちょっと痛し痒しなところなんですけれども。

高木 どんどん行きましょうか。「悪意のある事業者に対して抑止力が必要」「加工時に多くの人の目に個人情報が触れる点については考慮すべき」。

鈴木 まあ、闇名簿屋対策…医療カルテも売ってますからね。

山本 そうですね。

高木 この「悪意」ってなんですか。

鈴木 「悪意」って日本語の悪意でしょうね。法令用語の悪意じゃなくて。

山本 あの、越後屋みたいな感じじゃないですかね。

鈴木 ええ。「悪いやつ」みたいな意味で使っているんでしょうね。

山本 結構そのあたり、医師会ってうるさいんですよね。

鈴木 その割に、レセプト情報がけっこう出回ってたり…

山本 まあ、そうです、そうです、そうです。大変なことに。

鈴木 ずさんな…（笑）。でも、それは、そういえば2年ほど前の厚労省の社会保障分野サブワーキンググループで医師会から石川理事が問題提起されてい

(44) 2012年6月20日、ヤフー傘下のレンタルサーバー会社のファーストサーバが大規模なシステム障害を起こし、大型のサービスを中心にデータ5698件が消失。そのほぼすべてがデータ復旧不可能という、未曾有の大事件となった。障害の影響が及んだこれら顧客すべてがウェブサーバーの運用をファーストサーバに任せており、障害によるデータ消失後は自力でウェブサイトを再構築するなどの復旧作業を強いられるに至った。

ましたね。

山本　ああ、やっぱりそうですか。

鈴木　ええ。

高木　それから、定義のほうですね。準個人情報だったところ。「身体的特性について、病歴を入れろ」と。これちょっと突っ込み方が間違っているというか。これは識別性のほうの議論なので…まあ、いいや、それは飛ばしましょう。他にこんな記述があります。たとえば保険者から、「医療費通知作成や分析を委託された民間業者が、委託費を安価で請け負って代わりにレセプト情報を自由に分析してビジネスに活用している」。違法じゃないですか（笑）。それ委託じゃない。

鈴木　料金安くする分に、使わせろ、と。

高木　…実態を把握していらっしゃるようなんで、どんどん暴露してほしいと思いますけども。

山本　いえ、いええええ（笑）

鈴木　前回も検討会では、いろいろ問題提起してましたけども[45]ね。

高木　そういう問題提起をお持ちでいらっしゃると。

鈴木　そうですね。

(45) **医療等分野個別法に対する第3次意見、日本医師会、2012年8月29日**
厚生労働省第8回社会保障分野サブワーキンググループ及び医療機関等における個人情報保護のあり方に関する検討会（平成24年8月）の席上で日本医師会の石川構成員から「民間事業者によるレセプトデータの販売」について問題提起がなされた。
http://www.mhlw.go.jp/stf/shingi/2r9852000002gdlt-att/2r9852000002gdrg.pdf

高木　そろそろ時間ですかね。

山本　いろいろお時間も迫っておりますけど、過ぎちゃいましたけど、今日はベネッセ問題から具体的なところも踏まえて議論してきたんですけど、どうですか、こう。次回は越後湯沢。

鈴木　はい。２０１４年10月初旬に「情報セキュリティワークショップｉｎ越後湯沢」があります。壇上に乗って、３人で小一時間やらせていただきます。

山本　ええ、やります、やります。

高木　それは総集編ですね。それとは別に残りの続きを…。

鈴木　ええ。その前夜に、こっそりと浴衣着て、ビールもって、さらに饒舌になったところで山本さんからマル秘話をたっぷりと…。

山本　いえ、いえいえいえ、とんでもございません。

鈴木　録画してＹｏｕＴｕｂｅで公開しちゃおうかなっ[46]ていう手はずが整っております（笑）。みなさん山本さんの酔っ払ってべらべらしゃべるところを公開しますのでお楽しみに。

山本　いやいやいや（笑）。それはまずい…まずい…。

鈴木　あと、西川御大も[47]来るので。

山本　ああ、西川御大も…。

(46)
プライバシーフリーク・カフェ特別編＠越後湯沢（スライド付き）
https://www.youtube.com/watch?v=DxDEVv4tqaU

(47)
西川徹矢（にしかわ てつや、１９４７年－）は、警察、防衛官僚。弁護士。和歌山県警、新潟県警本部長、防衛庁局長、防衛省官房長などを経て、09年～11年には内閣官房副長官補を務めた。情報セキュリティ行政にも詳しい。「情報セキュリティワークショップｉｎ越後湯沢」を企画し立ち上げた。

鈴木　ええ、国家機密を知っているので。お酒をいっぱい飲ませて…。
山本　あの人、お酒を召されると滑舌が悪くなるんで…。
鈴木　そうですね、何言ってるかわからない。
山本　酔っぱらってるからすごいことを言っちゃったとしても何を言っているかわかんないっていう（笑）。
鈴木　それで国家機密が保たれているってすごいですよね（笑）。
山本　すごいですよねえ。何を言っているのかわからない。
高木　これ、放送されています（笑）。
山本　ああ、そうですか、そうですか、そうですね…そこは声帯ボカシか何かでなんとか…そんなわけで、第3回プライバシーフリーク・カフェなんですけど、今日はこのへんでお開きということで、どうもありがとうございました。

それからどうなった？

本書は２０１４年2月の第1回から9月の第3回までのプライバシーフリーク・カフェを収載している。その第3回から3カ月が経過した12月19日、中断していたパーソナルデータ検討会が突如1回だけ開催され、内閣官房から法律案の「骨子（案）」が公表された。「大綱」の段階で残された課題や論点がこの骨子案でどうなったのか。あとがきに代えて、少し触れておくことにしたい。

「準個人情報」のカテゴリは消滅した。２０１４年4月の検討会で事務局案として示された「準個人情報」は、本書第3章で触れたように、「個人情報」とは別の義務を定めるカテゴリとして構想されたものであったが、世間の評判も悪く、委員の反対もあって大綱の段階でその用語は消えていた。骨子案では、「個人情報の定義の拡充」として、「次のいずれかに該当する文字、番号、記号その他の符号のうち政令で定めるものが含まれるものを個人情報として新たに位置付ける」とされ、従前の「個人情報」と同じカテゴリに含まれることになった。具体的に何を対象情報とするかは「政令で定める」とされ、本法律の成立後、施行日までの周知期間中に、政令が定められるまで、そこで再度詰めの議論がはじまる可能性がある。

「政令で定めるもの」の候補となる「次のいずれか」には、指紋データや顔認識データのほかに、「個人に提供される役務の利用若しくは個人に販売される商品の購入に関し割り当てられ、又は個人に発行される書類に付される符号であって、その利用者若しくは購入者又は発行を受ける者ごとに異なるものとなるように割り当てられ、又は付されるもの」が示された。この条文からすると、クレジットカードや共通ポイントカードの会員番号のみならず、一社単独の会員カードや登録制ウェブサイトの会員番号までもが射程に入る。

私見としては、一人ひとりのデータとしてデータベース化しているものは全て、つまり「識別非特定情報」を含む全部を保護対象とするのが望ましいと考えているため、これらの識別子が射程に入ったことは歓迎である。ただ、識別子それ自体の保護が必要なのではない。識別子により履歴データが管理されることが保護の趣旨であるはずだ。例えば、会員番号のみからなる情報を保護対象とするのは実益がなく反対である。本書に掲載の鼎談ではこの論点まで辿り着かなかったが、データベース化されて管理される「処理情報」と、そうでない「散在情報」とを区別して、民間部門では「散在情報」を保護対象から外すべきであると提案している。「個人情報の定義の拡充」を進めるには、そこの手当てと共に検討することが肝要と考えている。

「個人特定性低減データ」は、骨子案で「匿名加工情報（仮称）」に名称が変更された。まだ「仮称」が付いている。大綱では、「個人特定性低減データ」の提供を受けた者に、「特定の個人を識別することを禁止するなど適正な取扱いを定める」とされ、検討会での議論では、違反した者に罰則を設けるという話があった。そのため、本書第4章「低減データにすれば同意なく提供できる？」で、鈴木先生が「特定禁止義務に違反すると重い罰則がついてくるはずですから」と語っている。しかし、骨子案では直罰規定は盛り込まれなかった。個人情報保護委員会に立入検査の権限を付与することは骨子案でも盛り込まれたものの、直罰ありでも特定禁止義務違反を摘発するのは難しいのではと言われていたのに、直罰がないとなれば、この義務違反の是正は可能なのか、疑問符が付く。

また、どこまで低減しても「個人特定性低減データ」に該当してしまうのではないか？　第4章で、「「十分に低減したデータ」の基準を決めてもよかったと思うんですが、決めてないんです。」と述べたが、これは骨子案の「匿名加工情報」でも同様で、解決されずに論点として残っている。

「機微情報」は、骨子案では「要配慮個人情報（仮称）」という名称に変更された。大綱では「社会的差別の原因となるおそれがある人種、信条、社会的身分及び前科・前歴等に関する情報を機微情報として定め」となっていたことから、本書では、「医療情報は入ってないんでしょ？」と筆者が述べている（第3章「大綱に入った「機微情報」」）が、骨子案では、「本人に対する不当な差別又は偏見が生じないようにその取扱いについて特に配慮を要する記述等（例：本人の人種、信条、社会的身分、病歴、犯罪被害を受けた事実及び前科・前歴）が含まれる個人情報」と書かれており、「例」として「病歴」が入った。これが法案でどういう規定になるのか注目される。

次に、個人データの第三者提供について。大綱で予定されていた、オプトアウトで第三者提供をする事業者に、個人情報保護委員会への届出を義務付ける件は、骨子案に盛り込まれた。これに加え、新たに、「第三者提供に係る確認及び記録の作成の義務づけ」と「不正な利益を図る目的による個人情報データベース提供罪の新設」が盛り込まれた。これは、大綱決定の後に発覚したベネッセ事件を受けての名簿屋対策ということになっている。

本書第5章「そもそも名簿を売ることが侵害」では、第三者提供のオプトアウトについて、現行法の逐条解説書の記述に、「取り扱われる個人情報の性質や利用目的等から、本人に重大な権利利益の侵害をもたらすおそれのある分野、業種等については、本条第1項に立ち戻るなどの特別の施策や運用が図られることが望ましい」と書かれていることを紹介し、この10年の法の運用がそのようになっていないことを問題視した。骨子案では、「要配慮個人情報」に病歴が入り、病歴データのオプトアウトによる第三者提供は禁止されることになるので、この問題は部分的には実現されることになる。しかし、本書でも例として触れた「アダルトグッズの購入者名簿」が、「要配慮個人情報」に入るとは考えにくく、そうした名簿の売買は引き続き野放しとなりそうだ。

最後に、利用目的の変更について。本書第4章は「だまし討ちは許さんぜよ」として、検討会の終盤で強引に大綱に押し込まれた、利用目的の変更をオプトアウト方式で許すとする案について、何ページも費やして強く非難している。いや、非難というよりは、嘲笑していたかもしれない。こんな案が通るはずがないと。

7月から12月上旬までの間、法案づくりは検討会委員への相談なく進められ、「どうなったのだろうか」と、ときどき心配になりつつも、「良識ある内閣法制局が通すはずがない」と高を括っていた。ところが、12月に出た骨子案には、まるまるそっくりこの案が入っていた。

しかも、大綱の段階で、委員の反対があって、「検討に当たっては、本人が十分に認知できない方法で、個人情報を取得する際に特定した利用目的から大きく異なる利用目的に変更されることとならないよう、実効的な規律を導入する」との条件が追記されていたにもかかわらず、何の工夫もない骨子案が出てきた。

12月19日の検討会では、慶応大学の新保史生委員がこの骨子案に意見書を提出し、「変更前に取得したデータについても変更後の利用目的を適用することをオプトアウトで認める手続きは、ＯＥＣＤプライバシーガイドラインの「目的明確化の原則」及び「利用制限の原則」に適合しない。」と指摘したほか、全国地域婦人団体連絡協議会の長田三紀委員から「大綱案を修正したときの約束と違う」とする趣旨の発言が出た。国立情報学研究所の佐藤一郎委員からも「残念ながら大綱と齟齬があると言わざるを得ない」との意見書が出され、鈴木正朝委員も次のように反対意見を述べた。

「事業者団体からも、立法事実をベースにきっちり議論したいということを再三言われてきたところであるから、抽象的にこの問題を議論するのではなく、具体的に何をやりたいのかという事案を示した要望をしっかり出していただきたい。その上で、本当に利用目的の制限をオプトアウトで認めていいのか、変更以前のデータまで新利用目的で全部取り扱わねばならない必要性がどこまであるのかを具体的に皆で議論していかないとならない。やはり法律が許しても道理にあわないところは消費者が大きく騒ぐことになる。事業者にとっても何ら消費者との信頼関係の形成に資するところがない。オプトアウトで穴を空けてしまおうという安直な発想はそもそもだめだというところは確認したい。」（第13回検討会 議事要旨より）

この日の検討会は、委員に議論をさせたくない様子で、時間を余して終わった。鈴木委員が問い質した「具体的に何をやりたいのか」に回答はなく、その後も示されていない。

利用目的変更の必要性は、経済産業省の提案資料のように、「取得時には予想もしなかったような目的によるデータの利活用により、新たな価値を創造していく」（第10回検討会 参考資料6）といった、ざっくりとした抽象的な理由しか示されていない。聞くところによれば、パーソナルデータ関連制度担当室の担当者は、ビッグデータ分析の結果を「新商品開発のために使いたい」とする経済界の要望に応じたものと考えているらしい。しかし、一般に、「新商品開発のため」のデータ分析は、最終的に統計化されたデータを用いるはずであり、それは個人情報の利用に当たらない。

あまり知られていないことかもしれないが、実は、統計化の入力として個人情報を用いる処理は「個人情報の利用に当たらない」という見解が、経済産業省の「Q＆A」（「個人情報の保護に関する法律についての経済産業分野を対象とするガイドライン」等に関するQ＆A、２０１４年12月更新）で示されている。Q＆AのQ45に、「利用目的の特定は、個人情報を対象とするため、個人情報に該当しない統計データは対象となりません。また、最終的な利用目的を特定すれば足りますので、統計データへの加工の過程を利用目的とする必要はありません」と書かれている。これに従えば、「新商品開発のため」のデータ分析は、利用目的として通知・公表しなくても、いつでも自由にやってよい。

経済産業省の担当者によると「このQ＆Aは正式なものではない」とのことだが、それならば、今からガイドライン告示の改正でこの解釈を明確化すればよい話だ。逆に、Q45を否定して、ゆえに利用目的変更の自由化が必要だという話になっているのだとすれば、むしろ、オプトアウト手続きが義務となる分だけ、Q45に基づく運用よりも規制強化になってしまう。産業界はこれを理解して賛成しているのだろうか？

骨子案の公表後、反対意見が相次いだためか、担当室は「第三者提供は除く」とする案を検討しているようだと耳にした。つまり、事業者が当初「第三者提供しません」として取得した個人データを、後に「第三者提供します」の利用目的に本人同意なく変更するのは、「だまし討ち」であり、論外だと本書第4章でも述べたが、そこだけは除外するというのである。たしかにそれで最悪の事態は回避されると言えるが、そうなると、事業者は何のためにこの制度を活用するのだろう？という疑問がわく。

そして、やはり、第三者提供さえ除外すればよいというものでもない。それ以外にも問題のある利用目的変更がある。EUでは、データ保護指令第29条作業部会がとりまとめた意見書「WP 217」において、一つの例として、「自サイトのウェブ閲覧履歴から特定商品に興味ありといった顧客プロファイルを作成し、それに基づき健康補助食品をすすめるメールを送る場合は、legitimate interestsに依拠できない」とする見解を示しており、このような利用目的への変更には本人同意を必要とするのがEU基準である。本書第6章でも話題にした、「遺伝子検査サービスのため」として取得した遺伝子情報を、後にターゲティング広告に流用するというのは、オプトアウトでは許容されない利用目的変更の例ということになる。

このように、利用目的変更の法改正は、諸外国に例のない歪《いびつ》なルールでガラパゴス規制となるばかりか、実は産業界にも本当は必要とされておらず、それどころか規制強化にすらなりかねないという、誰も望まないものである。どうしてこんなことになったのか。ここで書くには紙幅が足りないので、法成立後に後日談として、またプライバシーフリーク・カフェで語りたい。

本書が発刊される2月中旬は、ちょうど法案が閣議決定されるころだろう。あとがきを書いている今の時点ではどういう展開になるか予想できないが、利用目的変更のオプトアウト方式だけは法案から削除されていることを夢見て、今日は床に就きたいと思う。

2015年1月23日深夜、都内自宅にて

高木浩光

あとがき

国際的にもプライバシー・個人情報保護の考え方は大きな転換点にある。日本の個人情報保護法制に影響を与えた１９８０年ＯＥＣＤプライバシーガイドラインは、２０１３年に実に33年ぶりに改正を行った。ＪＩＳ Ｑ １５００１の策定のきっかけになった１９９５年ＥＵ個人データ保護指令も、今日ＥＵ一般データ保護規則提案として保護の強化に乗り出している。米国も２０１２年に消費者プライバシー権利章典を公表している。

２００１年9月11日のアメリカ同時多発テロ事件が米国や世界に与えた影響は甚大であり、見えない敵に対する恐怖は国防治安の強化を求める世論となって、米国政府は積極的にテロ対策に向けた情報収集に力を入れ始めた。平時であれば国民の反発が大きく許されることのなかった、電子メールをはじめとするインターネットや携帯電話などの通信傍受の強化にも踏み込んだ。振り子は国防側に振り切れ、個々人のプライバシーの権利は大きな制約を受けるようになる。

その振り子があるべきバランスを求めて反転するきっかけとなったのが、２０１３年のスノーデン事件である。国防の美名の下に何がなされていたか、米国民もその同盟国も民主国家が簡単に監視国家に転じ得るリアリティを突きつけられ、立憲主義の重要性を再認識することになった。経営の自由の最大化を求める米国ＩＴ企業も例外ではない。自社の顧客情報をプリズムによって根こそぎＮＳＡに抜き取られる事態に直面し、人権保障のなんたるかを実感しているところだろう。

ＥＵは態度を硬化させ、いったんは米国に譲歩する形でセーフハーバー協定により政治決着した米国との越境データ流通問題を押し戻すべく強硬な抗議を行っている。プライバシー・個人データの国際的なルールは、スノーデン事件を契機に大きく転回しはじめている。米国の主要ＩＴ企業もその利用者もプリズムに対して大きく反発している。これは憲法問題だという批判が一定の力を持ち始めている。

一方、日本の議論はどうか。個人情報保護法の議論は、プライバシーの権利といった憲法の問題からは意識的に切断され、経済成長といったビジネス主体の発想以外はリアリティを持つことができずにいる。エシュロンもプリズムも諜報活動はまるでＳＦの世界であり真剣な議論においては一笑に付されかねない扱いである。情報セキュリティ対策も企業の対応が中心で、ナショナルセキュリティと分断されているのが現状である。こうした特異な状況が一朝にして改められることはない。したがって、改正に向けた運動論においては、不本意ながら多くを経済問題にフォーカスして説得していかねばならない現実がある。

こうした思想風土の故か、日本のビジネスパーソンの間では、ＥＵ型は人権保障なのでビジネスが制約される、米国型は消費者保護政策なのでビジネスとの調整が容易という表層的議論がまかり通っている。そして、産業界が目指すべきは米国型だと結論づける。なぜなら、米国は規制が緩く自由だからだと。もし行政による規制が日本に比べて緩いとしたら、それは懲罰的損害賠償制度や集団訴訟制度などの重厚な司法救済の抑えがあるからだろう。現在の一部産業界の主張は、事前規制も緩く、事後の司法救済も緩くしろと主張しているに等しい。規制緩和即経済成長という短絡の下に規制緩和を目的化している。そこでは法規制それ自体を害悪視する。もはや無自覚的な無政府主義者といってもいいようなありさまである。

憲法論をことさら回避し、ビジネスの視点を中心に消費者保護を加味する程度の貧困な立法政策に終始している間に、世界では、アノニマスやイスラム国のテロリストが跋扈しはじめ、北朝鮮問題や中国の膨張政策やウクライナ問題をきっかけにしたロシアとの確執など東西対立の再燃のような兆しが見え、またもや民族と宗教の大義名分が世界の秩序をかき乱し始めている。そうした状況とは非常に遠いところに日本の個人情報保護法制はウブな状態のまま放置されてきた。しかし、今、イスラム国が金をむしる対象に日本を加えてきたことからテロの危険性に巻き込まれつつある。東京オリンピックを前にサイバーセキュリティの強化も必要である。防犯カメラ、顔認証システム、ＮＳＡと同じく通信傍受の必要性なども課題に浮上しつつある。プライバシーの権利や通信の秘密の論点がにわかに具体性を帯びてきている。

立憲主義を知らない国会議員が多くいると、こうした必要性を前に人権はいとも簡単に蹂躙される。国家権力がなぜに憲法にしばられるかということをわかっていない。「法律による行政の原理」に頓着しない役人が政治力を背景にひとり暴走する現実もある。立憲主義に否定的なニュアンスを漂わせながら、最大瞬間風速の民意を盾に政治主導の名の下に暴走する危険性が増してきている。霞ヶ関も法案の起草に際して、憲法の具体化法という点を意識して行うよう考え方のスタンスを変えていくことが必要であろう。例えば、個人情報保護法は「プライバシーの権利」との、番号法においては「プライバシーの権利」とともに「生存権」との接合の意義に気が付くべきである。かつては立法裁量や行政裁量が過度に萎縮することをおそれるきらいもあったが、今後は理不尽な要求の盾になる理論的支柱を法律の中にしっかりと作り込んでおくことが、公務員の憲法尊重義務と中立性の下に正しい行政を遂行する砦になるはずである。右傾化をとおりこして欧米に驚愕されるネオナチ議員まで登場する昨今、前例踏襲の中で惰性の立法政策をしていてはならない。やはり闘う国会議員、闘う役人、闘う研究者、そして当然ながら闘う弁護士が必要であるが、はたして必要な人数が揃っているであろうか。いろんな意味ですでに平時ではないという感覚を共有すべきである。

そもそも規制緩和は「事後監視・救済型社会への転換を前提として成立するものであったはずである。1997年橋本内閣に設置された行政改革会議の最終報告で「事後監視・救済型社会への転換を図るために」司法制度改革の必要性が確認されて以降、2002年小泉内閣において司法制度改革推進計画を閣議決定され、以後法科大学院が設置されるなど法曹人口増に向けて舵が大きく切られていくのは一つに産業界の強い要望があったからでもある。

ところが今回、開示等請求権の導入にあたって産業界の一部は、過去10年間2件の裁判例しか見当たらない現状の中で濫訴の危険性を根拠に反対を表明した（なお、経団連は検討会においてその主張を撤回した）。これをして濫訴の濫用というが、債権法改正の議論でもたびたび見られた主張である。総論において司法救済の重要性を訴えるが各論ではその趣旨を減却させる。

国のあるべき法制度を議論する場において、法律論ではなく、企業エゴ丸出しの主張がなされている。ポジショントークが最初になされるのは理解できるが、最終局面においては、リーガルマインドや責任感、賢明さや節度がある程度は発揮されるものであるが、今回の改正論ははたしてどうであったか。

EUにおける個人データの保護水準とわが国の個人情報の保護水準の格差を是正することで、EUから個人データの流通を拒否されることのないように対応し、ビッグデータなど新産業・新サービスの創出の法的基盤を整備していこうという方針はすでに大綱に示され予算が付けられているように政府も確認していると　ころである。

EUから〝ものいい〟をつけられるリスクがある以上、それに備えるというのは当然のことだと思うが、そこに異を唱えるというのは、いわばノーガード戦法でよいという意見であろう。EU対応は当面放置するという方針を選択せよというのであれば、まずは、当事者である産業界は、EUとの越境データ問題は個別企業対応をすることを社会に向けて宣言し、政府に対してしっかり申し入れを行うべきだろう。

すでに今回の改正案は大幅にそうした産業界の意見に譲歩を重ねEU対応という意味では極めて不完全なものになっている。EUとの間で越境データ問題が具体的に発生したときに、政府や個人情報保護委員会の初動は大幅に遅れざるを得ない。そもそもそれに対応すべき改正は許されず、闘う武器もなく体制も不備なまま、対応の遅れを責められるとしたらあまりに理不尽だ。利用目的変更の規制は大幅緩和というその趣旨が不明確な主張も検討会の最後の方に無理矢理押し込められた。こうした主張を支える理論的な基礎は何か。国際的に展開している製造業など日本全体の産業を考えているのか。経済成長という目的において真に手段としての合理性があるのだろうか。

そもそもプライバシーの権利は、1890年のウォーレンとブランダイスの「プライバシーの権利」というハーバードローレビューに掲載された著名な論文が嚆矢となる。この時代の米国は、農業国家から工業国家に向かって変動する、後年「金ぴか時代」と称された時期の終わりにあたる。都市型労働者向けの娯楽としてイエローペーパーを発行する新聞社が登場し売れ行きを伸ばしていく。1884年にイーストマン・コダック社が小型で安く誰でも撮影できるカメラを市中に投入するや、今で言うパパラッチがセレブを標的に写真を撮りはじめその紙面を飾るようになる。プライバシーの権利は、プレスの表現の自由に対する個人の抵抗から生まれたといえる。意地悪く見れば、ゴシップ紙に泣くセレブの涙と知識人の夫らの法的正義感情と、ゴシップ記事を楽しむ労働者の刹那的享楽とに対置させて眺めることもできるだろう。それは、富める者と貧しき者とに分化していくアメリカにおける階層化社会のはじまりの中で生まれたともいえるであろうし、アメリカにおける反知性主義との闘いの萌芽にも見えるのである。

このように、新しい産業が興る時代を背景に、新しい技術とビジネスの利便性とともにいくつかの弊害が現れる中で法的救済をいかに図るか。まさに米国では、精神的損害をカバーする役割を引き受けるべくプライバシーの権利が生成され発展してきたのである。

そして、第二次世界大戦後にコンピュータ産業の黎明期を迎えるとコンピュータを駆使して国民のデータを集め分析する国家権力に不信の目が向けられる。ソ連の台頭など東側の管理社会を目のあたりした警戒であるとともに、その後マッカーシズムの嵐が吹き荒れたように自由の国アメリカにおいてすら思想チェックが行われたという現実に国民は震撼した。プライバシーの権利は不法行為法の概念として成立しながらも、コンピュータの登場という技術革新によって、今度は憲法の概念として再構成されていくのである。そして現在、ＮＳＡによるプリズムの登場である。ジョージ・オーウェルの小説『１９８４年』に登場したビッグブラザーは管理社会を警戒するための象徴であったが、現在それが見事に現実のものとなってきている。

この新しい時代の新しい技術とビジネスにいかに法制度が対応していくべきかという構図はまさに現在も

同じである。

例えば、記名式Ｓｕｉｃａ履歴データ無断提供事件への各人の評価を聞きたい。本件は法務パーソンのいわばリトマス試験紙になるからだ。もし現行法の解釈論を問われてグレーという法務部長や顧問弁護士がいるなら、経営者はまさに人材の棚卸しの時期に来ていると知るべきである。およそビジネスモデルを構築するにあたって、適法か違法かの理由付けをクリアにできなければ前に進むことはできない。また、適法という者の言い分にどの程度の説得性があるかも吟味しなければならない。残念ながら、我々にはまったく適法説の論証が聞こえてこない。聞こえるのは理由にもならない不満だけである。公開の場でしっかりと論戦できないのならば、それは黙殺するに足りる意見ということであろう。

またビッグデータ分析などを前提とする遺伝子創薬やさまざまな新産業の成功モデルはそのデータベース中に国境を越えて多国籍の個人データを記録するはずである。一国に閉じた越境データ流通問題を未解決のままの法制度に甘んじていては、まさに真のビジネスチャンスをふいにする。それどころか、その拠点を海外にもとめ、日本は空洞化しかねない危険性がある。法人税も雇用も失うのである。

こうした変革期に直面する時代を読む感覚がないまま、事案の類似性判断もできずに平板に判例がないから適法と判断したり、ガイドラインあたりの文言をなぞりながら形式論でしのぐ潜脱的解釈に逃げる感覚は、まっとうな法律家の思考とはいえない。このような者をビジネスの場に置いておく経営者であってはならない。選手交代のシグナルがまさに鳴っている。法と技術に明るい健全で聡明な人材を新たに求めるべき時期にある。

平成27年個人情報保護法改正法は、たぶん後年振り返れば、改正作業スタートの年であったと総括されるかもしれない。積み残した課題は多く、2次改正、3次改正は当然の前提である。第13回パーソナルデータに関する検討会で最後に私が述べた意見を議事要旨から転載しておきたい。

「そもそもここに至る一連の取り組みは大きくはやはり社会保障制度を維持することを目的としていたのではなかったか。人口減少の中で団塊の世代がこれから後期高齢者に入ってきて、財政がかなり逼迫するという点を念頭に置いて行政の仕組みの効率化などのためにマイナンバーを導入してきたという経緯があった。その前捌きとして、法的プラットフォームともいえる個人情報保護法制をどう整備するかという問題意識の中で取り組んできた。財源確保という点においても当然、経済成長で国が潤う必要性を見ていかざるを得ない。そうした様々な視点の下で全体の制度設計を図るという流れであった。…マイナンバーを導入しても具体のユースケースがなければ決して予算を効率的に使ったり、国民の利便性が向上するということにはつながらないわけである。例えば、医療データ関連のユースケースを作るときには、毎度のことであるが、私は立病院は厚労省の監督で個人情報保護法、市立病院は市の個人情報保護条例、県立病院は県の条例というように、いわゆる「2000個問題」と呼んでいるが、2000近くの省庁と2000のルールが迫ってくる。これを捌きながら医療データ連携をするというのは本当に至難の業である。…とにかくユースケースをつくるときに阻害となるところを、これをきっかけに段階的に必ず直すのだという決意が必要だ。…目指すべきは、公的部門と民間部門の個人データの流通が円滑に行われるように全体が体系的に整合された法制度をつくることだ。

まず、第一段階でやらなければならないのは、学校と病院を何とか早急に統一ルールにすることだ。…なぜ民間病院と国立大学病院と県立病院が個人情報保護法と独個法と条例とに泣き別れにならねばならないのか。…権力行政の部分、処分性のある部分こそが行個法、独個法が本来的に分担すべきところであって、非権力的な…ところは一般法である個人情報保護法に引き渡すなど、別表の判断基準を変え、法文が衝突するところは別途調整するなどして、とりあえず何とかしのぐところも検討すべきではないか。弥縫策だが命の問題は急がなければならない。マイナンバーのユースケースを立ち上げていくという観点からもひとつ考えねばならぬところかと思う。

それにつけても、条例２０００個の放置は問題である。この会議とは別に提案しようとは思っているが「地方自治体の保有する個人情報の保護に関する法律」というような形で法律でひきとることも視野に入れて検討し、まずは公的部門の統一を目指して取り組みを継続していくべきではないかという意見である。」

最後に整理するなら、今求められる視点は、①憲法（人権保障）の視点、②国際的調和の視点、③技術的視点である。国際調和は、欧米のいう普遍的原理を継受した日本国憲法の13条を通じて達成すべきである。自国における原理原則を見失ったまま他国の揺れ動く立法政策ばかりに振り回されてはならない。

また、従来の法律家の経験則から予見されるところで判断する世界では足りない。ビッグデータ等の時代は、その業務を支える情報システムの理解においても、プライバシー侵害に対する実質的リスク評価においても技術者の知見を借りなければならない。

そして、我々、プライバシーフリークの使命は何か。公務員やビジネスパーソンとしての縛りがなく、比較的自由な立場にいられる代償として、まずは国家権力や大企業や違法企業など強敵を刺激するところの言いづらいことを代わりに発信していく役回りを引き受けるということであろう。幸い炎上耐性があり、もとより経歴的にも日頃の素行からいっても周辺領域に棲息し権威ある世界とは縁遠い。カスな連中をからかうことはあっても手を握ることはない。彼らの持っているもので欲しいものは何もなく取引に応じる前提がない。辺境の地から蛮族として中央を脅かしつつ嗤うべきは嗤い、岡目八目ということもあるので論評すべきことは論評していきたい。

また、無責任な言いっ放しにならずに積極的に判例等の形成に向けて意見書を書き、立法政策やガイドライン策定などにも関与していきたい。その前提としてしかるべく論点を投げかけ議論を興すべく、ニコ生、ＹｏｕＴｕｂｅ、ブログ、メルマガ、ツイッター、フェイスブックなどネットを駆使し、こうやって本やＫｉｎｄｌｅ、論文なども出していきたい。そして、プライバシーフリーク・カフェは継続していきたいと思っている。まずは改正法を検証し議論しなければならない。その後の2次改正、３次改正の必要性も訴え、どんどん時代に応じた改革を進めなければならない。

この本の続編も出すつもりである。引き続きご支援を賜りたい。

原稿締切を三週間も過ぎた２０１５年1月21日正午、都内自宅にて

鈴木正朝

本書内容に関するお問い合わせについて

このたびは翔泳社の書籍をお買い上げいただき、誠にありがとうございます。弊社では、読者の皆様からのお問い合わせに適切に対応させていただくため、以下のガイドラインへのご協力をお願い致しております。下記項目をお読みいただき、手順に従ってお問い合わせください。

●ご質問される前に

弊社Webサイトの「正誤表」をご参照ください。これまでに判明した正誤や追加情報を掲載しています。

正誤表　http://www.shoeisha.co.jp/book/errata/

●ご質問方法

弊社Webサイトの「刊行物Q&A」をご利用ください。

刊行物Q&A　http://www.shoeisha.co.jp/book/qa/

インターネットをご利用でない場合は、FAXまたは郵便にて、下記"翔泳社 愛読者サービスセンター"までお問い合わせください。
電話でのご質問は、お受けしておりません。

●回答について

回答は、ご質問いただいた手段によってご返事申し上げます。ご質問の内容によっては、回答に数日ないしはそれ以上の期間を要する場合があります。

●ご質問に際してのご注意

本書の対象を越えるもの、記述個所を特定されないもの、また読者固有の環境に起因するご質問等にはお答えできませんので、予めご了承ください。

●郵便物送付先およびFAX番号

送付先住所	〒160-0006　東京都新宿区舟町5
FAX番号	03-5362-3818
宛先	（株）翔泳社 愛読者サービスセンター

※本書に記載されたURL等は予告なく変更される場合があります。
※本書に記載されている会社名、製品名はそれぞれ各社の商標および登録商標です。

鈴木 正朝（すずき・まさとも）

新潟大学法学部教授（情報法）。1962年生。中央大学大学院法学研究科修了、修士（法学）。情報セキュリティ大学院大学修了、博士（情報学）。政府のパーソナルデータに関する検討会委員、経済産業省の個人情報保護法ガイドライン委員会委員、厚生労働省の社会保障SWG委員等を務める。

高木浩光（たかぎ・ひろみつ）

独立行政法人産業技術総合研究所 セキュアシステム研究部門 主任研究員。1967年生。1994年名古屋工業大学大学院工学研究科博士後期課程修了、博士（工学）。通商産業省工業技術院電子技術総合研究所を経て、2001年より産業技術総合研究所。2005年情報セキュリティ研究センター主任研究員。2012年より現職。2013年7月より内閣官房情報セキュリティセンター（NISC：現 内閣サイバーセキュリティセンター）併任。コンピュータセキュリティに関する研究に従事。

山本一郎（やまもと・いちろう）

1973年東京生まれ、1996年、慶應義塾大学法学部政治学科卒。2000年、IT技術関連のコンサルティングや知的財産権管理、コンテンツの企画・制作を行うイレギュラーズアンドパートナーズ株式会社を設立。ベンチャービジネスの設立や技術系企業の財務・資金調達など技術動向と金融市場に精通。著書に『ネットビジネスの終わり』『投資情報のカラクリ』など多数。

ニッポンの個人情報
「個人を特定する情報が個人情報である」と信じているすべての方へ

2015年2月20日　初版第1刷発行
2015年4月　5日　初版第3刷発行

著者：鈴木正朝　高木浩光　山本一郎
発行人：佐々木幹夫
発行所：株式会社　翔泳社（http://www.shoeisha.co.jp）
印刷・製本：凸版印刷株式会社
組版・装幀：ASYL（佐藤直樹＋菊地昌隆）

ISBN978-4-7981-3976-0